国际项目管理专业资质认证及C级面试案例精选

台湾专案管理学会 编著

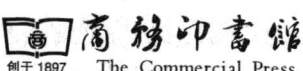

2012·北京

《国际项目管理专业资质认证及C级面试案例精选》

大陆版编委会：

主　编：李仟万

副主编：徐仲安　欧阳彦晶

委　员（按姓氏笔划）：

孔祥科　史天林　苏俊宪　苏秋楠

陈姿秀　李常洪　李君超　张清靠

张所地　胡向真　徐伟智　高义展

郭新平　蔡荣顺　暴丽艳

秘　书：许智旺　郑皎　任富东

前 言

项目管理在台湾称作专案管理,台湾专案管理学会(TPMA)是台湾地区规模最大、专业性最强的项目管理研究和培训机构,是国际项目管理学会(IPMA)的成员单位之一。台湾专案管理学会以IPMA的管理架构为基础,积极研究和总结其在项目管理工作中的成功经验,编写了一系列项目管理方面的学术著作和经典案例专辑。台湾专案管理学会编著的著作和案例专辑有以下显著特点:(1)多用图表的方式解读IPMA知识体系,简捷明晰,方便实际操作,容易激发学习者的兴趣。(2)注重团队中人性化管理,尤其是认真总结中国人的思维方式、情感关怀、精神状态以及适应性表现,突显了组织协调层面上的艺术性、科学性和本土性。

《国际项目管理专业资质认证及C级面试案例精选》一书,是在与部分大陆项目管理专家和学者共同研究的基础上,汇集了由台湾专案管理学会编著的《国际专案管理知识体系》和《C级专案报告书面试案例专辑》两书中精华的部分而成。本书体例新颖、方便应用、突出实战,以案说法,用最真实的案例解读IPMA的知识体系,是项目管理者学习和掌握国际项目管理知识体系与知识领域的必备宝典手册。

本书编委会

2012年9月

序

项目管理(Project Management)是一种"做好事情"的方法，可以应用到任何领域，融会贯通之后，能够提高"解决问题"和"创造机会"的能力。特别是在人才培养、团队建设、产品研发、市场开拓以及组织的转型和变革等方面，项目管理绝对是实现梦想，达成目标的最有效的方法。项目管理的重要性之所以日益突出，并在全世界蓬勃发展，被广泛运用到各行各业，正是因为其能够帮助人们有效掌握进度、降低风险、控制成本，实现收益的最大化。

项目管理不仅提供"做好事情"的程序和方法，而且它还有一个非常重要的功能，就是提供科学、规范的记录标准，帮助人们了解项目的进展，及时总结成功的经验或失败的教训。现阶段各行业中，撰写企划和项目报告的人才尤其缺乏，经常造成规划不到位，记录不科学，档案管理不完整，成功的经验不能有效推广，失败的教训不会真正汲取等令人遗憾的结果。可以说，只有真正掌握项目管理才能实现管理的科学化和现代化。

共同提升两岸经济实力和竞争力，是所有中国人的共同愿望，台湾专案管理学会整合项目管理之学者专家及精英领衔编著《国际项目管理专业资质认证及C级面试案例精选》一书，献给所有两岸同好，并请不吝指正。

台湾专案管理学会
理事长 李仟萬

目 录

第一部分　国际项目管理知识体系

第一章　项目概念 …………………………………………… 003
  1-1　项目定义 ……………………………………………… 003
  1-2　项目关键成功因素 …………………………………… 004
  1-3　项目环境 ……………………………………………… 005
第二章　项目管理能力模式 ………………………………… 006
第三章　组织项目管理成熟度 ……………………………… 009
  3-1　各自为政 ……………………………………………… 010
  3-2　项目手法 ……………………………………………… 010
  3-3　统一流程 ……………………………………………… 010
  3-4　量化衡量 ……………………………………………… 010
  3-5　持续改善 ……………………………………………… 010
第四章　大型项目管理 ……………………………………… 012
第五章　项目组合管理 ……………………………………… 013
  5-1　定义组合管理 ………………………………………… 014
  5-2　现状评估远景制定 …………………………………… 014
  5-3　项目筛选 ……………………………………………… 014
  5-4　项目排序 ……………………………………………… 014
  5-5　项目核准 ……………………………………………… 014
  5-6　项目执行 ……………………………………………… 014
第六章　项目管理层级模式 ………………………………… 015

第七章　项目管理架构 ··· 017
  7–1　项目目标 ··· 018
  7–2　达成项目目标 ··· 018
  7–3　发起（Initiating） ··· 018
  7–4　规划（Planning） ··· 019
  7–5　执行（Executing） ··· 019
  7–6　控制（Controlling） ··· 019
  7–7　结束（Closing） ··· 019
  7–8　团队 ··· 019
  7–9　制度 ··· 019
  7–10　手法与工具 ··· 019
  7–11　资源 ··· 019
  7–12　项目管理知识库 ··· 019
  7–13　项目管理资讯系统 ··· 020

第八章　项目管理流程 ··· 021
第九章　项目管理步骤 ··· 023
第十章　项目管理方法 ··· 025

第二部分　国际项目管理知识领域

第十一章　项目发起 ··· 029
  11–1　项目的发起 ··· 029
  11–2　项目概念书 ··· 030
  11–3　项目授权书 ··· 032
  11–4　项目可行性分析 ··· 033
  11–5　经济可行性分析 ··· 035

第十二章　项目规划 ··· 038
  12–1　项目规划阶段的步骤及特点 ··· 038
  12–2　项目目标 ··· 040
  12–3　项目范围 ··· 042
  12–4　工作分解结构 ··· 044

目 录

12-5	组织分解结构	046
12-6	项目管理组织	047
12-7	项目管理办公室	049
12-8	项目管理角色责任	051
12-9	活动定义	058
12-10	活动排序	060
12-11	工时估计	063
12-12	项目进度	065
12-13	一般资源规划	069
12-14	人力资源规划	071
12-15	成本估计	075
12-16	预算规划	076
12-17	风险规划	078
12-18	风险辨识	081
12-19	定性风险分析	082
12-20	定量风险分析	084
12-21	风险应对	086
12-22	采购规划	088
12-23	招标规划	090
12-24	品质规划	091
12-25	沟通规划	094
12-26	形态管理规划	097
12-27	系统规划	100
12-28	制造规划	102
12-29	训练规划	103
12-30	安全规划	104

第十三章　项目执行 ································· 106

13-1	执行项目计划	107
13-2	计划修正	109
13-3	品质保证	111
13-4	资讯传递	112

	13-5	绩效监督	114
	13-6	风险监督	116
	13-7	问题管理	118
	13-8	人员招募	119
	13-9	人员训练	120
	13-10	招标	122
	13-11	供应商选择	123
	13-12	安全维护	124
第十四章	项目控制		126
	14-1	状况审查	127
	14-2	变更控制	128
	14-3	范围控制	130
	14-4	进度控制	131
	14-5	风险控制	132
	14-6	品质控制	134
	14-7	成本控制	138
	14-8	范围验证	140
	14-9	合约管理	141
第十五章	项目结束		143
	15-1	合约结束	144
	15-2	行政结束	145
附录:表目录、图目录			148

第三部分 C级面试案例精选

健康座椅研发项目	155
项目管理应用于塑胶模具制程之研究	167
快速创新技术运用于安全防坠器材研发	178
××食品公司健康米营销推广项目	192
台湾高速铁路BOT建设计划	210
大专院校资讯软件人才培育计划	232
数字教材研发项目管理人才培育活动项目	272

第一部分 国际项目管理知识体系

第一章 项目概念

1-1 项目定义

最近十年项目管理已经变成全世界组织竞争的重要利器,无论是企业或是政府都以提倡项目管理为第一要务。驱动这种潮流的主要原因,是企业的竞争态势逐渐由区域性(local competition)转变成全球性(global competition)。从此企业不能只是生产一成不变的产品,而是必须时时刻刻进行产品和服务的创新(innovation),才能占有市场并且摆脱对手,而企业每一次的创新求变就是一个项目(project)。也就是说,未来的全球企业必须随时顺应环境的变化,自我调整体质和强化竞争优势,才有可能生存发展进而永续经营。简单地说,组织由一个状态提升到另外一个状态的过程,都可以应用项目管理的手法来达成,图 1.1 说明了这个概念。其中状态 A 如果是问题,状态 B 就是问题解决;状态 A 是企业合并的构想,状态 B 就是企业合并的完成;状态 A 是产品开发的概念,状态 B 就是产品开发的完成;状态 A 是流程再造的规划,状态 B 就是流程再造的完成;状态 A 是推动 TQM 的开始,状态 B 就是推动 TQM 的完成。而从状态 A 到状态 B 的过程就是一个项目。如果这种组织变革的幅度大到必须拆成好几个项目才能完成时,这个变革提升就变成为一个大型项目(program)。

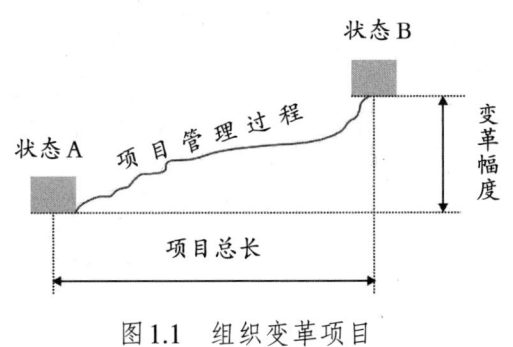

图 1.1 组织变革项目

由前面的说明可以知道,项目是例行性工作以外的额外任务,它的存在是为了解决组织的问题(problems)或是为组织创造机会(opportunities),所以一旦达成国际项目管理知识体系的目标,项目就结束,团队也就解散了。但是如果组织内部创新的任务越来越多,就可以考虑设置永久性的项目管理部门(project management department),这样一来,项目管理的方法就比较容易建立,项目管理的经验也就比较能留存和延续。以下说明几个和项目管理有关的名词:

1. 项目(Project):组织在一定的时间内,为了达成特定目标的临时性投入和努力。项目具有以下的特点:

(1)为一次性活动,不会重复执行。

(2)执行期间受到限制,也就是有开始和结束日期。

(3)有预先定好的项目目标。

(4)投入的资源数量受到限制。

(5)完成后要产出期望的成果。

2. 项目管理(Project Management):项目团队在组织预设的限制条件下(时间、成本、品质、范围),以有限的资源利用有效的管理方法和工具,达成组织的目标。

3. 大型项目(Program):彼此相关而且必须协调运作的一群项目,完成后会达成组织的既定目标。

4. 大型项目管理(Program Management):利用有效的管理制度和流程,以系统化和结构化的方法来管理彼此互相关联的一群项目,达成组织的目标。

5. 组合管理(Portfolio Management):考虑在所有可能的机会和有限的资源下,有效管理组织内数个项目目标关联性低的大型项目及一般项目,并以最有成本效益的方式达成企业的目标。

1-2 项目关键成功因素

关键成功因素(CSFs, Critical Success Factors)是指影响项目进行顺畅的所有因素,一般来说,项目的最主要关键成功因素如下:

1. 高阶主管支持项目。

2. 项目目标明确。

3. 项目计划清楚可行。

4. 项目关系人管理妥当。

5. 项目成员的专长分布平均。

6. 有效管理项目的沟通。

另外也可以设置阶段性的关键成功因素,以确认项目的某一阶段是否顺利完成。例如某项目的一个关键成功因素是项目计划在发起后两个星期内顺利核准;或是项目执行阶段的某一个产品模型在一个月内制作完成。

关键成功因素的分析文件应该包含项目背景资料、关键成功因素、项目负责人员、预定完成日期、实际完成日期(完成后填入)、成功因素没有达成所产生的影响及其他建议等。

1-3 项目环境

项目环境(project context)是指组织执行项目所处的内外在环境,图1.2以圆形辐射图说明项目的环境,由内往外扩展。影响项目成败最直接的是项目成员的个人项目管理能力和组织项目管理制度的成熟度;其次是中间一圈的客户、供应商、外包商和所有其他的项目关系人,这些人的期望、要求和做事方法都和项目的绩效息息相关;最外围的是执行项目的外在大环境,包括生态环境、文化环境、社会环境、政治环境、国际环境和产业环境等,这些宏观的环境不但引发项目的需求,而且限制项目的运作。

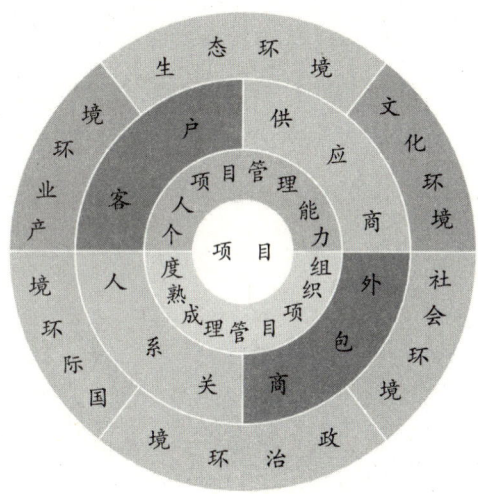

图1.2 项目环境

第二章　项目管理能力模式

大多数的人都知道如何执行日常的例行性(routine)工作,因为有标准的作业程序(SOPs, Standard Operating Procedures)和规范可以依循,部门经理和人员只要依循功能型组织(functional organization)的层级权责和流程架构,就可以完成这些例行性的工作。即使发生了一些问题,因为是一再重复执行的工作,这些问题也会和以往发生过的极为类似,处理起来并不困难。但是项目是非例行性的任务,很多不确定性因素会引发从未碰到过的情境,如果项目成员没有具备足够的项目管理能力和对突发事件的应变能力以及问题解决的技巧,即使很小的问题,很可能也会演变成对项目的重大危害。简单地说,要成为专业的项目管理人,必须拥有项目管理的知识,具备项目管理的经验,还要有正确的专业工作态度。图2.1为项目管理的知识、经验和态度。

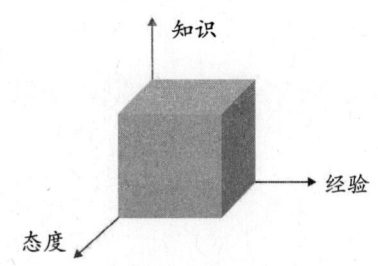

图2.1　项目管理的知识、经验和态度

个人项目管理的能力可以分为四个等级,如图2.2。最基本的等级为D级项目管理师,代表有能力可以协助项目经理管理比较不复杂的项目;次高一级则为C级项目管理师,代表有能力可以独立管理比较不复杂的项目;第三等级则是B级项目管理师,代表具备独立管理比较复杂项目的能力;至于最高等级者,则为A级项目管理师,代表具备独立管理大型项目或组合项目之能力。

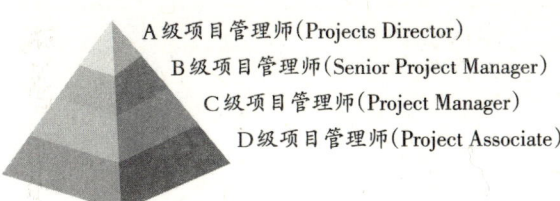

图2.2　个人项目管理能力等级

具体来说,项目管理人员必须具备足够的能力要素,包括20项技术能力要素、15项行为能力要素以及11项情境能力要素。分别列于表2.1、表2.2和表2.3。

表2.1　项目管理的20项技术能力要素

项　目	技术能力要素	项　目	技术能力要素
1.01	成功的项目管理	1.11	时间和项目阶段
1.02	利害关系人	1.12	资源
1.03	项目需求和目标	1.13	成本和财务
1.04	风险与机会	1.14	采购与合同
1.05	品质	1.15	变更
1.06	项目组织	1.16	控制与报告
1.07	团队协作	1.17	信息与文档
1.08	问题解决	1.18	沟通
1.09	项目结构	1.19	启动
1.10	范围与可交付物	1.20	结案

表2.2　项目管理的15项行为能力要素

项　目	行为能力要素	项　目	行为能力要素
2.01	领导	2.09	效率
2.02	承诺与动机	2.10	协商
2.03	自我控制	2.11	谈判
2.04	自信	2.12	突发危机
2.05	缓和	2.13	可靠性
2.06	开放	2.14	价值评估
2.07	创造力	2.15	道德规范
2.08	结果导向		

表2.3 项目管理的11项情境能力要素

项 目	个人特质	项 目	个人特质
3.01	面向项目	2.07	系统、产品和技术
3.02	面向大型项目	2.08	人力资源管理
3.03	面向项目组合	2.09	健康、保障、安全与环境
3.04	项目、大型项目、项目组合的实施	2.10	财务
3.05	长期性组织	2.11	法律
3.06	营运		

组织管理好所有的项目,例如要加速产品开发的完成、要降低项目成本的花费等等,除了各阶层的项目成员要具备相应的项目管理能力之外,组织也必须建立项目管理的系统和制度,而且这个项目管理的系统和制度,持续运作和改善到某一个顺畅的程度,就能够将项目管理的威力发挥到极致。

第三章 组织项目管理成熟度

项目管理成熟度（PMM, Project Management Maturity）是用来衡量组织执行项目的能力等级，也是组织项目管理方法、策略制定和决策能力逐步发展的一个过程。项目的执行绩效受到三个主要因素的影响，即项目成员、项目管理流程和项目管理IT技术，项目管理成熟度就是要检视组织在这三方面综合运作的效果。其主要目的是提供组织一个改善项目管理能力的架构，也就是说，即使项目成员的经验丰富，资格能力都非常好，如果组织没有运作顺畅的项目管理流程，成员也很难有施展的机会和空间；组织有了项目管理流程之后，如果没有适当设计的项目管理资讯系统，项目管理的效率还是不容易有突破性的提升。图3.1为五级的项目管理成熟度模式。

项目管理系统和制度的顺畅与否，称为组织的项目管理成熟度（organizational project management maturity），它是衡量组织处理非例行性任务的执行能力，通常分为五级。第一级是各自为政；也就是每个人都用自己的方法去管理项目；第二级是开始知道应用项目管理的手法，但是各部门还是不一样；第三级是整个组织有统一的项目管理制度和流程；第四级是使用量化的指标，来衡量项目管理制度和流

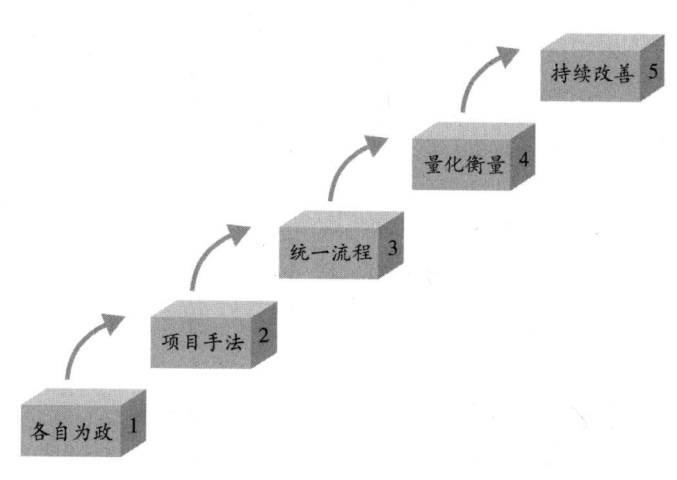

图3.1　项目管理成熟度模式

程的运作好坏;第五级是组织可以因环境的变化,随时做持续性的改善,以确保项目管理制度和流程处在最佳的状态。

3-1 各自为政

没有正式的项目管理流程,主要特征有:

1. 很多不完整及非正式的管理方法,而且每个项目都不一样。
2. 高度依赖项目经理的能力。
3. 项目结果无法预测。
4. 组织很少提供支持。
5. 经验教训没有留存。

3-2 项目手法

开始使用项目管理的手法,但是只限于各个部门的内部,主要特征有:

1. 部门主管提供支持。
2. 流程可以在部门内重复应用。
3. 项目结果稍可预测。
4. 使用通用的项目管理工具。

3-3 统一流程

组织各部门使用相同的项目管理流程,主要特征有:

1. 高层主管支持项目管理。
2. 组织可以有效地规划、管理、整合和控制项目。
3. 保留并使用旧案资料。
4. 有提供项目经理和成员的训练。
5. 使用一致的项目管理工具。

3-4 量化衡量

组织以量化的方式衡量项目管理流程的绩效,主要特征有:

1. 定义项目管理流程的关键绩效指标。
2. 使用量化的工具来探讨流程的绩效。

3-5 持续改善

建立制度化的项目管理流程改善机制,主要特征有:

1. 高度鼓励项目管理方法的改善。

2. 弹性的项目管理组织。

3. 提供项目经理生涯规划。

4. 将项目管理训练视为员工能力发展的一环。

换句话说,个人项目管理能力等级是代表个人执行项目的能力,而组织项目管理成熟度是代表组织执行项目的能力,图3.2为个人项目管理的能力等级和组织项目管理成熟度,以传统太极的图形来表示个人项目管理能力和组织项目管理成熟度两者的相互融合,而组织项目管理成熟度在下方,代表它是个人项目管理能力发挥的基础。如果没有一套项目管理的系统和制度,单靠项目成员的个人项目管理魅力和人际关系,往往是项目失败和项目经理感到挫折的主要来源。事实上,组织管理高层的主要职责之一,就是确保在组织内部建立标准的项目管理系统和制度。

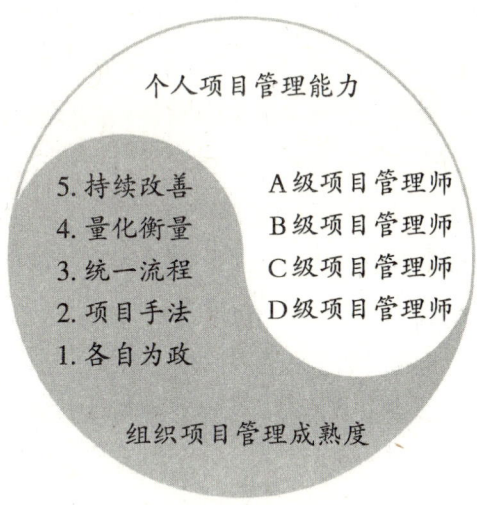

图3.2 项目管理能力和成熟度太极示意图

第四章　大型项目管理

大型项目管理(program management)是指在一个共同的目标之下,管理一群彼此互相关联的项目,负责大型项目的管理者称为大型项目经理或称为 A 级项目管理师。例如,人类登陆月球就是一个典型的大型项目,它里面包含了很多项目,包括登陆艇、发射器、控制系统与轨道飞行器等。

高速铁路的建造也是一个大型项目的案例,包括的项目有土地的征收、系统的设计、土木营建、机电整合、车辆设计建造等等。奥林匹克运动会更是大型项目的另一个例子,所涵盖的项目有运动场所的设计建造、选手村的设计建造、广告宣传、后勤支援、节目设计、安全维护、比赛时程安排控制等等。图 4.1 为大型项目和项目的关系,由图中可知大型项目的某一个目标可能必须由几个项目共同来达成。

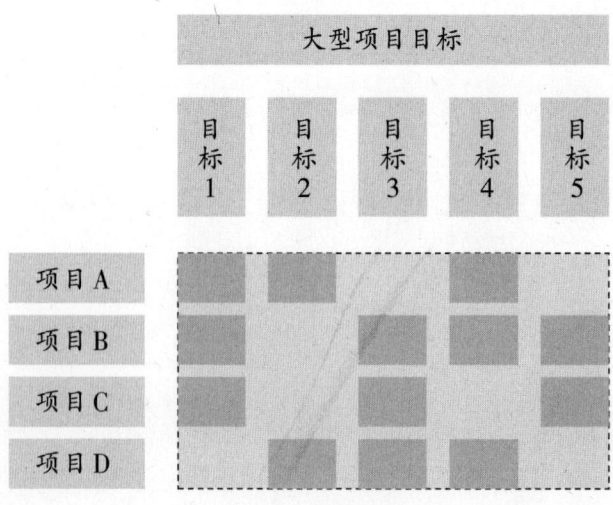

图 4.1　大型项目和项目的关系

第五章　项目组合管理

组织在同一个时间内需要执行好几个项目的机会非常高,但是因为组织资源的有限,如何从所有的候选项目中,选择一组对组织综合投资回报率最大的项目组合,称为项目组合管理(project portofolio management)。

列入这个组合里面的所有项目,彼此之间不一定有直接的关联性。可能是一个大型项目和几个项目,或是几个大型项目和几个项目。项目组合管理是一个持续重复的过程,即使是在定案之后,如果有其他的问题或机会发生,组合里面的某些项目,可能会被其他更有效益或是更紧急的项目所取代。

项目组合管理的程序如图5.1所示,首先要定义项目组合管理的范围和形态,接着评估企业现状和制定未来远景,然后筛选出潜在的项目,依贡献度进行排序,最后由高层核准后进行项目的执行。

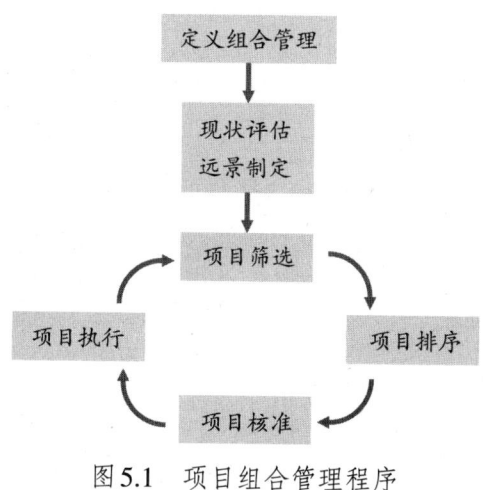

图5.1　项目组合管理程序

5-1 定义组合管理

1. 范围：组合管理是涵盖整个企业或是跨越几个部门。

2. 工作形态：组合管理是单指产品开发案，还是包含生产改善案或其他支援性质项目。

3. 评估模式：组合管理必须使用同一个财务评估模式，以确保所选出来的项目和组织策略目标密切结合。

5-2 现状评估远景制定

审视企业的内外部经营环境，然后评估企业的现状并制定未来的远景，再据以展开组织的经营策略及目标。过程可以利用 PEST 分析（政治 Political、经济 Economic、社会 Social、技术 Technological）及 SWOT 分析（强处 Strength、弱处 Weakness、机会 Opportunity、威胁 Threat）的手法进行。

5-3 项目筛选

确认出对组织策略目标具有潜在加值效果的所有项目。项目的筛选必须同时考虑有形及无形效益。

5-4 项目排序

审查每个项目的项目缘由，然后以项目的贡献度及急迫性排出执行顺序。所谓项目缘由，是指说明每个项目必须存在的理由。

5-5 项目核准

依照项目排名顺序及组织资源限制，核准在未来一段时间内，组织应该优先执行的项目组合。

5-6 项目执行

对项目组合内的每个项目，进行进度排程和预算编列的动作。

第六章　项目管理层级模式

完整的项目管理层级，可以结合项目管理架构（project management framework）、项目管理流程（project management processes）、项目管理步骤（project management steps）和项目管理方法（project management method），建构出一个四阶的项目管理层级模式（project management hierarchical model），如图6.1。以由上往下越来越详细的方式，建构出一个完整的项目管理方法论（methodology）模式。熟悉这样的模式之后，项目管理人员不但可以对项目管理的知识体系有更深刻的了解，而且在项目的执行实务上，可以有共同的沟通语言，对项目管理知识和实务的结合有很大的帮助。

图6.1中最上层的项目管理架构，点出项目管理的整体架构和内涵，组织可以由这个架构清楚知道要管理好项目所必须具备的基础架构（infrastructure），包括训练合格的项目人员、适当设计的管理制度、辅助管理的资讯方法与所需具备的资源等。

第二层的项目管理流程则是项目管理的阶段性划分方式和顺序，五个阶段的流程可以清楚地说明项目管理的起、承、转、合。其中控管机制在上方，表示执行绩效的管控是项目管理的重点，本知识体系以发起、规划、执行、控制和结束的通用性流程，来串联项目管理的整个过程。

第三层是项目管理的步骤，它是前面每一个管理流程的展开，也就是每个流程所必须执行的所有步骤。知道这样的项目管理步骤，每一个项目成员就可以依照步骤逐步进行，因此，可以确保项目管理品质的均一性和完整性。

最底层是项目管理的方法，它是用来说明执行每个步骤需要用到的技术和工具，以及会受到的限制和假设。项目管理方法的主要功能是提供项目人员一个清晰的逻辑思考方式，因为它不但清楚地说明每一个活动应该怎么做，最重要的是提醒成员在做的时候，需要考虑哪些事项，以避免规划执行时的思虑不周。下面的方法列出了所有可以采用的选项，实务操作上可以按照实际状况予以取舍。

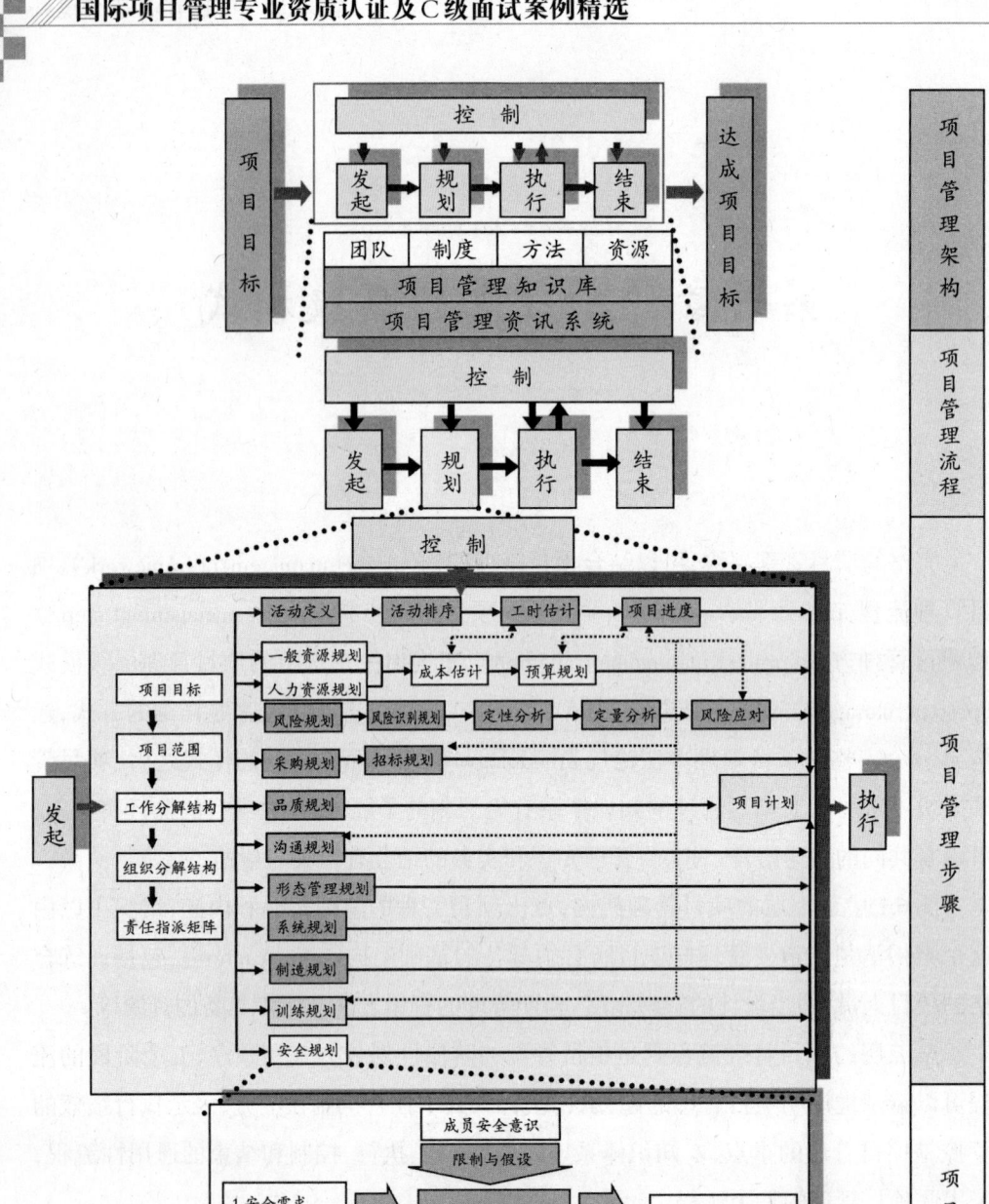

图6.1 项目管理层级模式

第七章　项目管理架构

项目管理的执行过程千头万绪,如果没有一套统合思维和行为准则的管理架构,很容易流为参与人员的各行其是,各自依照自己的行事逻辑和实务经验来执行项目,其结果必定是冲突不断,问题丛生。图7.1为项目管理(project management)的管理架构。左边是项目管理的目标,目标会依据每个组织或项目客户的需求不同而有差异。

第一,首先是需要一组具备足够项目管理能力的团队(team),这组团队的成员必须取得如第二章所述的项目管理的能力认证,以确保项目的顺利执行。其次是组织必须要有一套项目的管理制度(project management system)和流程,以便项目团队和所有的项目关系人,能够在相同的游戏规则下执行项目。接着是项目成员必须懂得执行项目活动的技术(techniques)和工具(tools),以便很有效率地完成工作。最后是组织要提供足够的资源给项目团队,否则即使项目团队是"巧妇",也难为无米之炊。

第二,是项目管理的知识库和项目管理资讯系统。每一个项目在执行过程中,一定会留下很多的经验和教训(lessons learned),每一个项目成员在多年之后,也一定会归纳出很多做事的技术和技巧,透过项目的知识管理系统(project knowledge management system),可以把这些技术和技巧保留下来,然后经由项目实务社群(COP,Community of Practice)的分享,全面提升组织项目人员的管理能力。

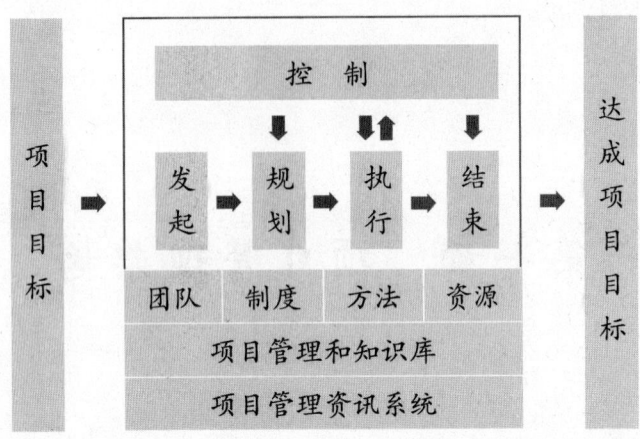

图7.1 项目管理架构

第三,因为组织的国际化和竞争的全球化,建构一套电脑化的项目管理资讯系统(PMIS, Project Management Information System),是组织提高管理效率的必要做法,再透过网际网络系统,组织就可以更有效率地执行项目,而圆满达成项目的目标。以下分别对图中各个项目详细说明:

7-1 项目目标

由项目发起人所给定的项目目标,它必须和组织的经营策略目标相结合。项目目标的制定必须符合以下五点,这五点的英文第一个字母合在一起称为SMART:

1. 明确(Specific)。
2. 可衡量(Measurable)。
3. 可达成(Achievable)。
4. 实际(Realistic)。
5. 有期限(Time-bound)。

7-2 达成项目目标

项目最终可交付成果(deliverable)应该被项目发起人或客户允许通过,而且所有项目关系人都满意项目团队的表现。

7-3 发起(Initiating)

项目经过评估可行,由高层指定的项目发起人草拟项目授权书,再交付给指派的项目经理后,项目进入发起阶段。它是正式的宣布组织内一个新项目的开始,发起阶段后可以授权规划阶段的开始。

7-4 规划(Planning)

项目经理接到项目授权书之后，协同项目团队进行项目计划书的制定，也就是规划如何执行项目，才能圆满达成项目发起人所给定的项目目标。项目计划的规划通常会考虑到进度、成本、品质和范围等限制因素。

7-5 执行(Executing)

项目计划书经过项目发起人审核通过之后，交由项目团队依照计划执行。工作授权系统的设计可以避免不该执行的工作被执行。

7-6 控制(Controlling)

项目团队的执行结果要定期受到检验，以确定所有项目的活动和可交付成果，在预定的时间内、预算内，圆满达成并合乎品质要求。

7-7 结束(Closing)

当最终可交付成果经项目发起人或客户验收通过并签核后，项目正式结束，和客户的合约也正式结束。项目结束之后，项目团队要在最短的时间内进行内部的行政结案，也就是项目人员归档、项目经验教训的检讨和留存，以及项目资料的收集和归档。

7-8 团队

所有项目管理成员，包括项目经理及其他全职或兼职的项目人员，甚至是散布在各处的虚拟团队。

7-9 制度

执行项目活动所需要的项目组织(organization)和流程(process)。组织项目管理成熟度(organization project management maturity)可以用来衡量组织项目管理制度运作的好坏。详细参阅第三章组织项目管理成熟度内容。

7-10 手法与工具

执行项目活动可以使用的技术和工具。

7-11 资源

完成项目活动所需要的人力、资金、材料、设备等等。

7-12 项目管理知识库

经由项目管理的知识管理系统，所储存的项目管理最佳实务(best practice)和经

验教训(lessons learned)等。

7-13 项目管理资讯系统

一套电脑化的项目管理软件系统,可以协助项目的规划、执行和控制。结合项目知识管理系统,更可以留存项目管理的最佳实务。

第八章 项目管理流程

有关项目管理从开始到结束的阶段划分,不同的产业有不同的做法,而所有这些阶段的前后顺序关系,称为项目管理流程(project management processes)。项目管理流程的清楚定义,有助于项目各阶段决策的管控和项目活动的展开。

项目流程从开始到结束一般又称为项目的生命周期(project life cycle),图 8.1 为国际项目管理知识体系的项目管理流程架构。由左边项目发起开始进入项目规划,规划完成经核准后依计划执行,执行结果要经过检验的控制,如果不合格可能需要重工(rework),所以由控制又回到执行。有时执行后需要修改计划,所以由控制回到规划。如果最后可交付的成果经验收通过,项目则由控制进入结束阶段。

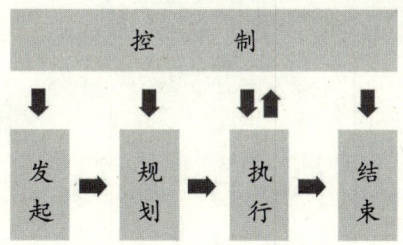

图 8.1 项目管理流程

图 8.2 为项目管理的生命周期,说明项目各阶段的工作投入分布状况,其中以活动执行的投入最多,发起和结束都只分别发生在项目的初期和后期。项目控制则横跨项目的开始到结束,这和图 8.1 中项目控制功能在最上方,且涵盖所有其他阶段的概念相同。

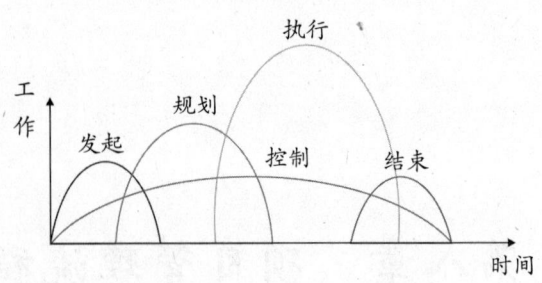

图8.2 项目管理生命周期

这种项目管理的流程会因为产品的不同而稍有差异,常看到的还有几种产品的项目管理流程,包括软件产品的线性流程模式(LSM,Linear Sequential Model)、模型流程模式(PM,Prototyping Model)、快速发展流程模式(RADM,Rapid Application Development Model)、逐步流程模式(IM,Incremental Model)、螺旋流程模式(SM,Spiral Model)等,以及汽车产品的开发流程模式(PQTP,Product Quality Timing Phases)。图8.3为汽车产品的开发流程模式。

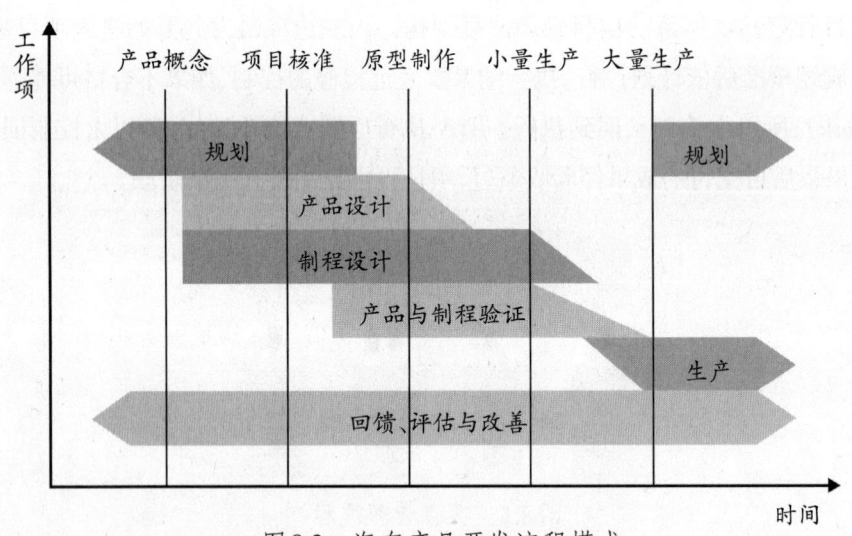

图8.3 汽车产品开发流程模式

第九章　项目管理步骤

项目流程里面的每一个阶段，各有很多不同的工作需要执行，这些工作可以按照执行顺序排列成前后的步骤，也就是说，从项目的发起、规划、执行到结束，各有其不同的项目管理步骤。有了这样的管理步骤，所有的项目成员和项目关系人，就可以具备相同的专业语言来执行项目，当然有利于项目的顺利推展。

以图9.1为例说明项目规划的步骤。项目发起后进入项目规划的步骤，首先，把项目目标具体化成项目范围，然后再将项目范围往下拆解成工作分解结构（WBS, Work Breakdown Structure），由工作分解结构可以进行工作的指派，形成组织分解结构（OBS, Organization Breakdown Structure）和责任指派矩阵（RAM, Responsibility Assignment Matrix）。

有了工作分解结构，接着是定义活动，即是把工作包拆解成活动清单，再决定所有活动的执行顺序，然后估计每个活动所需的工时，最后组合成完整的项目进度。由WBS也可以进行一般资源和人力资源的规划，包括所需要的资源种类及数量，然后得出资源的成本估计，并据以规划所需要的预算。

知道所有需要执行的WBS活动之后，可以逐一辨识造成进度、成本、品质及范围问题的所有风险项目，然后以定性分析决定他们的重要性排序，以定量分析决定对项目的冲击大小，最后拟定风险应对的措施。由WBS的项目也可以归纳出需要采购以及需要招标的物品和服务，然后对外进行招标作业，选出最好的一个或几个供应商。此外，检视WBS的活动也可以知道完成活动必须达到的品质标准，以及执行过程中，需要和哪些项目关系人进行必要的会议及书面沟通，并据以拟定和项目产品有关的形态变更管理及规划系统管理。

如果项目牵涉到产品制造的问题，也要事先规划好和产品制造有关的所有事项。审视 WBS 的活动也可以确认出来必要的训练项目，以及规划避免成员安全受到威胁和降低产品影响使用者安全的预防措施。项目执行阶段、项目控制阶段和项目结束阶段都可以归纳出类似的管理步骤。

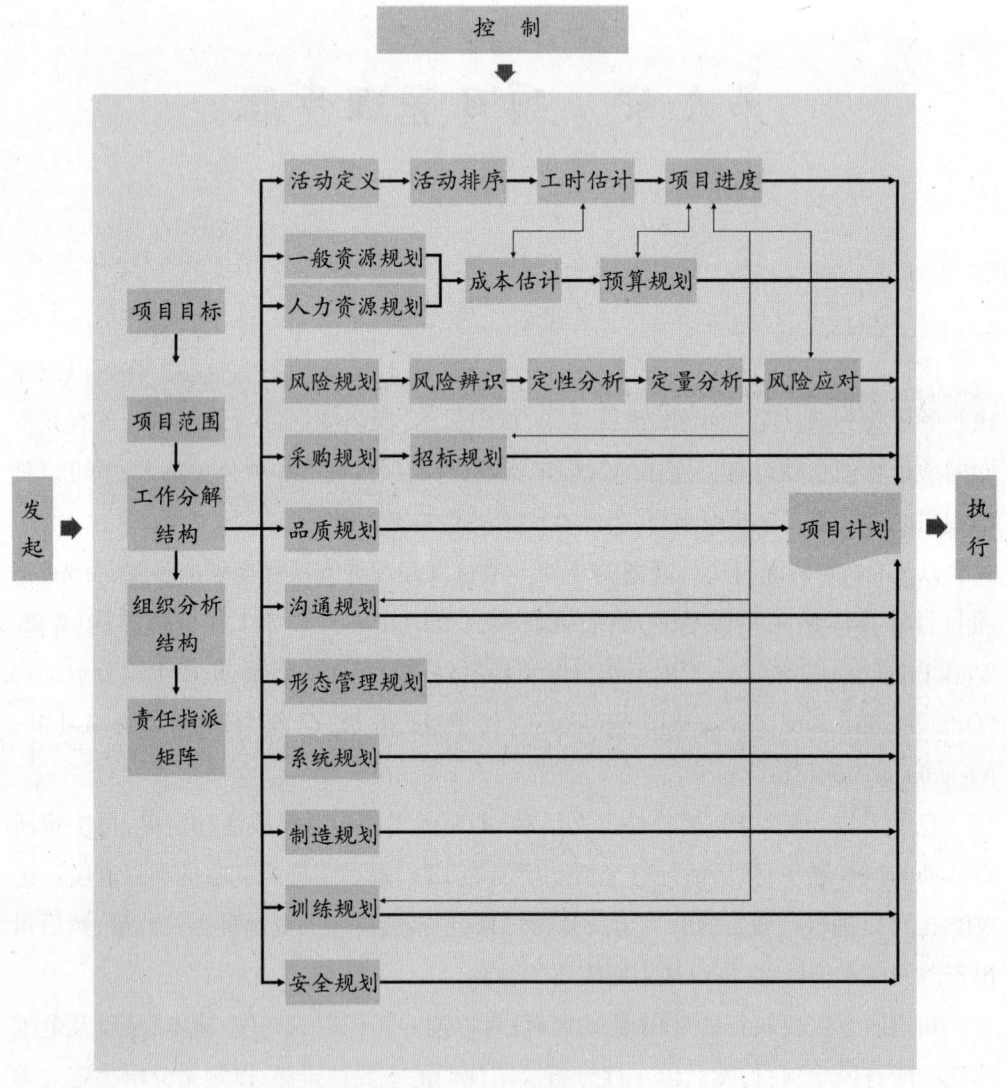

图9.1　项目管理步骤

第十章 项目管理方法

执行项目管理的每一个步骤,除了要应用相关的产业知识之外,还需要有一套执行的方法,这样的项目管理方法,不是指执行步骤所需要的专门技术,而是指执行步骤的逻辑和思维架构。这样的思维架构可以让每一个步骤活动的负责人员,很容易的抓到执行某一个活动的重点。

图 10.1 为项目管理方法的示意图,中间方块代表项目管理步骤的某一个活动,方块左边是执行该活动所需要的输入资料或信息。方块上方是执行该活动时所受到的限制(constraints),例如组织的政策,或是活动的假设(assumptions),例如不一定是真的事情认为是真,或是不一定是假的事情认为是假。也就是说,限制和假设往往是项目风险的所在。方块下方是执行该活动可以选用的技术(techniques)和工具(tools)。方块右边的产出是执行该活动后的产出物。

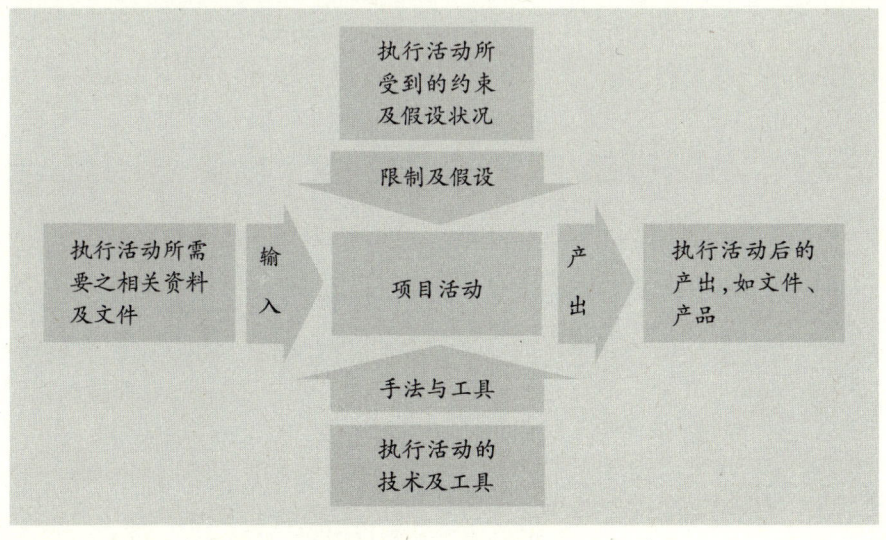

图 10.1　项目管理方法

第二部分 国际项目管理知识领域

第十一章 项目发起

11-1 项目的发起

项目管理流程的发起阶段如图11.1所示,其主要目的是澄清有关项目的三个面向,包括:要做什么(what)、为什么要做(why)以及如何做(how)。

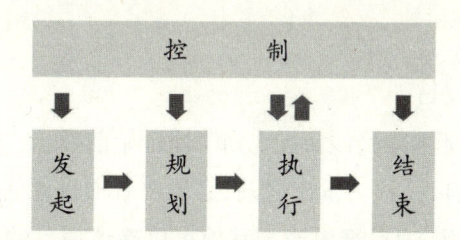

图11.1 项目管理流程——发起阶段

一般中小型项目的可行性分析,项目概念书及项目授权书,可以整合成为一个文件。如图11.2所示,其中,项目发起阶段的主要工作事项,包括:

1. 产品说明书的制定。
2. 项目可行性的分析。
3. 项目概念书的制定。
4. 项目授权书的制定。

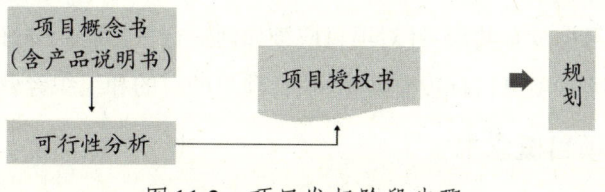

图11.2 项目发起阶段步骤

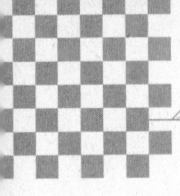

11-1-1 产品说明书

产品说明书是包含在项目概念书里的一个产品的概略说明文件,它描述了项目产品的特征及目的。发起阶段的产品说明书只能是一个粗略的文件,它必须在项目规划阶段才能逐步的翔实。

11-1-2 项目概念书

项目概念书定义了项目存在的理由,重点在于确保项目的执行要配合组织的经营计划。基本上项目概念书上必须提供足够的资讯,让组织内外的高层人员可以据以判定要不要支持该项目。所以概念书里要说明到底要做什么东西,为什么要做,以及项目结束之后可以为企业带来什么效益。

11-1-3 可行性分析

项目可行性分析的目的是找出项目的限制、可能的选项,以及相关的假设。主要内容包括四个要项:

1. 组织问题的描绘。
2. 解决方法的概述。
3. 潜在方案的说明。
4. 初步的建议。

11-1-4 项目授权书

项目授权书是在发起阶段结束后,规划阶段开始前发出,主要的目的是正式发布一个新项目的启动。项目授权书发出之前,必须要有项目评估的类似文件,例如项目可行性分析、项目概念书、项目缘由或是其他可以确认项目的来源,并且获得高阶管理层核准的文件。项目授权书上的资讯是项目计划书制定的根据。项目发起阶段因为各种相关状况都还混沌不明,因此有可能发生以下的问题:

1. 项目团队有无力感:项目成员希望项目赶快启动,但是似乎有一大堆阻碍。
2. 缺乏高阶管理层的支持:因为项目轮廓还不明确,高阶管理层还有顾虑,没能放手支持;或是发起人对这个项目没有兴趣等等。
3. 客户需求还没决定:客户还不能提供明确的项目需求。
4. 人力资源不足:找不到适当的人选来加入项目团队。
5. 欠缺领导:项目一开始,因为沟通机制尚未建立,容易变成多头马车。
6. 对项目目标没有共识:针对项目应该如何进行,有太多不同的意见。
7. 企业策略和项目目标没有联结:执行项目的目的和组织经营策略没有关联性。

11-2 项目概念书

项目概念书的制定是项目发起阶段最重要的工作事项,它是项目授权书拟定的依据。项目概念书的主要内容包括：

1. 项目背景：项目的相关背景资料。

2. 项目目的：说明为什么要执行这个项目，这个目的描述对项目团队的引导非常重要，尤其是成本高、时程长的项目。项目目的内容包括组织面临的问题、工作的描述以及项目的目标。

3. 产品说明：描述项目产品的特征及目的。

4. 关键成功因素：参阅第1-2节关键成功因素内容。

5. 项目策略：说明项目和组织经营策略之间的关联性，包括组织受影响区域、项目技术类别等。

6. 进度目标：说明主要工作项目及其进度时程。项目概念阶段的时程估计精度大约在+/- 25%之间。

7. 财务目标：项目预算的估计值，估计精度也大约在+/- 25%之间。

为了整合所有相关的意见，草拟概念书时必须有下述人员参与：

1. 项目经理：在拟定项目概念书时，项目经理（即项目负责人）或许还没有正式指派，但是负责草拟概念书的人要定义清楚项目的目的，关键的成功因素，收集规划项目所需的相关资料，以及粗略估计项目的预算及项目总时程。因此，项目经理是整个项目成败与否的灵魂人物。

2. 项目主要成员：如果可以，要尽可能编排好项目团队主要成员，以便进行项目概念的研究。

3. 项目关系人及客户：项目团队要积极主动的邀请项目关系人及客户来参与项目的概念发展，以提高项目的成功概率。

项目发起阶段的问题不在于完成一些书面文件，而是在于完成这些文件的过程，项目团队可以使用以下的方法来产生项目的概念：

1. 脑力激荡(brain storming)。

2. 管理层会议。

3. 关系人会议。

4. 产品说明书。

5. 项目可行性分析。

6. 专家访谈。

项目概念书的产生依照项目特性及项目大小而有不同，一个典型的过程可以表示成图11.3。

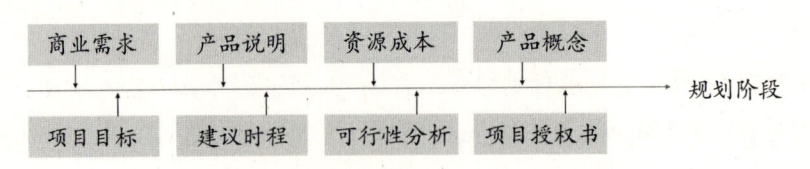

```
商业需求    产品说明    资源成本    产品概念
  ↓          ↓          ↓          ↓                    规划阶段
项目目标   建议时程   可行性分析   项目授权书
```

图11.3　项目发起阶段工作顺序及内容

11-3　项目授权书

项目授权书是组织正式宣告一个项目开始的公开文件,目的是展现高阶管理层的支持,以及指派项目经理。项目授权书的内容包含有以下几项:

1.项目背景:项目的相关背景资料。

2.项目目的:参阅第11-2节项目概念书。

3.项目目标:参阅第七章项目管理架构内容,项目目标是用来建立项目的绩效标准,以比对项目的进行是否符合客户或关系人的期望。

4.项目范围:项目授权书中的项目范围只是巨观的说明,详细的范围说明会在规划阶段中呈现。

5.项目授权等级:因为项目执行过程必须进行很多解决问题的决策,因此定义好授权等级及协调机制,有助于项目的顺利进行。项目授权有三个要点:

(1)项目授权书由项目发起人发出。

(2)项目授权书中必须指定项目经理。

(3)项目授权书必须说明项目经理和发起人之间的权责关系,以确保项目经理无法解决问题时,可以依照管理机制得到支援。

6.角色及责任:项目成员及所有项目关系人在项目发起、规划、执行、控制及结束阶段的角色及责任分配,会依据下列因素而有不同:

(1)组织的大小。

(2)项目的大小。

(3)执行中的项目总数量。

(4)项目成员的能力。

(5)组织项目管理成熟度。

最佳的责任指派可以确保项目活动的准时完成,因此明确地定义活动内容,清楚地确认活动关联性,正确地估计活动时程,清晰的活动品质标准,明确的可交付成果和有效的绩效衡量标准,是项目责任指派的成功关键。而责任指派最常用的表达方法是责任指派矩阵(RAM, Responsibility Assignment Matrix)。它是由 WBS 和 OBS 组合而成的。

7. 管理审查时机：为了确保项目在时程内、在预算内和合乎品质要求下进行，必须建立适当的管理审查点或里程碑，以便项目经理和高阶管理层检验项目的绩效，是否符合项目授权书中的要求。

8. 签署。

11-4 项目可行性分析

当组织面临营运的问题或是发现潜在的机会，而且问题和机会的复杂度，大到必须投入一批人力、物力和财力才能取得效果的时候，组织就应该考虑以项目的形式来处理。但是因为组织的资源有限，如果同时发生好几个问题或是发现好几种机会时，组织就要对这些问题或机会进行投入成本和回收效益的评估，以决定资源的投入顺序和问题机会的取舍，这样的过程称为项目可行性分析（project feasibility study）。

图 11.4 为项目可行性分析的主要过程，由项目的初步概念形成项目的草案（project proposal）；因为项目的执行要符合组织的策略目标，因此没有支持组织策略方向的项目草案就被舍弃。

所有通过的项目草案再做成项目缘由，以详细说明该项目必须存在的理由。然后审核项目缘由是否满足所有项目关系人的期望，以及组织是否可以忍受其资源需求。最后通过的所有项目就由组织高层或项目推动委员会指定发起人，由发起人拟定项目授权书并交由指派的项目经理，协同项目团队进行项目计划书的制订。图 11.5 为项目可行性分析的方法。

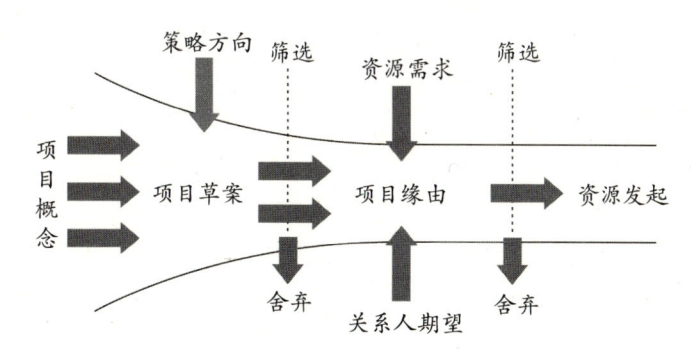

图 11.4　项目可行性分析过程

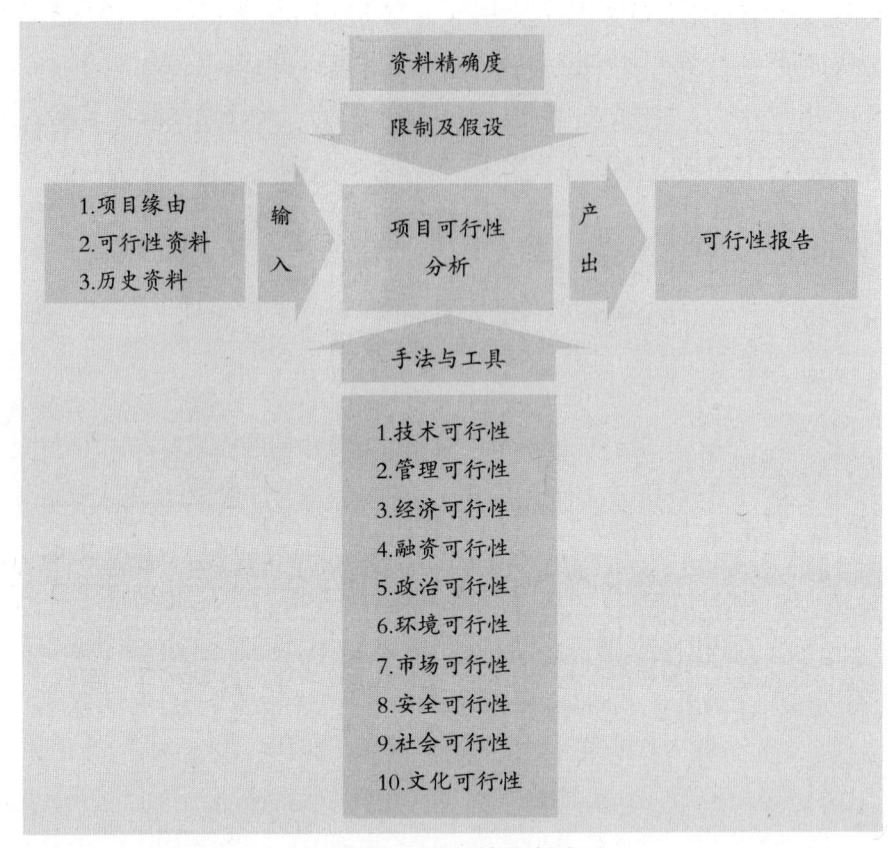

```
                    ┌──────────┐
                    │ 资料精确度 │
                    └──────────┘
                    ┌──────────┐
                    │ 限制及假设 │
                    └──────────┘
┌──────────┐              ┌──────────┐              ┌──────────┐
│1.项目缘由 │    输入      │项目可行性 │    产出      │可行性报告 │
│2.可行性资料│ ────────▶  │  分析     │ ────────▶   │          │
│3.历史资料 │              └──────────┘              └──────────┘
└──────────┘
                    ┌──────────┐
                    │ 手法与工具 │
                    └──────────┘
                    1.技术可行性
                    2.管理可行性
                    3.经济可行性
                    4.融资可行性
                    5.政治可行性
                    6.环境可行性
                    7.市场可行性
                    8.安全可行性
                    9.社会可行性
                    10.文化可行性
```

11.5　项目可行性分析方法

11-4-1　输入

1. 项目缘由：说明为什么需要执行该项目的理由。

2. 可行性资料：执行可行性分析所需要的相关资料。

3. 历史资料：组织过去项目的可行性评估资料可以作为参考，但是要注意时间的差异和环境的变化。

11-4-2　手法与工具

1. 技术可行性：项目的技术可行性(technology feasibility)是指组织是否拥有执行该项目所需要的技术，包括人员的能力和技术的成熟度。

2. 管理可行性：项目的管理可行性(managerial feasibility)包括执行该项目所需要的组织流程和管理架构。

3. 经济可行性：项目的经济可行性(economic feasibility)是指项目的获利能力，包括成本效益分析(benefit-cost analysis)和损益平衡分析(breakeven analysis)，分析时应该同时考量有形(tangible)和无形(intangible)的因素。

4. 融资可行性：项目的融资可行性(financial feasibility)是取得项目所需资金的可行性分析，项目融资常常是高资金需求的投资项目的主要问题之一。

5. 政治可行性：项目的政治可行性(political feasibility)对投资金额多、排挤效应大或是能见度高的项目特别重要，很多投资效益高的项目，可能因为政治因素而被牺牲掉。

6. 环境可行性：项目的环境可行性分析(environmental feasibility)是指执行该项目对环境所造成的影响，它是很多项目被迫放弃的主因。

7. 市场可行性：项目的市场可行性(market feasibility)是指市场需求对项目的潜在影响，包括市场需求的变化，竞争对手的动态，产品价格的波动等等。

8. 安全可行性：项目的安全可行性(safety feasibility)是指执行项目时对项目成员安全性的威胁程度分析。

9. 社会可行性：项目的社会可行性(social feasibility)是指执行该项目对组织人员的影响，例如人员的短缺，项目工作成员社会形象的变化，或是外部关系人的阻碍，例如建厂时的住民抗争等。

10. 文化可行性：项目的文化可行性(cultural feasibility)是指该项目和现有项目环境的配适程度，例如宗教信仰可能影响成员的工作意愿，或是项目活动和成员工作习惯的差异等。

11-4-3　限制及假设

资料精确度：项目可行性资料的精确度，会影响可行性分析的判断和结果。一般来说，资料要精确到让可行性分析的误差在+/- 10%以内。

11-4-4　产出

可行性报告：项目可行性分析的产出是一个可行性分析的报告文件。可行性评估报告书的内容有：项目背景、问题或机会描述(现状、问题或机会、冲击或利益、完成期限)、可能方案(方案说明、资源需求、成本效益、执行期程、取舍理由)、初步建议、相关人员签署以及最后的决定等。

11-5　经济可行性分析

经济可行性分析是用来评选不同规划项目的一种方法，分析时主要考虑的因素是可以量化的成本和收益。经济可行性分析的首要是决定分析的基本原则，例如分析的方法、年限的基准、利率的选择、筛选的门槛等等。

其他如参考资料、历史经验、电脑工具及经济预测资料等，都可以用来提高分析的精确度。完整的经济可行性分析应该包括通货膨胀(inflation)、折旧(depreciation)和税(taxation)等，如果项目牵涉到国际性的投资，那么这三个因素的影响大小在不同

国家都会不一样,图11.6为经济可行性分析的方法。经济可行性分析的步骤如下:

1. 定义经济可行性分析原则。

2. 估计成本及效益。

3. 确认主要成本来源。

4. 风险分析。

5. 分析选择方案。

6. 呈现分析结果。

经济可行性分析的文件内容主要包括:

1. 项目背景资料:项目背景、项目定义。

2. 可能方案:可行方案、技术概念、取得方式、所需时程等。

3. 生命周期成本和效益:生命周期成本、生命周期效益、风险分析、敏感度分析、成本效益分析等。

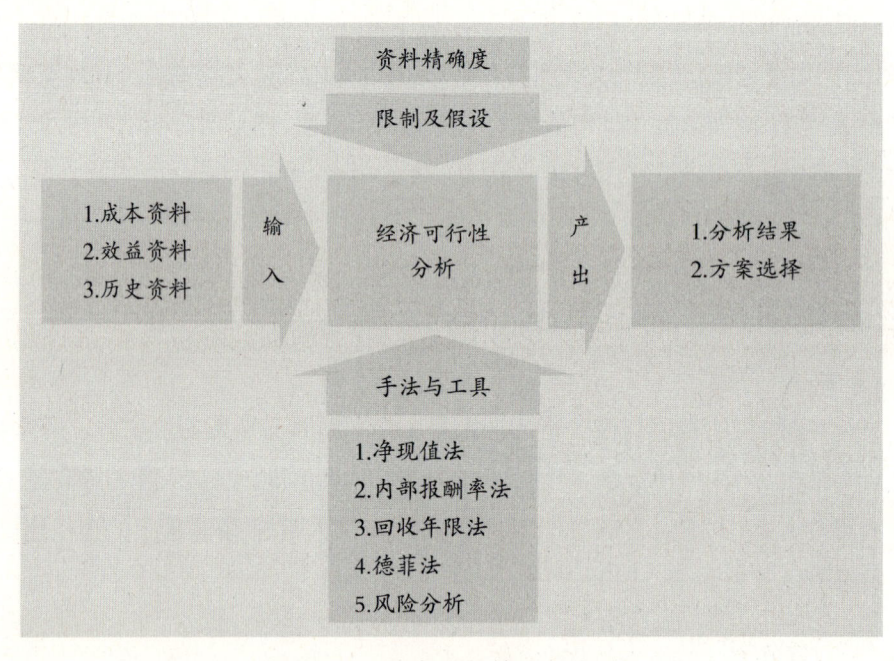

```
                    资料精确度
                    限制及假设
                        ↓
1.成本资料      输    经济可行性    产    1.分析结果
2.效益资料      入    分析          出    2.方案选择
3.历史资料
                        ↑
                    手法与工具
                    1.净现值法
                    2.内部报酬率法
                    3.回收年限法
                    4.德菲法
                    5.风险分析
```

图11.6 经济可行性分析方法

11-5-1 输入

1. 成本资料:成本估计应该包括直接成本及间接成本,间接成本可以配合使用ABC(activity-based costing)成本估计法,来提高估计的准确度。常用的成本估计方法有以下几种:

(1)参数法(parametric method):利用历史资料找出成本和绩效的数学关系式,来预测目前项目成本。

(2)类比法(analogy method):适用于有过去类似项目资料的场合,以最类似的项目来进行成本资料的调整,又称为由上往下估计法(top-down method)。

(3)由下往上法(bottom-up method):由项目的WBS底层开始,往上计算及加总人力及其他资源的成本。

2. 效益资料:效益的估计应该包括有形及无形效益。为了确保所有效益都被确认出来,可以利用德菲法(Delphi technique)来获得一份所有效益的清单。

3. 历史资料:组织内部旧项目的成本效益分析资料可以作为参考。

11-5-2 手法与工具

1. 净现值法:将每个方案的成本和支出,依照时间顺序画成现金流量。然后以组织指定的利率,将所有的成本和支出折现到目前的时间,称为净现值(NPV, Net Present Value),NPV大者为相对比较好的方案。

2. 内部报酬率法:净现值为零时的利率称为内部报酬率(IRR, Internal Rate of Return),IRR值大者为相对比较好的方案。

3. 回收年限法:回收年限法(PP, Payback Period),本法是一种简单而常用的获利率指标,该指标量测计划现金流量等于起始投资所需的时间,又称还本期限法。回收年限短者为相对比较好的方案。

4. 德菲法:为一种匿名的专家问卷法,首先选择适当数量专家,设计并寄出问卷,回收整理相同意见部分,不同意见的部分再次设计并寄出问卷,反复进行直到意见一致。德菲法的优点是专家不碰面,不会互相影响,缺点是可能花费很长时间。

5. 风险分析:分析有哪些成本及效益项目最容易受影响而改变,特别是那些占成本比率极高的成本项目。常用的风险分析方法有:

(1)备案分析(Contingency analysis)。

(2)风险及不确定性分析(Risk and uncertainty analysis)。

(3)敏感度分析(Sensitivity analysis)。

(4)参数分析(Parametric analysis)。

11-5-3 限制及假设

资料精确度:成本资料和效益资料的精确度是成本效益分析的最大限制。

11-5-4 产出

1. 分析结果:每一个方案的分析结果,可以由项目的成本高低及复杂度,来决定分析结果所需要的详细程度。

2. 方案选择:由分析结果选出最好的方案。

第十二章 项目规划

12-1 项目规划阶段的步骤及特点

项目管理流程的规划是项目管理的最重要阶段,如图12.1所示,其主要目的是建立详细的项目成本及项目进度,包括确认项目的范围、活动展开、进度制定、风险确认及应对、品质规划以及人力需求规划等。

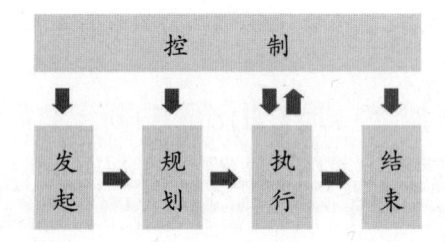

图 12.1 项目管理流程——规划阶段

项目规划阶段会产出一个项目计划(project plan),而项目规划阶段的主要工作项目有以下几项,如图12.2所示:

1. 项目目标的确立。
2. 项目范围的决定。
3. 工作分解结构(WBS)的展开。
4. 组织分解结构(OBS)的展开。
5. 活动定义及排序。
6. 工时估计。
7. 项目进度拟定。
8. 资源规划。
9. 成本估计。
10. 预算规划。
11. 风险规划。
12. 采购规划。
13. 品质规划。
14. 沟通规划。
15. 形态管理规划。
16. 系统规划。
17. 制造规划。
18. 训练规划。
19. 安全规划。

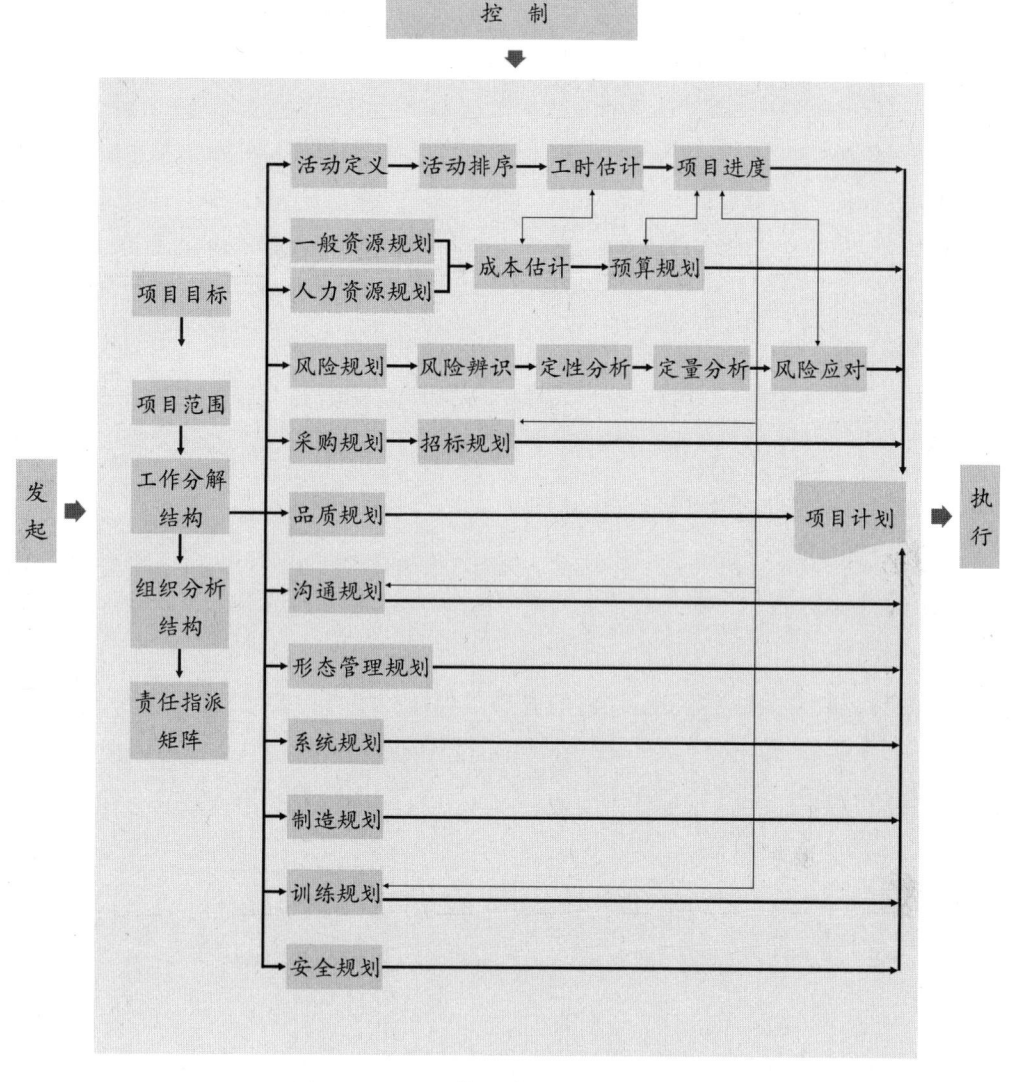

图 12.2　项目管理步骤——规划阶段

12-1-1　项目计划特点

项目计划是所有项目活动的总和,它会随着项目的进展而修正,项目计划要尽量正确而且完整,以便项目经理可以控制项目的细节,而不是被细节所控制。项目计划必须具备以下几个特点:

1. 独特性:没有两个项目的计划完全相同。

2. 动态性:项目计划随着项目进展而更新。

3. 弹性:项目计划要弹性到能够调整。

4. 及时性:项目计划要保持在最新状态。

039

5. 主导性：项目计划要能引导项目的进行。

12-1-2　项目计划内容

项目计划的内容至少要包含以下各项：

1. 项目背景。
2. 项目目标。
3. 项目范围说明。
4. 关键成功因素。
5. 工作分解结构。
6. 组织分解结构。
7. 成本效益分析。
8. 资源调配计划。
9. 项目进度。
10. 风险计划。
11. 采购计划。
12. 品质计划。
13. 沟通计划。
14. 项目联络资料。
15. 形态管理计划。
16. 成本计划。
17. 系统计划。
18. 制造计划。
19. 训练计划。
20. 安全计划。
21. 阶段检查检表。

项目计划制订完成后，依照项目的大小及金额的多寡，送交负责的阶层，例如项目发起人或是大型项目管理委员会，进行核准的动作。核准之后，它就变成项目执行的基准，不可以在未经同意下任意变更，任何和项目进度、成本、品质、范围有关的变更，都要经由变更管制委员会的讨论及签核。

在图12.2的项目规划阶段步骤中，图中粗箭头线代表执行的顺序，细的双箭头虚线代表箭头两端的活动，在规划时彼此有关联性，因此要互相参照。例如活动工时的估计会受到资源多寡的影响，预算的编列也要依照项目的进度来进行，物品的采购和人员的训练也决定于活动执行的时间点，风险应对措施的实施也要配合项目的进度，另外所有项目关系人之间的沟通，例如什么时候要和客户开会讨论进度等，都和项目进度有直接的关系。

12-2　项目目标

项目目标是指项目期望成果的说明，它是由客户或是项目发起人所指定，用来衡量项目是否圆满成功的标准，项目目标可以分成两方面：

1. 硬性目标：也就是和项目进度、成本、品质及范围有关的目标。
2. 软性目标：达成目标的过程品质，例如执行项目的态度、行为、关系人满意度以及沟通的顺畅度等等。

简单地说，项目目标规划的目的是定义项目允收的标准，和达成允收标准的方法。一个好的项目目标制定具有以下几个特点：

1. 负责达成项目目标的人员有参与目标的制定。
2. 有明确定义要达成的项目目标是什么，以及在多久之内完成。
3. 项目目标可以衡量并且可以验证。
4. 项目目标具有挑战性但是也很实际。
5. 项目目标不会太复杂。
6. 负责达成项目目标的人有足够的授权。
7. 有相对的资源用以达成项目目标。
8. 负责达成项目目标的人可以和相关单位及个人沟通协调。
9. 项目目标被清楚的表达成书面化文字。

总之，项目目标必须是满足明确（specific）、可衡量（measurable）、可达成（achievable）、实际（realistic），而且是有期限（time-bound）等五大要件。图12.3为项目目标规划的方法。

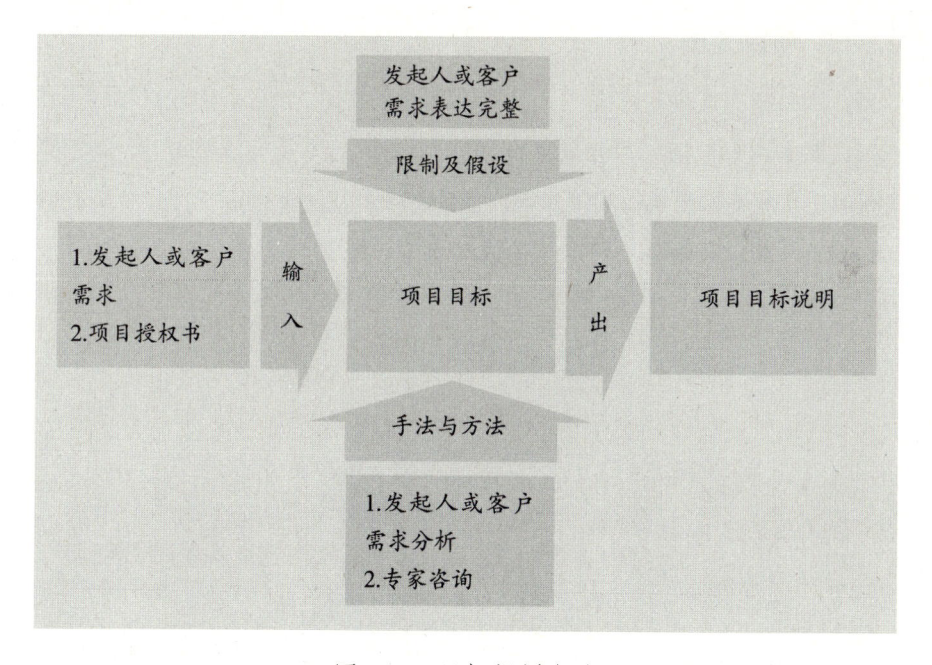

图12.3 目标规划方法

12-2-1 输入

1. 发起人或客户需求：把发起人或客户的需求转化成项目的目标，一个清晰完整的发起人或客户需求说明，是做好项目目标规划的首要条件。
2. 项目授权书：项目授权书中有项目缘由等资讯可供参照。

12-2-2 手法与工具

1. 客户需求分析：项目发起人协同项目团队进行客户需求的分析，目的是要将模糊不清的客户需求对应成详细、量化并且可以衡量的目标。项目失败的主因之一是项目团队和客户双方对需求的认知不同，特别是不容易量化的需求。

2. 专家咨询：利用组织内外的项目管理专家，可以简化项目目标的规划过程，并且提高项目目标的精确度。

12-2-3 限制及假设

发起人或客户需求表达完整：发起人或客户需求有没有完整表达是项目目标规划的限制，如果在项目执行期间甚至接近结束才发现认知有异，那么必然造成无法验收而延宕项目，甚至引发诉讼。

12-2-4 产出

目标说明：项目目标规划的产出是项目目标的说明，这个说明将是项目范围展开的依据。

12-3 项目范围

项目范围是指完成项目所需投入的总活动量的多寡，通常书面化成项目范围说明书。范围说明书内容包括项目背景资料、项目可交付成果及完成标准、范围管理方法、需要执行的工作和不需要执行的工作等。如果将项目范围拆解成工作分解结构（WBS）之后，所有WBS的总和就是项目应该达成的范围。图12.4为项目范围规划的方法。

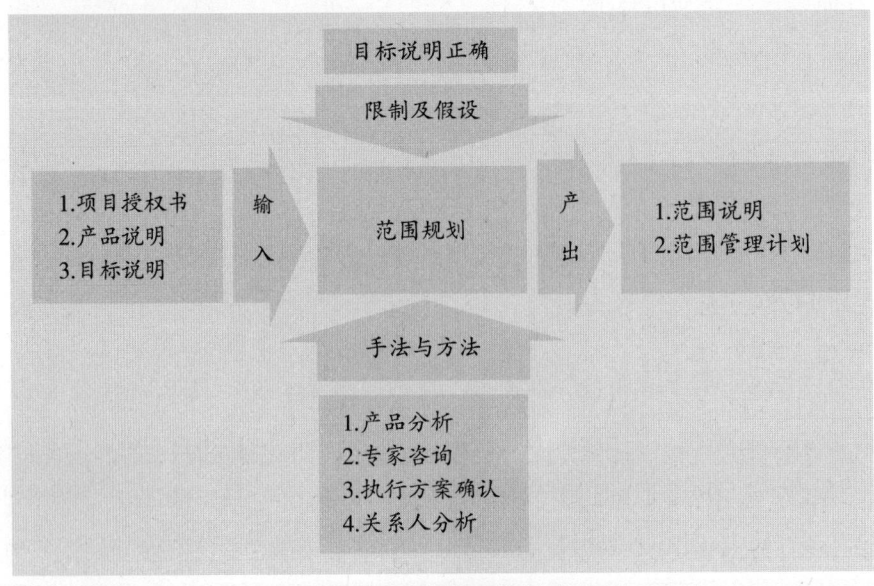

图12.4 项目范围规划方法

12-3-1 输入

1. 项目授权书：由项目授权书中的粗略项目范围，进而规划成更具体可行的详细项目范围。

2. 产品说明：产品的说明有助于项目范围的规划。

3. 目标说明：参阅第12-2节项目目标。

12-3-2 手法与工具

1. 产品分析：使用一些方法来进一步分析项目的产品，包括产品分解（product breakdown analysis）、价值工程（value engineering）、品质机能展开（quality function deployment）等。

2. 专家咨询：咨询组织内部的资深项目经理，可以提高范围规划的精确度。

3. 执行方案确认：不同的执行方案有不同的工作范围，项目团队可以利用集思广益的脑力激荡或逆向思考方式，协助进行项目范围的规划。

4. 关系人分析：分析关系人的需求和期望，才能正确规划项目的范围。

12-3-3 限制及假设

目标说明正确：项目授权书上的目标说明是范围规划的依据，如果目标说明不正确，将会造成项目范围的定义错误。

12-3-4 产出

1. 范围说明：范围说明是未来验证项目范围的基础，也是项目成败的关键，它至少应该包含下列各项：

(1) 项目完工的允收标准。

(2) 项目使用的流程及技术及是否外包等。

(3) 需要完成和不需要完成的工作。

制定项目范围说明时，需要参考到以下的文件：

(1) 项目工作说明（SOW, statement of work）。

(2) 项目目标（包括假设及限制）。

(3) 可行性分析。

(4) 项目概念书。

(5) 项目授权书。

为了确保项目范围被正确无误的完成，范围说明应该要由项目发起人和客户签核。

2. 范围管理计划：项目范围管理和制定范围说明一样重要，它是一个说明项目范围如何管理，范围变更如何进行，以及如何应用形态管理（参阅项目管理知识体系的进阶版）来管理范围的文件。

12-4　工作分解结构

工作分解结构(WBS, Work Breakdown Structure)的规划方法如图12.5所示。工作分解结构的功能是把项目范围拆解成比较好进行管理的。人员指派和资源估计的活动(activity)，拆解方式以流程导向(process-oriented)和产品导向(product-oriented)两种为主。工作分解结构是项目成本估计、工时估计、品质标准、风险确认、组织设计、人力需求、物料采购及团队沟通的基础工具，而范围控制的一个简单准则是：没有列入WBS的活动不需要做。

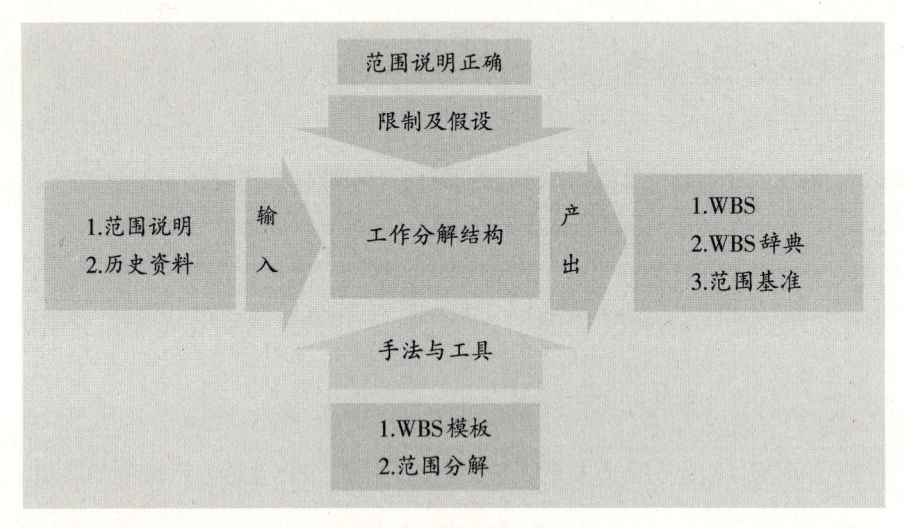

图12.5　WBS规划方法

12-4-1　输入

1. 范围说明：范围说明是WBS拆解的依据。

2. 历史资料：组织内部的相关旧案的范围及WBS资料，可以作为WBS规划的参考。

12-4-2　手法与工具

1. WBS模板：利用组织内部或外部类似项目的WBS标准样板。

2. 范围拆解：把项目授权书上的粗略项目范围展开成以可交付成果(deliverables)为主的上层WBS，上层WBS展开之后，就可以指派各项可交付成果的负责单位进行后续的拆解。将上层WBS展开成为项目必须完成的细项产品，又称为工作包(work package)，然后再拆解工作包成为必须执行的活动。拆解过程如下：

(1) 拆解工作包成活动。

(2) 判断能否准确估计每个活动的工时及成本。

(3) 判断能否进行管理。

(4) 没问题即结束,有问题则回到步骤(1)。

一个产业常用的标准是把工作包拆到可以在两个星期(工时80小时)内完成的活动即可。而确认工作包到活动是否拆解适当的一个法则,是拆好的活动应该是以动词开头。否则表示拆解尚未完成。接着指派各细项WBS的负责人员,进行后续的规划、执行和控制。

12-4-3 限制及假设

范围说明正确:范围说明如果有误,会造成WBS规划的失真。

12-4-4 产出

1. WBS:必须完成的项目,它的最底层是工作包,为了方便管理,WBS上的项目通常都予以编号,以区别活动的工作包类别及层级、编号方式应该越简单越好。图12.6为以项目管理为例子的WBS。WBS又可以分成项目WBS(PWBS, Project WBS)及合约WBS(CWBS, Contract WBS)两种。CWBS通常由包商依据采购工作说明(SOW, statement of work)制作而成。图12.7为两者的关系。

2. WBS辞典:WBS辞典中详细说明了每一个WBS项目的范围,以便负责人员可以进行确认、规划和管理。WBS辞典是团队和包商沟通工作范围的有效工具,它通常在活动定义及排序阶段完成。完成的WBS和WBS辞典必须经过项目中的高阶人员,如项目发起人或是项目经理核准通过。

3. 范围基准:范围说明、WBS和WBS辞典合起来称为范围基准(scope-baseline)。

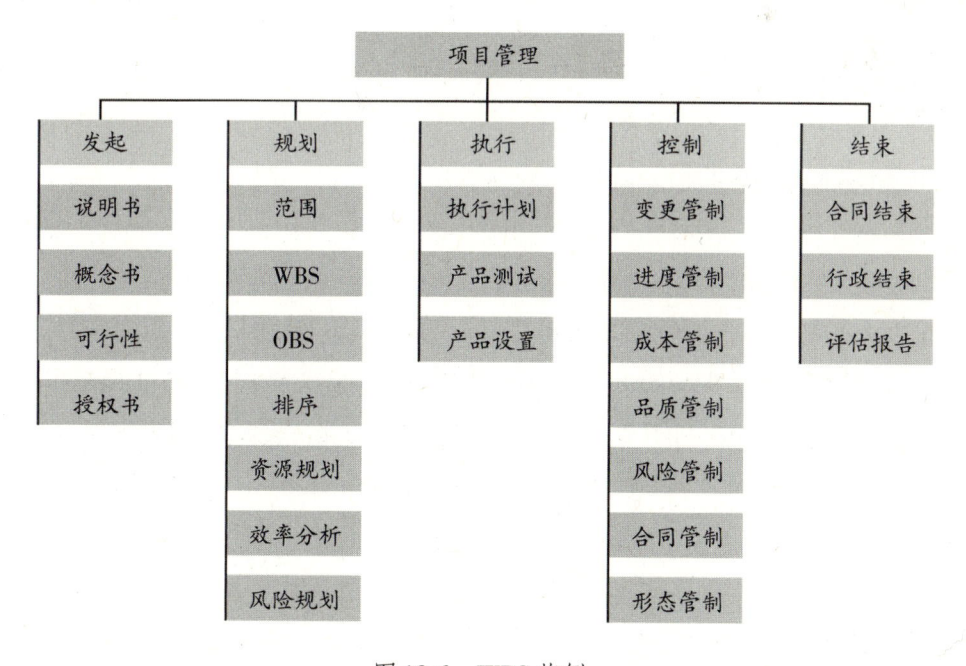

图12.6 WBS范例

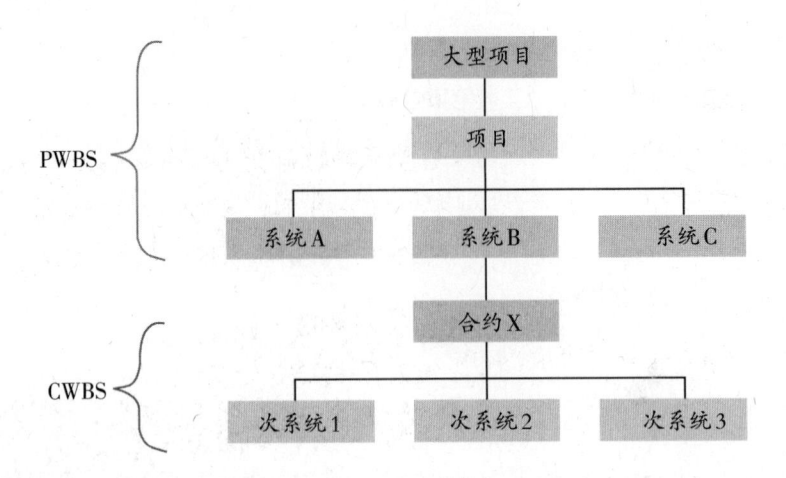

图 12.7　PWBS 和 CWBS 的关系

12-5　组织分解结构

组织分解结构（OBS, Organization Breakdown Structure）是将项目组织以上下层级的方式呈现出来，最简单的方式是以项目成员的名字，取代每一个 WBS 的项目。之后，如果发现有同组人员却散布各地的问题，再重新调整人员的指派，如图 12.8 为组织分解结构规划的方法。最后的 OBS 和 WBS 必须是一对一的对应关系。OBS 通常和工作分解结构合并使用，形成责任指派矩阵（RAM, Responsibility Assignment Matrix）。OBS 的每一个负责人或负责单位必须要清楚定义以下几点：

1. 目标可以验证。
2. 工作授权的范围。
3. 主要的责任。
4. 和其他单位的报告和协调关系。

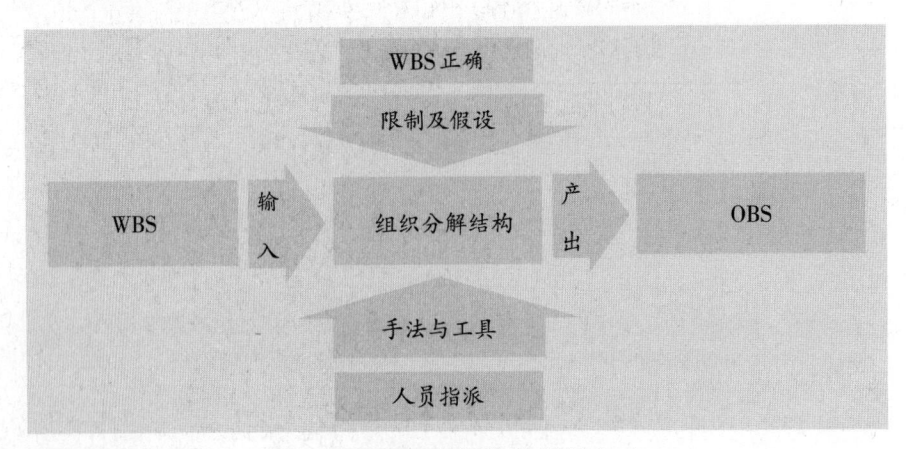

图 12.8　组织分解结构规划方法

12-5-1 输入

WBS：完整的 WBS 是 OBS 规划的基础。

12-5-2 手法与工具

人员指派：依照 WBS 的工作性质和专长需求，将最合格的人指派到最适当的工作中。人员指派应考虑成员人格特质的平衡。参阅第 12-14 节人力资源规划。

12-5-3 限制及假设

WBS 正确：WBS 的正确无误是 OBS 规划的先决条件。

12-5-4 产出

OBS：OBS 规划的产出就是一个完整的组织分解结构，作为人员分组或指派之用。图 12.9 为 OBS 的一个例子。

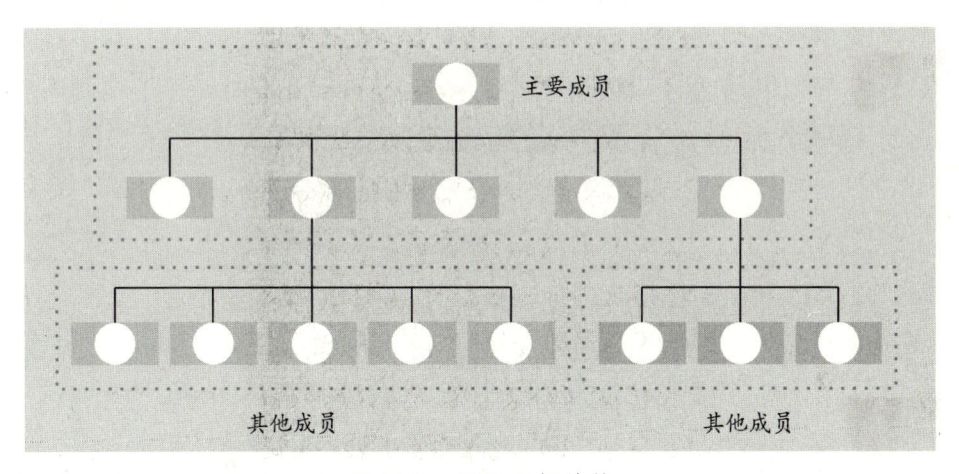

图 12.9　组织分解结构

12-6　项目管理组织

项目管理的效率和项目管理的组织形式有很直接的关系，传统阶层式的部门形态组织，是为了例行性的任务或是大量生产而设计的，因此并不适合用来执行项目。不过因为多数组织都有例行性的业务，所以只好在维持部门组织的架构下执行项目。可是，一旦组织的非例行性活动变成组织的主要业务时，就要考虑将组织形变更为纯粹为项目而设计的项目组织架构。

常用来执行项目的组织形式有：(1) 功能型项目组织（functional organization），(2) 矩阵型项目组织（matrix organization），(3) 纯项目型组织（projectized organization），(4) 虚拟型目组织（virtual organization）。

项目管理的组织和权责划分要适当的设计，才能发挥项目团队的力量，避免不必要的问题发生。例如项目人员的绩效评估，要清楚合理的分配给部门经理和项目经

理,尤其是对兼职的项目成员的考核,以提高项目经理掌控人力资源的权力。以下分别详细说明项目组织:

12-6-1 功能型项目组织

项目成员依照专长分属在不同的部门,每一个部门有一个部门经理,项目经理必须透过部门经理,才能将项目的任务下达给项目成员。功能型项目组织是项目经理对成员掌控力最弱的组织形式。

12-6-2 矩阵型项目组织

矩阵型项目组织是希望在部门式的组织下执行项目,而又要增加项目经理对成员掌控力的一种组织形式。简单地说,矩阵型组织是赋予项目经理权力,依据需要向部门经理借调人员,当项目结束或任务完成后,人员就回到原属部门。矩阵型项目组织又可以分成三种:

1. 弱矩阵组织:弱矩阵组织(weak matrix organization)中,项目成员由各部门借调过来,而且没有指派项目负责人的角色,因此项目成员主要靠协调来执行项目。

2. 平衡矩阵组织:平衡矩阵组织(balanced matrix organization)是向各部门借调过来的成员当中,指定一个人担任项目主持人(project leader)的角色。一旦项目结束,项目主持人的头衔就随之消失。

3. 强矩阵组织:强矩阵组织(strong matrix organization)是项目经理来自于组织内正式的项目管理部门,是属于组织内部一个固定的头衔,因此项目经理对项目成员有十足的管控权。

12-6-3 纯项目形组织

纯项目型组织是按照项目的特性和需要,将组织设计成不同的项目部门,因此,相同项目的项目成员会集中在同一部门内工作。所以纯项目型组织是项目经理对成员掌控力最强的组织形式。

12-6-4 虚拟型项目组织

如果项目成员必须来自不同地区甚至不同国家,那么就要考虑成立跨地域的虚拟团队。由于人员彼此不碰面,因此可能要制定可以掌控成员的人员管理流程及激励措施。虚拟型项目组织有时又称为网络型项目组织(networked project organization)。

图12.10为Lipnack和Stamps依照空间距离所提出的虚拟团队分类方式。由图中可以发现,项目成员仅是在不同楼层就已经被看成是虚拟团队,也就是说不同楼层就会造成项目管理的一个很大的障碍,项目经理绝对不要轻视。

大型项目管理的组织架构大致可表示如图12.11所示。图中最上层是大型项目管理委员会，它是整个大型项目的执行绩效、变更要求和阶段决策的管控中心。

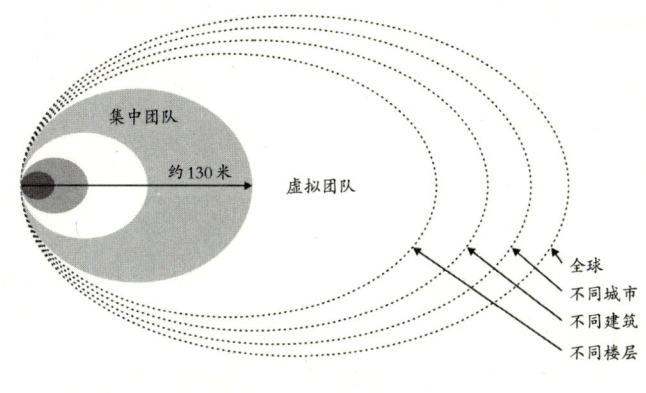

图 12.10　虚拟团队

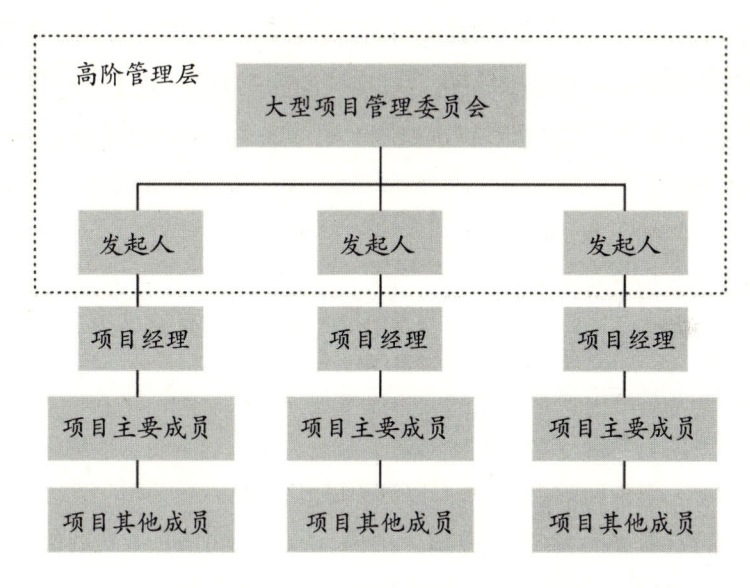

图 12.11　大型项目管理组织架构

大型项目底下可能有好几个彼此相关的项目，每个项目则由一个项目发起人进行监督和协助，并进行项目和项目之间的资源配合和冲突调解。大型项目管理委员会的成员和所有的项目发起人，都是来自组织的高阶管理层，位阶应该要高于部门经理，以便有足够的权利来协调和借调项目成员。

12-7　项目管理办公室

当需要团队协力合作的项目运作，占组织经营活动的比例越来越高，组织应该逐渐将项目的执行，由纯粹依照个人过去的经验法则，转变成系统化累积和应用最佳实务(best practice)的模式,项目管理办公室(PMO,Project Management Office)就是组织建立项目管理文化和追求卓越管理的有效做法。项目管理办公室的主要责任有:

1. 项目的行政管理。
2. 制定项目管理的制度和标准。
3. 项目管理的咨询和辅导。
4. 跨部门项目管理的训练。
5. 提供项目经理和成员。
6. 项目的组合管理。
7. 项目最佳实务与经验的留存。

根据组织的需要,项目管理办公室可以设计得很简单,也可以设计得很复杂。基本上,如果可以在人员专长、运作弹性和管制松紧上做最佳的调配,那么就可以减少浪费,避免返工,并且节省项目时间和成本,甚至可以变成组织变革管理的一个平台。

项目管理办公室的存在可以强化项目规划的功能,促进项目的财务管理及沟通管理,并且可以强化项目的监督和控制机制。简单地说,项目管理办公室的设立有以下几个主要目的:

1. 强化跨部门的协调功能。
2. 和高层的积极信息传递。
3. 提高内外部资源的互动。
4. 增加项目责任度的认知。
5. 和组织策略目标的一致。

项目管理办公室依照规模大小,可以分为以下几种:

1. 战术型项目管理办公室:战术型PMO(tactical PMO)适合小型低成本的项目,通常附属在某一部门内,主要职责是项目的规划、排程、问题追踪、时间及进度的管理。

2. 跨部门项目管理办公室:跨部门PMO(cross-functional PMO)适合中大型项目,主要职责是确保各部门的充分参与、维持部门关系和保证职责的明确。适当的跨部门PMO可以缩短流程时间,减少缺失事件,提高项目准时完成率。

3. 策略型项目管理办公室:策略型PMO(strategic PMO)适合与组织经营策略相结合的项目,主要职责是持续性的审核成功的关键因素和国际项目管理知识体系的关键绩效指标,并以客制化的项目管理架构控制项目进度和成本,以确保项目利益的实现和项目管理的成功。

4. 企业型项目管理办公室:企业型PMO(enterprise PMO)适合进行全企业的项

目组合管理及资源管理,并成为企业的项目管理卓越中心(center of excellence)。主要职责是从企业整体策略和组合管理的角度,监控组织内部所有项目的整体投资报酬率。

12-8 项目管理角色责任

项目的成功都是集合众人努力的结果,因此如何让每一个人各司其职,充分发挥各自角色的功能,彼此顺畅沟通而且有效协调,就有赖于项目组织架构和权限责任的清楚划分。

组织需要有一个明确的角色和责任架构,因为它可以让组织成员们了解自己的权利和责任,因而愿意为自己的执行绩效负责。尤其是大型项目,大多需要主要成员的全职参与,小型项目则可以是兼职负责。项目活动的分工和责任的指派可以利用组织分解结构(OBS)来呈现,项目团队的组合需要各种专长的人才,而且依项目之不同而有差异。以下是组成一个项目团队其项目成员的大致分布情况:

1. 客户(内部及外部)。

2. 项目发起人。

3. 项目执行人员:

(1)需求发展人员。

(2)项目管理人员。

(3)专业领域专家。

(4)文件制作管理人员。

(5)训练人员。

(6)技术人员。

(7)活动负责人员。

4. 项目利害关系人。

其中,项目利害关系人(project stakeholder)是那些会影响项目的成功或失败,以及其本身之利益会受到项目的成功或失败而影响的个人或组织,他们的需求和意见往往是项目成功与否的关键。因此,项目团队必须在项目初期找出所有的项目关系人,让他们参与项目的规划,以确认他们的期望和需求,项目规划完成取得项目关系人的正式承认,然后在项目执行过程管理和满足他们的需求。图12.12为项目管理的角色。

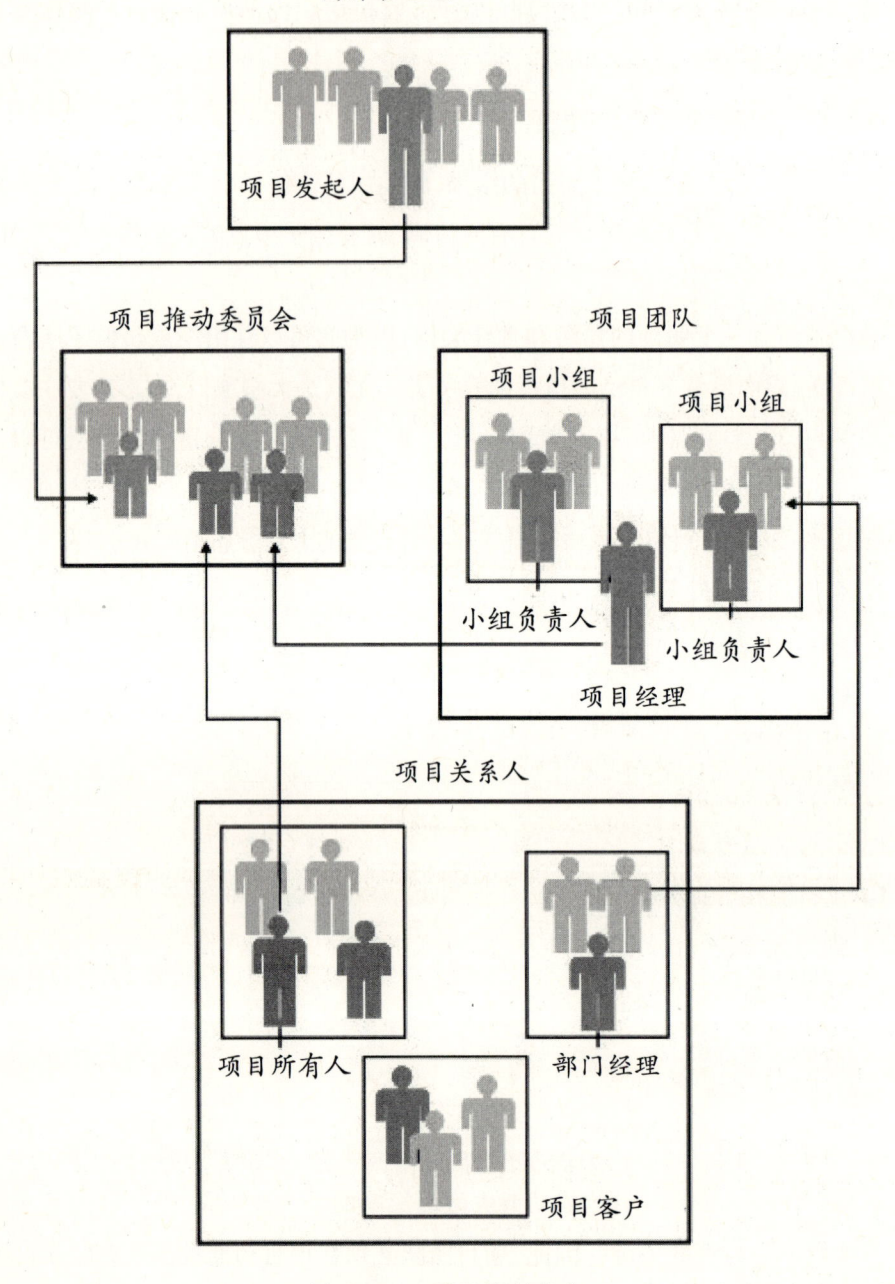

图 12.12　项目管理角色

图 12.12 所标示项目管理的不同角色,简要说明如下:

1. 大型项目/项目推动委员会(Program/Project steering committee):是组织内最主要的大型项目或项目监督单位,主要职权包括核准预算、指定项目获利基准、监控风险、品质及进度、制定政策及资源使用方针、评估项目目标及范围变更的要求等。

2. 大型项目经理(或项目副总)(Program manager/Projects director)：负责管理一个大型项目或是管理一组彼此相关的项目。

3. 项目发起人(Project sponsor)：是组织中负责监督及协助某一项目的高阶主管，协助项目取得资源、审查进度、成本、品质及范围的变更。主要角色是策略性的监控项目，以确保达成组织的项目目标。

4. 项目利害关系人(Stakeholder)：从项目发起到结束，所有和项目有关或是会因项目成功或失败而影响其利益的人员及组织。

5. 项目经理(Project manager)：项目经理通常由项目推动委员会指派，负责项目每天的管理，包括资源调配、计划建立、计划执行。主要责任是确保项目达成预算、进度及品质目标。项目经理必须负责和客户及高阶管理层的沟通和协调，并应用项目管理的工具和方法，整合团队的力量，达成组织所给定的目标。

6. 部门经理(Line manager)：执行项目的组织内部的功能型部门经理，负责提供各自的资源来支持项目的完成。

7. 项目团队(Project team)：负责执行项目活动的所有人员。

8. 小组负责人(Sub-team leader)：管理某一个项目小组的负责人，主要责任是确保小组内的任务可以顺利进行。

9. 项目小组(Project sub-team)：一组负责项目内部某一特定活动的人员。

10. 项目所有人(Project owner)：项目完成后，会负责项目产品后续持续运作的个人或组织。

11. 项目客户(Project customers)：使用或支援项目产品的个人或组织，项目客户可以是在执行项目的组织内部或是外部。

12-8-1　项目推动委员会责任

项目推动委员会(Project Steering Committee)的职责是定义全组织性(organization-wide)的项目管理政策，并确保这些政策在所有项目的落实。项目推动委员会也负责核准项目的可行性分析报告，并监督高风险及高成本项目的执行。项目推动委员会的一般责任为：

1. 定义、审查并更新组织的项目管理方法和政策。

2. 指示方向和提供资源来改善项目管理绩效。

而项目推动委员会在每个阶段的角色如下：

1. 项目发起

审核大型项目或组合项目的概念书。

2. 项目规划

(1)审查并协助确认大型项目或组合项目的风险。

(2)审查大型项目或组合项目的目标。

(3)指派人员审查大型项目或组合项目的计划书。

(4)核准大型项目或组合项目的计划书。

3. 项目执行

(1)监督大型项目或组合项目的进行。

(2)审查大型项目或组合项目的状态及进度报告。

4. 项目控制

(1)提供复杂问题的解决方案。

(2)终止大型项目或组合项目中绩效不良的项目。

5. 项目结束

(1)审查与监督大型项目或组合项目中项目资料库的搜集与建档。

(2)审查大型项目或组合项目中各个项目结束的评估报告。

(3)监督经验教训的检讨及留存。

12-8-2 项目发起人责任

项目发起人(Project sponsor)通常是执行项目的组织里面的一个高层管理者,他被指定来作为管理阶层和项目团队的窗口,由项目的开始一直到结束,协助和监督项目的进行,具体工作包括协助资源的取得、冲突的处理、范围的变更、预算的追加以及进度的延展等。项目发起人的一般责任为:

1. 清楚了解客户的需求。

2. 确保项目满足客户的需求。

3. 提供足够的资源给项目。

4. 取得组织高层对项目的支持。

5. 跟项目团队及项目利害关系人沟通项目的关键成功及风险因素。

而项目发起人在每个阶段的角色如下:

1. 项目发起

(1)提供策略性的观点引导项目朝向增值的方向进行。

(2)定义发起人的需求。

(3)争取预算给项目。

(4)指定发起人的联络窗口。

2. 项目规划

(1)审查和核准项目计划书。

(2)参与项目的规划。

3. 项目执行

(1)参加高阶管理层的项目审查会议。

(2)协助解决任何需求问题。

(3)参加变更管制委员会的变更核准。

4. 项目控制

参加项目状况审查会议及项目推动委员会的会议。

5. 项目结束

(1)参加经验教训的整合会议。

(2)签署项目的结束。

12-8-3 项目经理责任

项目经理(Project manager)是项目成败的负责人,要圆满达成项目的目标,项目经理必须和项目发起人密切协调,以获得执行项目所需要的资源。具体来说,项目经理根据项目授权书的内容,负责整合团队的力量,拟定项目实施的计划书,并严密监控活动的执行,以确保项目准时在预定的成本内达成符合关系人品质要求的目标。项目经理最好在项目发起阶段就指派,以便项目的执行者就是项目计划的制订者。项目经理的一般责任为:

1. 落实项目的政策和程序。

2. 取得完成任务所需的资源。

3. 维持项目成员的专业度。

4. 确保项目的工作结果品质。

5. 寻求项目管理的辅助工具。

而项目经理在每个阶段的角色如下:

1. 项目发起

(1)进行项目可行性分析。

(2)协助发起人推行项目概念书。

(3)定义项目关键成功因素。

(4)书面化项目的限制。

(5)书面化项目的假设。

2. 项目规划

(1)拟定项目计划书。

(2)制定工作分解结构和组织分解结构。

(3)确保项目计划书的核准。

(4)项目资源和工作的分派。

(5)制定项目风险应对措施。

3. 项目执行

(1)日常工作管理并指导成员工作。

(2)定期审核项目状况,比较计划绩效和实际绩效。

(3)拟定行动计划矫正不良品质。

(4)确保项目进度的更新和核准。

(5)项目团队士气的激励和提升。

4. 项目控制

(1)项目预算和进度的监控与变更申请。

(2)审查品质保绩效。

(3)参与变更管制委员会审查项目变更要求。

(4)监控项目风险并采取风险应对措施。

5. 项目结束

(1)拟定行动计划矫正不良品质。

(2)取得客户对工作结果的接受。

(3)经验教训的检讨及书面资料留存。

(4)项目财务的结算。

(5)项目资料的汇整。

(6)项目交货的稽核。

(7)采购合同的结束。

(8)项目结束后的绩效评估及结案报告。

12-8-4　项目团队责任

项目团队(Project team)是实际负责项目执行的所有成员,简单地说,项目团队在规划阶段,要协助项目经理制订项目计划书;在执行阶段,要各自完成自己的工作;在控制阶段,要接受绩效的管理审查;在结束阶段,要整理文件并提供经验和教训。项目团队的一般责任为:

1. 找出技术解决方案。

2. 在预算及时程内执行解决方案。

3. 协助规划和追踪项目。

4. 协调品保单位提高项目工作品质。

而项目团队在每个阶段的角色如下：

1. 项目发起

(1)协助粗略估计项目。

(2)确定项目需求合理、现有资源可行。

(3)分析项目需求是否清楚完整和一致。

(4)执行项目可行性分析。

2. 项目规划

(1)发展技术方案。

(2)协助估计成本及进度。

(3)协助建立品质保证及形态管理计划。

(4)确认项目工具需求。

(5)确定了解项目计划。

(6)确定训练需求。

(7)分析项目风险并制定风险应对措施。

3. 项目执行

(1)执行被指派的活动。

(2)产出项目产品或服务。

(3)提供各自的项目状态报告。

(4)产生形态控制文件。

4. 项目控制

(1)找出绩效问题并提出纠正措施。

(2)协调产品的检验及测试活动。

(3)找出风险并采取风险应对措施。

(4)提供变更要求的说明。

5. 项目结束

(1)参与经验教训的留存。

(2)项目资料的汇整。

12-8-5　项目客户责任

项目客户(Project customers)的责任是明确且清楚地表达项目产品及服务的需求,并确认及验证项目的工作结果是否满足这些需求。项目客户的一般责任为:

1. 清楚认清自己对项目的真正需求。
2. 确认需求被项目团队达成。
3. 确保由专业的人员来接收项目产品。

而项目客户在每个阶段的角色如下:

1. 项目发起

对项目经理及团队清楚说明项目需求。

2. 项目规划

(1)审查项目状态报告。

(2)指派联络窗口。

(3)提供书面的项目需求及合格标准。

(4)确认人员训练需求。

3. 项目执行

(1)指派人员参加训练课程。

(2)协助项目产品的测试。

(3)核准项目移交及装设程序。

(4)建立相关政策、程序来支持项目。

4. 项目控制

(1)参与需求的审查会议。

(2)核准项目的设计与变更。

(3)协同解决需求问题。

5. 项目结束

指派人员参与经验教训的检讨。

12-9　活动定义

项目规划阶段的重要工作之一是项目活动的定义,活动定义是将WBS最底层的工作包(以产品为主),往下继续拆解成可以执行的活动(以工作为主),换句话说,活动就是产出每个工作包所必须完成的任务,而项目的达成就是指这些活动的执行完毕,而且验收通过。图12.13为活动定义的方法。

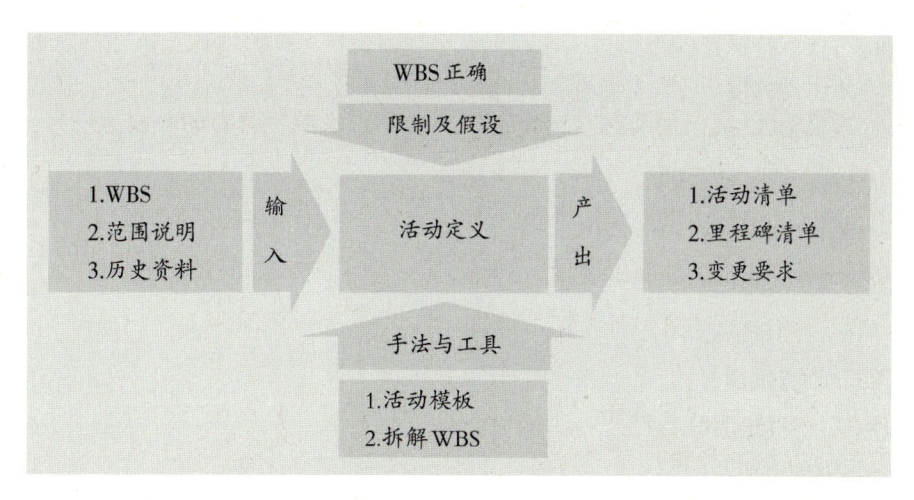

```
                    WBS正确
                    限制及假设
1.WBS         ┐              ┌  1.活动清单
2.范围说明    │→  活动定义  →│  2.里程碑清单
3.历史资料    ┘              └  3.变更要求
                    手法与工具
                    1.活动模板
                    2.拆解WBS
```

图 12.13　活动定义方法

12-9-1　输入

1. WBS：在工作分解结构规划阶段所得到的 WBS，从这个 WBS 再继续往下拆解成活动，参阅第 12-4 节工作分解结构。

2. 范围说明：从范围规划阶段得到的范围说明，可以再次验证 WBS 的正确性，参阅第 12-3 节项目范围。

3. 历史资料：参考组织内部的历史旧案，可以提高活动定义的精确度。

12-9-2　手法与工具

1. 活动模板：使用组织内部现有的模板，可以加速活动规划的完成。

2. 分解 WBS：如果没有适当的模板，也可以自行拆解，原则上是拆解到可以进行成本和工时的估计。

有的建议以拆解到活动工时为项目总长的 2% 为止，或是拆到工时为 80 小时的活动为止；也有建议将整个 WBS 拆到三至五层为止，不过这些都只是参考，最好还是要依照项目的特性，来决定拆解的方式和详细程度。

12-9-3　限制及假设

WBS 正确：将 WBS 往下拆解成活动，先决条件当然是 WBS 本身要正确无误，否则拆解出来的活动必然不够完整。

12-9-4　产出

1. 活动清单：活动规划的产出是一份可以执行的活动清单，把这份清单全部完成，就可以产出所有的可交付成果。

2. 里程碑清单：里程碑(milestone)是项目的重要完成点，代表项目达成阶段性的目标。以下是一些里程碑的选用参考时机：

(1) 需求审核通过。

(2) 阶段审核通过。

(3) 原型审核通过。

(4) 设计审查通过。

(5) 程式测试通过。

(6) 元件测试通过。

(7) 整合测试通过。

(8) 允收测试通过。

(9) 系统测试通过。

(10) 出货完成。

(11) 验收完成。

3. 变更要求：执行活动定义，如有必要可能需要回头修正WBS或范围说明。

12-10 活动排序

活动排序是指将所有需要完成的活动，依照彼此之间的各种执行上的关联性，例如一个活动结束以后，另一个活动才能开始；或是两个活动必须同时开始；或是必须同时结束等等，然后再以甘特图(Gantt chart 或 barchart)、网络图(network diagram)和里程碑图(milestone chart)等图形呈现方式，排列出项目活动的先后执行顺序。

有了活动的执行顺序，项目团队才能知道人员何时要就位及训练、物料何时要采购及招标等。图12.14为活动排序的方法。

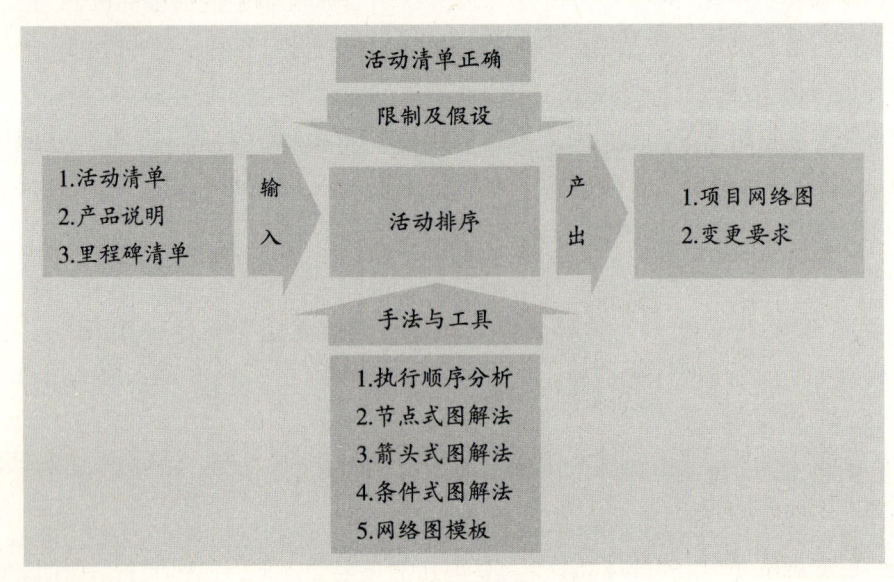

图12.14　活动排序方法

12-10-1 输入

1. 活动清单:从所有需要执行的活动清单去排定顺序。

2. 产品说明:有时候产品的特性会影响活动的执行顺序。

3. 里程碑清单:里程碑是管理层用来检验进度是否如期进行的管制点,也常用来作为付款给外包商的依据。里程碑的数量由活动的数目、风险的程度及管理的详细度等决定。

12-10-2 手法与工具

1. 执行顺序分析:项目的执行顺序关系有三种:

(1)强制顺序:确认出哪些活动之间有必然的强制性执行顺序关系,例如产品要先研发成功,然后才能进行制造生产。

(2)自由顺序:有些活动之间的顺序关系,可以依据实务上的判断,决定哪个先哪个后。但是自行决定顺序关系的同时,也要考虑到这样的安排会不会影响后续活动的进行。

(3)外部相依:确认出来哪些项目活动和外面的活动有依赖关系,例如环保报告要经过政府的审查通过,才能进行后续的建厂,但是审查时间的长短,项目团队又往往无法控制。

2. 节点式图解法(Precedence Diagramming Method):简称为PDM法,它是一种以节点代表活动,箭头代表活动顺序关系的绘图方法,画出来的图称为节点式(AON,Activity On Node)网络图(如图12.15所示),其中最左边节点为项目开始,最右边节点为项目结束,节点A、B、C、D、E、F、G、H、I和J分别为活动的代号。节点式网络图上可以有四种先后顺序关系如下:

(1)结束—开始(FS, finish-to-start):前面活动结束,后面活动才能开始,大部分的项目活动属于这种关系。

(2)结束—结束(FF, finish-to-finish):前面活动结束,后面活动才能结束。

(3)开始—开始(SS, start-to-start):前面活动开始,后面活动才能开始。

(4)开始—结束(SF, start-to-finish):前面活动开始,后面活动才能结束。

另外结束—开始(FS)有两种变形如下:

(1)提前(lead):前面活动还没有结束,后面活动就提早开始,这就是常听到的前置作业时间(lead time)。

(2)滞后(lag):前面活动结束之后,后面活动要等一段时间才能开始。例如水泥灌浆之后,要三天才能干,因此后续工作要三天之后才能开始。

3. 箭头式图解法(Arrow Diagramming Method)：简称为ADM法，它是一种以箭头代表活动，节点代表活动顺序关系的绘图方法，画出来的图称为箭头式网络图(Activity On Arrow)，又称为AOA网络图(如图12.16所示)。图12.15和图12.16为同一个项目的AON及AOA表达方式。值得注意的是为了联结活动3和活动6、活动5和活动6、活动7和活动8以及活动9和活动11的先后顺序关系，必须加上虚活动(dummy activity)。箭头式网络图只有结束—开始(finish-to-start)的先后顺序关系。

4. 条件式图解法(CDM, Conditional Diagramming Method)：不论是节点式网络图还是箭头式网络图，项目都只能由网络图的左边逐渐进行到右边，直到项目结束。

但是条件式图解法(CDM)允许概率性的分支和反复进行的回圈。也就是项目进行当中，可以有P概率进入某一路径，有1-P概率进入另一路径。项目也可以由网络图的左边进行到右边的某一个时候，又回到网络图左边，形成回圈的现象。图12.17为条件式网络图，由节点2到节点4的概率是70%，由节点2到节点3的概率是30%，这是概率性的分支。而节点7有20%的概率会回到节点6，这是回圈。

5. 网络图模板：采用现有的网络图模板可以缩短活动排序的时间。

12-10-3　限制及假设

活动清单正确：活动排序的正确与否会受到活动清单是不是正确的影响。

12-10-4　产出

1. 项目网络图：活动排序的产出就是一份活动执行顺序的项目网络图，它说明了所有活动的先后顺序，但是这个时候还看不出来每一个活动的开始和完成时间，因为这些在项目进度规划阶段才会完成，包括项目行事历、风险管理计划的实施、提前时间(lead time)和滞后时间(lag)的加入等。

2. 变更要求：活动排序时可能需要有关活动清单、执行顺序、提前及滞后关系的变更要求。

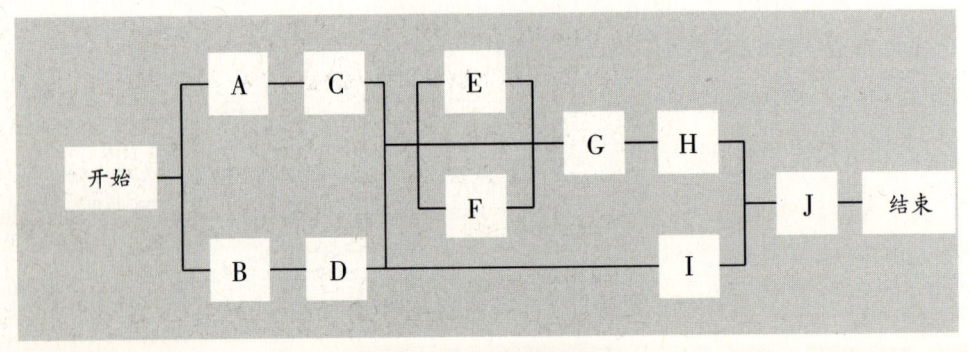

图12.15　节点式网络图

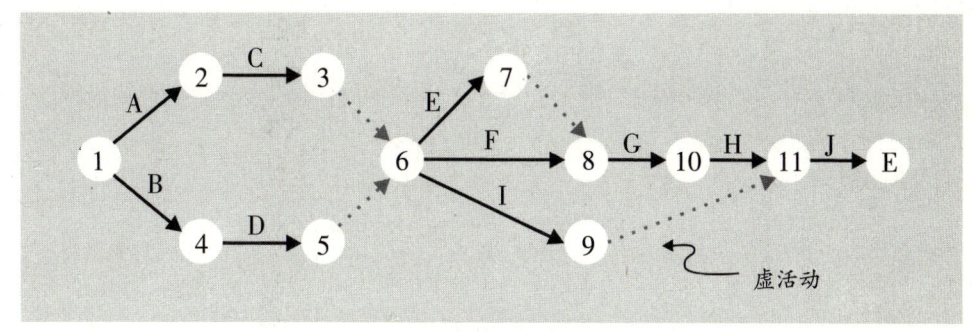

图 12.16 箭头式网络图

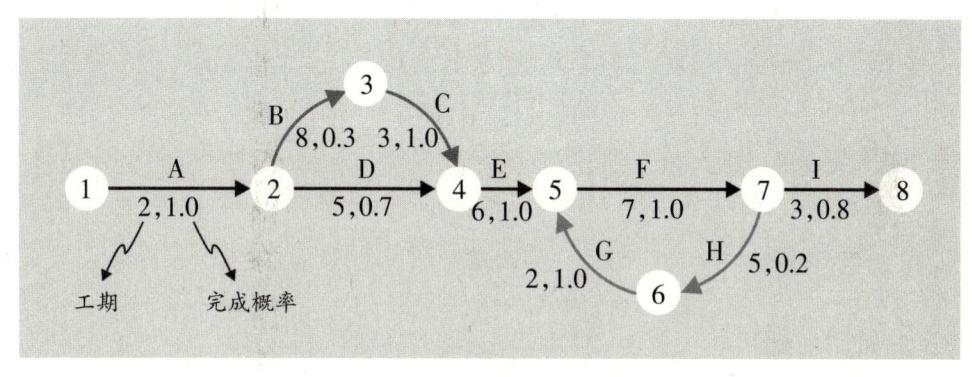

图 12.17 条件式网络图

12-11 工时估计

活动工时估计是指依照活动的资源需求和组织资源的可用性，估计所有需要执行的活动的工期。活动工时估计的准确与否直接影响项目的总工时。一般来说，如果能够参考历史资料再配合专家咨询，应该可以将活动工时估计的精确度，控制在某一个合理的范围。

工时估计的最大困难是项目的新颖性和项目成员的缺乏经验，全新的项目当然会影响估计的精确度，而成员经验的不足，则是活动工时超估（为了保护自己）和低估（低估了困难度）的主要原因。限制理论（TOC, Theory of Constraint）认为活动估计工时应该考虑到人性上的几个缺点：1.加上安全时间避免无法准时完成；2.提早完成不会报告；3.学生症候群——最后关头才临时抱佛脚。值得项目管理人员活动估计工时的参考。图 12.18 为活动工时估计的方法。

```
                    1. 成员经验
                    2. 项目新颖性
                     限制及假设
    1. 活动清单
    2. 历史资料      输          产   1. 活动工时
    3. 资源需求         活动工时估计   2. 估计精度
    4. 资源行事历    入          出   3. 风险储备
    5. 活动工时风险
                      手法与工具
                    1. 类比估计法
                    2. 完成量推估法
                    3. 三时估计法
                    4. 专家咨询
                    5. 储备量分析
```

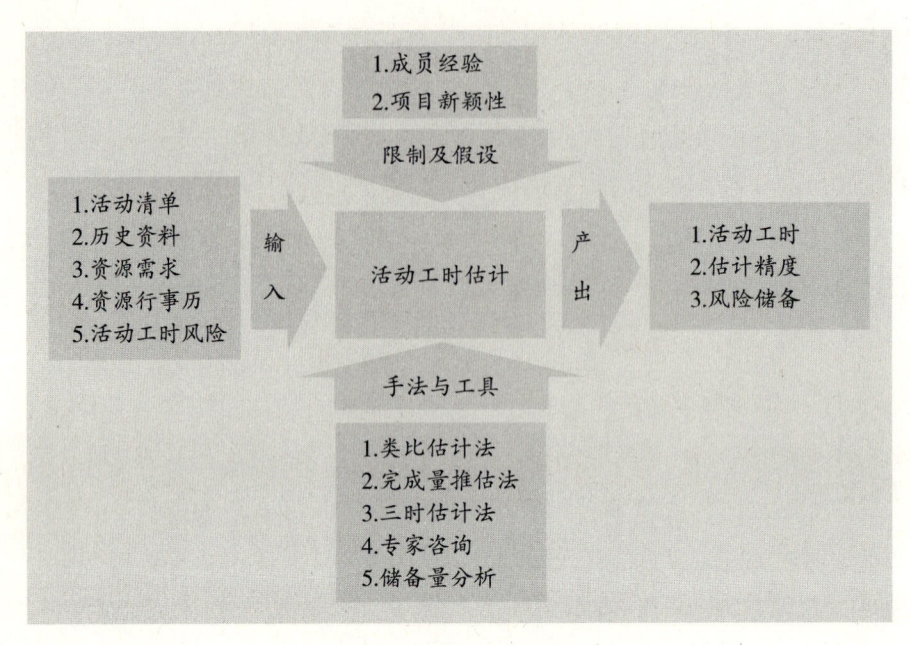

图12.18 活动工时估计方法

12-11-1 输入

1. 活动清单：从所有需要执行的活动清单去排定顺序，估计活动工时。

2. 历史资料：组织过去旧案的活动工时资料。

3. 资源需求：执行活动所需要的资源种类及数量。

4. 资源行事历：组织内部目前可用资源的支援现状。

5. 活动工时风险：有没有影响项目活动工时的风险因素存在，考虑这些风险时可能需要延长活动的工时。

12-11-2 手法与工具

1. 类比估计法：以过去组织内部旧案的活动工时资料，作为目前项目活动工时估计的基础，又称为由上往下估计法。

2. 完成量推估法：以完成某一个工作量所需要的工时，去推估完成总量所需要的总工时。

3. 三时估计法：以悲观、正常及乐观的工时估计活动完成的时间。

4. 专家咨询：由有经验的人员协助估计活动工时。

5. 储备量分析：分析风险影响下的活动工时储备量。

12-11-3 假设及限制

1. 成员经验：项目成员的经验会直接影响活动工时估计的精确度。

2. 项目新颖性：目前项目的崭新程度是项目活动工时估计的最大障碍。

12-11-4 产出

1. 活动工时：工时估计的产出是所有活动的工时估计值，它可以是一个时间（CPM），或是三个时间（PERT）的估计，也就是乐观、正常、悲观时间。

2. 估计精确度：活动工时估计的精准度，一般以高等精度（+/-10%），中等精度（+/-25%）和低等精度（+/-50%）三种表示。

3. 工时风险储备：考虑风险因素所延长的工时。

12-12 项目进度

项目进度提供了一个图示的表达方式，来呈现项目有哪些活动、里程碑、活动先后关系、活动工时及项目完成期限等资讯。项目进度必须包括所有的WBS活动、活动开始及结束时间、活动工时及活动负责人等。

大型项目可以分为主进度及副进度，以区分不同层级的进度控制。项目进度经过核准之后，就变成项目时程控制的基准（schedule baseline），在项目执行过程会定期将实际进度和预定进度作比较，以确认项目进度是否如期进行。项目进度的制定是一个反复进行的过程，因为在项目执行阶段，只要有关键的活动提前或延后完成，整个项目进度就必须重新拟定。项目进度的制定步骤如下：

1. 选用进度表示类型（网络图或甘特图）。
2. 定义里程碑（必须可以衡量）。
3. 决定活动之间的顺序关系。
4. 估计活动的工时。
5. 找出活动间的提前和滞后时间。
6. 找出要径（critical path）。
7. 记录假设（assumptions）。
8. 确认进度风险。
9. 审查制定完成的项目进度。

12-12-1 进度呈现注意事项

制定项目进度之前必须先决定好一些和呈现进度有直接关系的细节，包括：

1. 进度表示单位：选择以小时、星期或是月份来代表进度的时间跨距。但是不同时间单位也可以用来呈现不同时段的进度，称为波浪式规划（rolling wave planning），如图12.19，它是将项目的早期、中期和晚期规划成不同详细程度的项目进度，主要原因是离发起时间越远，不确定性越高，越不容易规划清楚。早期结束，中期和晚期就

可以清晰一些;同样的,中期结束,晚期也就可以再进一步详细规划了。

2. 进度详细程度:不同管理阶层需要关切的进度详细程度不一样,应该在项目规划阶段就定义清楚,以确保执行过程,每个管理层都接收到最适当的进度信息。

3. 进度呈现架构:为了促进沟通,进度也可以依照需要作不同方式的呈现。

例如:

(1)依照WBS项目呈现。

(2)依照部门项目职责呈现。

(3)依照组织流程呈现。

(4)依照主进度及副进度呈现。

(5)依照外包进度呈现。

4. 进度绘制方式:项目进度的绘制有网络图、甘特图和里程碑图三种,而网络图又可以分为两类,即箭头式网络图(AOA, activity on arrow)和节点式网络图(AON, activity on node),其中以节点式网络图更为广泛。

5. 进度绘制工具:很多项目管理软件都提供绘制进度的功能,包括网络图及甘特图,选择适当软件可以提高进度规划的效率。

	阶段一(早期)	阶段二(中期)	阶段三(晚期)
第一次计划			
	第二次计划		
		第三次计划	

图12.19 波浪式进度规划

12-12-2 项目进度制定

制定项目进度时必须考虑到的因素有以下八项,而项目进度制定的方法如图12.20所示。

1. 资源:包括种类及数量和到位。

2. 组织规定:例如外包政策等。

3. 假设:和进度有关的假设,例如客户需求不会中途变更。

4. 限制:局限项目进行的一些条件,例如时程、预算、资源及技术。

5. 历史经验及教训：历史资料可以避免重蹈覆辙。

6. 风险：仔细检视风险因素，并将风险降低措施及备案实施纳入项目进度之中。

7. 依赖关系：定义出活动之间的时间先后顺序关系，以利网络图（AOA及AON）及甘特图的绘制。

8. 变更：任何项目范围、工期、预算等的变更，都必须作为项目进度制定的依据。

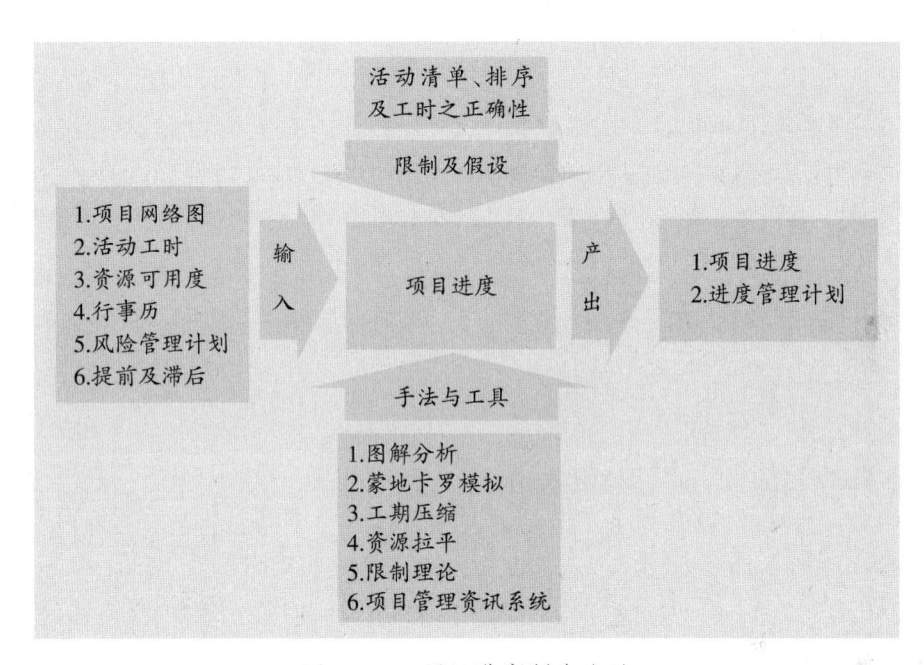

```
                    活动清单、排序
                    及工时之正确性
                      限制及假设
1.项目网络图
2.活动工时
3.资源可用度    输入    项目进度    产出    1.项目进度
4.行事历                                    2.进度管理计划
5.风险管理计划
6.提前及滞后
                      手法与工具
                    1.图解分析
                    2.蒙地卡罗模拟
                    3.工期压缩
                    4.资源拉平
                    5.限制理论
                    6.项目管理资讯系统
```

图12.20　项目进度制定方法

12-12-2-1　输入

1. 项目网络图：由活动排序所获得的项目活动执行顺序图。

2. 活动工时：项目活动工时的估计受到很多因素的影响，例如人员充足与否、技术能力是否足够、突发事件发生、工作有无效率等。另外活动工时的估计最好考虑到额外的开会、讨论、沟通等所需要的时间。

一般常用的活动工时估计法则是项目人员会花80%的有效时间在项目工作上，其他20%的时间则是用在开会和小憩。详细参阅第12-11节活动工时估计。

3. 资源可用度：组织现有可以分配到项目的所有资源的状况。

4. 行事历：包括项目的行事历和资源的行事历，例如项目一周工作五天，顾问每周一和周五工作两天。

5. 风险管理计划：考量风险之后，需要在什么时候执行风险管理措施，会影响项目的进度规划。

6. 提前及滞后：参阅第12-10节活动排序。

12-12-2-2　手法与工具

1. 图解分析：在网络图上进行前推计算（forward computation）及后推（backward computation）计算，以确定每个活动的开始和结束日期，并由总浮时（total float）（最晚开始—最早开始）的计算找出要径（critical path），总浮时为零的活动称为关键活动，连接所有的关键活动就得到要径，它是网络图中工时最长的一条路径。有时候要径可能不只一条，而且要径在项目执行过程中也会变动。总浮时大于零的活动，代表可以暂时搁置而不会影响项目完成期限的日程。项目管理的基本原则就是把有限的资源，全力支援要径上的活动，以确保项目可以如期完成，如有必要，也可投入额外资源于要径上赶工，以缩短工期。

2. 蒙地卡罗模拟（Monte-Carlo simulation）：找出影响项目工期的因素的统计分配，以随机乱数的方式，从每一个分配中抽取样本，然后经由效用函数的运算，得出一个项目工期的预测值，相同步骤进行无数次随机抽样之后，可以获得接近实际值的项目工期。

3. 工期压缩：因为客户的要求或是高阶主管的指示，必须缩短由图解分析运算出来的项目工期时，就必须进行项目工期的压缩。项目工期的压缩通常可以借由以下方式：(1)赶工：增加人员、设备或是加班等方式；(2)快速跟进（fast tracking）：前面一个活动结束还没有验收通过，就进行下一个活动，快速跟进会有返工的风险，因为如果后来验收有问题，后面进行部分可能要重来一次。

4. 资源拉平：如果某一时段的资源需求超过可以供给的资源数量，或是资源需求高点和低点的差距太大时，就必须进行资源拉平（resource leveling）的动作，它是把资源需求高点挪到资源需求低点的过程，而挪动的依据就是活动浮时的运用。资源拉平以不延长项目工期为目标。图12.21为资源拉平的说明，灰色区域因为资源超出可供给的上限，因此必须设法延缓或提早执行，以便填到供给上限下面的低需求区域。

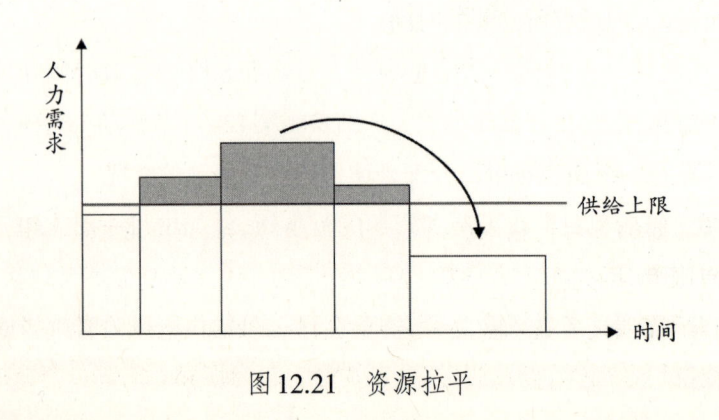

图12.21　资源拉平

5. 限制理论：限制理论（TOC, Theory of Constraint）认为人性会因为保护自己，而膨胀并浪费活动的工时，因此应该删减活动的工期估计值，删减值加总后做成项目缓冲（project buffer）和进入缓冲（feeding buffer），然后再对两种缓冲进行管理。

6. 项目管理资讯系统：应用项目管理软件可以进行项目进度的规划。

12-12-2-3　限制及假设

活动清单、排序及工时的正确性会影响项目工时的确定。

12-12-2-4　产出

1. 项目进度：将活动工时、里程碑、行事历、风险处理措施及前后两个活动间的协调会议等，整合成为一个完整的项目进度。图12.22说明了一个整合项目进度的例子。

最后项目进度由活动执行者进行审查，以取得团队成员对进度的认同，成员认同之后，他们就比较会全力以赴。反之，强加的进度只会降低活动的完成概率。项目进度由项目经理确认无误后，送交项目发起人核准。

经过核准的项目进度称为进度基准（schedule baseline），它是项目执行进度的依据，会定期和实际进度比较，以检验进度绩效，并作为启动矫正措施的判断基准。进度基准通常不会轻易变更，除非项目范围或是可交付成果改变，而进度基准的修正必须经过变更管制系统（change management system）的核准通过。

2. 进度管理计划：说明项目进度如何管制，包括进度如何变更、活动浮时（float）如何监控等。

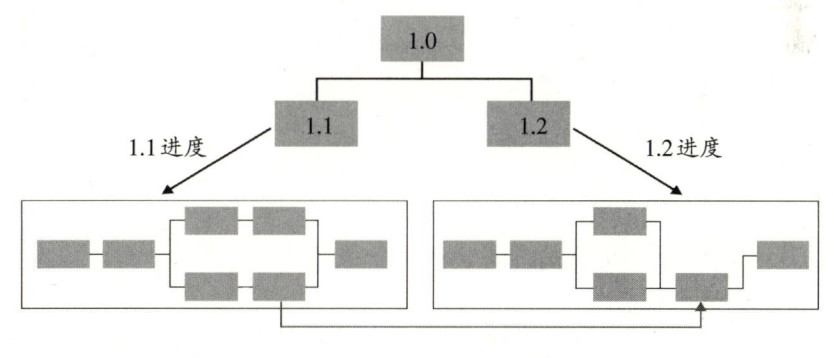

图12.22　整合项目进度

12-13　一般资源规划

项目所需要的资源包括人员、资金、设备、材料等，而项目管理的最大困难之一就是资源的有限性，因此项目资源规划的主要目的，就是要确保项目在执行过程，能够及时地取得所需要的资源。要达到这样的目标，资源的规划必须和项目的进度计划密切结合，包括预算的核准及调配，设备及材料的招标和采购等。资源规划也会受到组织现有资源取得政策的影响,例如购买或是租赁、自制或是外包等。图12.23为一般资源规划的方法。

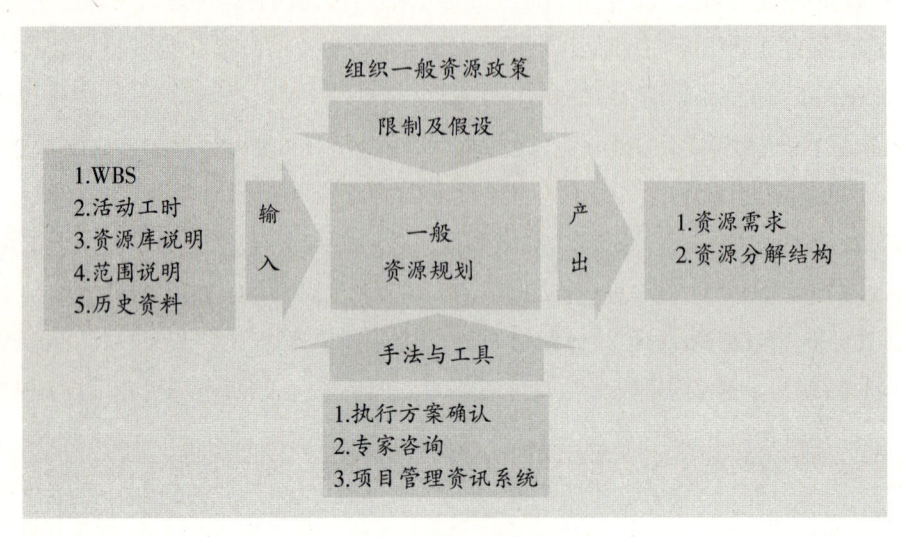

图 12.23　一般资源规划方法

12-13-1　输入

1. WBS:由工作分解结构可以知道有哪些活动需要执行,参阅第12-4节工作分解结构。

2. 活动工时:每一个活动所需要的工期。

3. 资源库说明:组织内部目前可用的资源。

4. 范围说明:项目的范围说明可以作为资源规划的参考,参阅第12-3节项目范围。

5. 历史资料:组织过去的项目资料也是资源规划的重要参考。

12-13-2　手法与工具

1. 执行方案确认:通过脑力激荡或逆向思考,产生并选择比较好的执行方案,然后据以规划所需要的资源。

2. 专家咨询:组织内外的专家可以提供规划的意见,提高资源规划的精确度。

3. 项目管理资讯系统:运用项目管理软件系统可以有效协助资源的规划。

12-13-3　限制及假设

组织一般资源政策:组织内部的一般资源使用政策,例如对设备是采取租赁或采购的政策或人力是否外包等。

12-13-4　产出

1. 资源需求:一般资源规划的产出是资源需求,包括资源的种类及数量,以及需求的时间点等。

2. 资源分解结构：资源分解结构（RBS, Resource Breakdown Structure）是呈现资源种类和数量的层级架构图。

排定好的资源计划很可能会因为一些风险而无法达成，因此规划时应该考虑以下面几种风险应对方式：

1. 如果确认有潜在风险时，增加一个 WBS 活动来进行风险的管理或降低风险。
2. 如果确认有潜在风险时，设置风险储备金（cost reserve）来应付未知的成本。
3. 如果确认活动有资源风险时，增加该活动的工时，以备资源供应不及时的处理。
4. 使用新的技术方法，或是技术人员对完成工作太乐观时，增加相关活动的工时。
5. 缺乏工作方法及技术时，增加工时及资源来进行必要的人员训练。

12-14 人力资源规划

执行项目活动的是项目成员，因此项目所需要的人力资源必须和项目的进度密切结合，负责提供项目成员的单位或个人，必须确保及时供应足够而且合格的活动执行者。人力资源规划的重点包括人员的内部借调、人员的对外招募以及人员到位之后，实施各种必要的训练等。

另外，因为项目团队的专业背景都不一样，人格特质及做事的方法和态度也不相同，如何在最快的时间内，发挥团队的力量是项目经理的最大挑战。图 12.24 为一个新团队从混乱到发挥力量的运作过程。

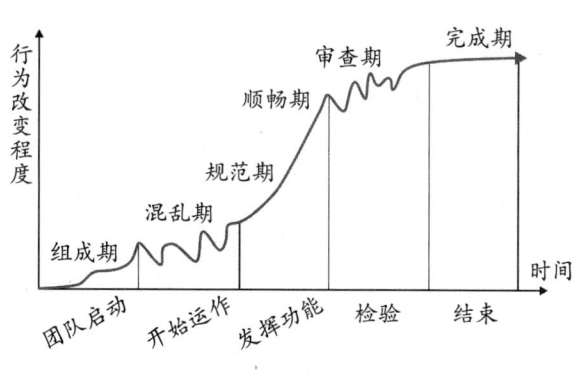

图 12.24 团队运作过程

图中横坐标是时间，纵坐标是成员行为改变的程度。由图形可以发现，项目团队刚成立的初期，因为游戏规则还没有确立，项目运作犹如一盘散沙，几乎没有绩效可言。到了某一个阶段，开始制定项目的标准程序及操作规范等，项目团队开始进入稳定期，因此运作起来比先前顺畅许多。

这个时候的项目团队,已经有同舟共济的感觉,所以项目绩效逐渐展现。但是到了项目晚期,进入项目绩效评估阶段,因为公平论功行赏的困难,项目团队再度出现骚动,最后项目完成,进入结束阶段。项目经理要了解这样的过程,才能发挥团队的力量。

12-14-1 人力资源规划的步骤及方法

项目的人力资源规划步骤大致如下:

1. 确认可用的人力资源种类、时间及技术等级。

2. 估计项目所需的人员技术需求。

3. 决定项目团队的大小:考虑有多少事情要做,及每件事情需要投入的多寡。须知增加一倍人力不见得能够缩短一半时程,因为人员增加,管理及沟通的复杂度也会随之提高。

4. 建立资源负荷图(resource loading):由资源负荷图可以看出项目资源需求的高峰及低点,如果高峰及低点差距太大,或是高峰需求超过现有资源,那么就要进行资源负荷图的均衡或称拉平(resource leveling)。参阅图12.21。

5. 组成团队:项目团队通常以项目组织的形式来表达,良好的项目组织设计可以促进项目的沟通和权责的定义及指派。比较大的项目可以设置项目副理及小组长,复杂的项目甚至需要设立专业领域的经理,例如软件开发项目可以有软件经理及项目经理。

6. 集中办公:项目团队彼此越接近,互动及沟通效果越好,因此团队应该尽可能集中在同一个办公室里工作。

图12.25 为人力资源规划方法。

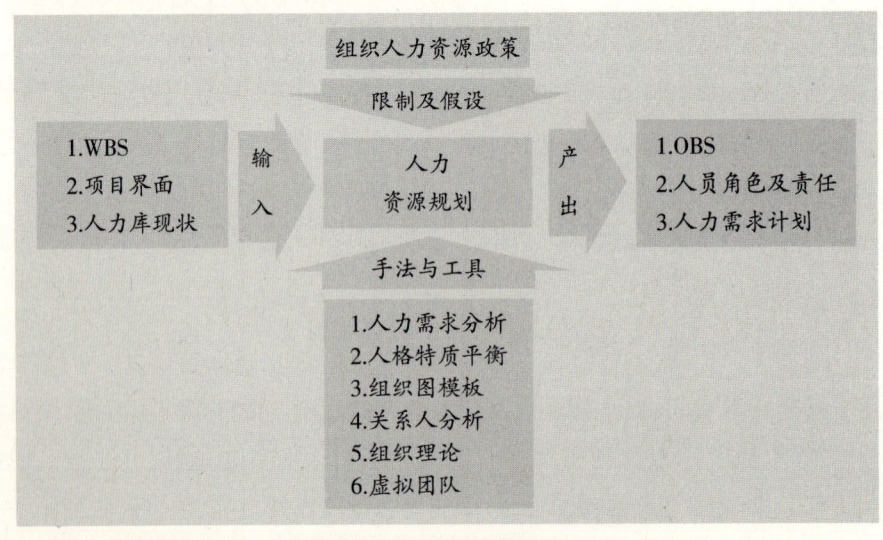

图12.25 人力资源规划方法

12-14-1-1　输入

1. WBS：由WBS上的活动可以知道需要的人力资源种类和数量,参阅第12-4节工作分解结构。

2. 项目界面：项目内部的指挥协调以及项目和组织内外部单位的沟通、报告关系。

3. 人力库现状：组织内部目前可用的各类专业人才。

12-14-1-2　手法与工具

1. 人力需求分析：逐项分析WBS上每个活动所需的人员专业种类及数量,分析程序如下：

(1)确认专长需求。

(2)确认人员特质需求。

(3)确认潜在人员。

(4)分析候选人员。

(5)选定人员。

(6)检验彼此适配度(fitness)。

(7)确定项目团队。

2. 人格特质平衡：根据Merdith Bellin的研究显示,如果能够平衡项目成员的人格特质和行为模式的话,有助于项目团队力量的发挥,项目团队成员最好能由以下八种特质的成员组成,图12.26为项目成员人格特质的分布。

(1)领导者(CH, Chair)：冷静、自信,整合资源、监控成员的产出,并且了解成员的优缺点。

(2)播种者(PL, plant)：有创意、强调个人主义、不遵守正统、容易忽略细节。

(3)资源调查者(RI, resource investigator)：喜欢接触外界、寻求利于项目的资源、热情但也容易冷却。

(4)合作者(TW, team worker)：激励团队精神、协助沟通、接受成员意见、温和、敏锐,但是遇到危机容易犹豫。

(5)评估者(ME, Monitor Evaluator)：确定每件事情都经过评估、沉着、谨慎,但是不会激励他人。

(6)执行者(IM, implementer)：执行力强、可预测,但是过于保守,不愿尝试未经验证的事物。

(7)纠正者(SH, shaper)：确定方向正确,喜欢建议讨论模式,高度挑剔,没有耐心、易怒。

(8) 完成者(CF, complete finisher):对紧急事件及进度的敏感度高、道德感高,肯吃苦,但是容易担心小事情。

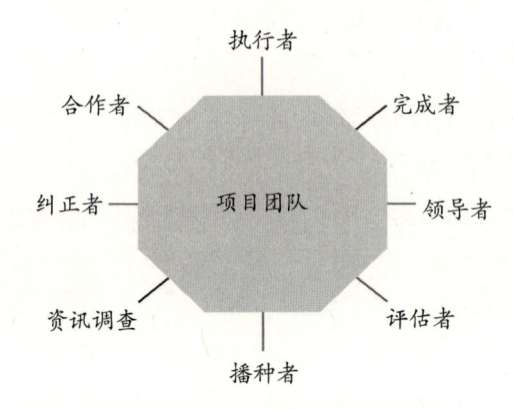

图 12.26　项目成员人格特质分布

3. 组织图模板:组织现有相类似的项目组织图模板。

4. 关系人分析:分析所有项目关系人的隶属、权责及报告关系,以及对项目的影响程度大小。

5. 组织理论:相关的组织行为理论有助于项目的人员规划。

6. 虚拟团队:参阅第12-6-4节项目管理组织的虚拟项目组织一节定义。

12-14-1-3　限制及假设

组织人力资源政策:执行项目的组织内部的既有人力资源政策,会影响项目的人力资源规划,例如人员招募的程序、人员训练的规定等。

12-14-1-4　产出

1. OBS:人力资源规划的产出是项目的组织分解结构。

2. 人员角色及责任:组织分解结构中每个角色的工作内容和职责。

3. 人力需求计划:项目每星期或每月所需要的人员种类及数量。

12-14-2　团队建设

团队建设通常被视为项目执行阶段的工作项目,但是如果在项目规划阶段就考虑到相关的问题,那么就可以在规划阶段加以处理。

团队建设的目的是提高团队的整体性,因为大部分人只会想到完成自己的工作,并没有考虑到自己负责的部分和项目其他成员之间的关系。因此执行一些有助于团队建设的措施,可以提高项目的绩效、改善团队的沟通以及增加同舟共济的意识。团队建设的活动可以是交换工作意见的会议,或是和工作无关的联谊等。主要方式有以下几种：

1. 集中办公。

2. 人员训练。

3. 绩效奖励。

12-15 成本估计

成本估计是预估执行所有项目活动所需要的成本，首先要知道每一个活动所需要的资源种类和数量，然后乘以资源的单价及工期，最后加总就得到整个项目的总成本。

如果发现有任何影响项目成本的因素存在时，为了防范这些因素发生时导致成本超支，可以依照它们对项目的冲击大小，增加项目的成本作为风险储备（cost reserve）。这些风险储备的成本只能在风险事件发生时才能支用，并且不能作为项目成本绩效的衡量基础。成本估计是预算编列的基础，必须在申请预算之前完成。图12.27为成本估计的方法。

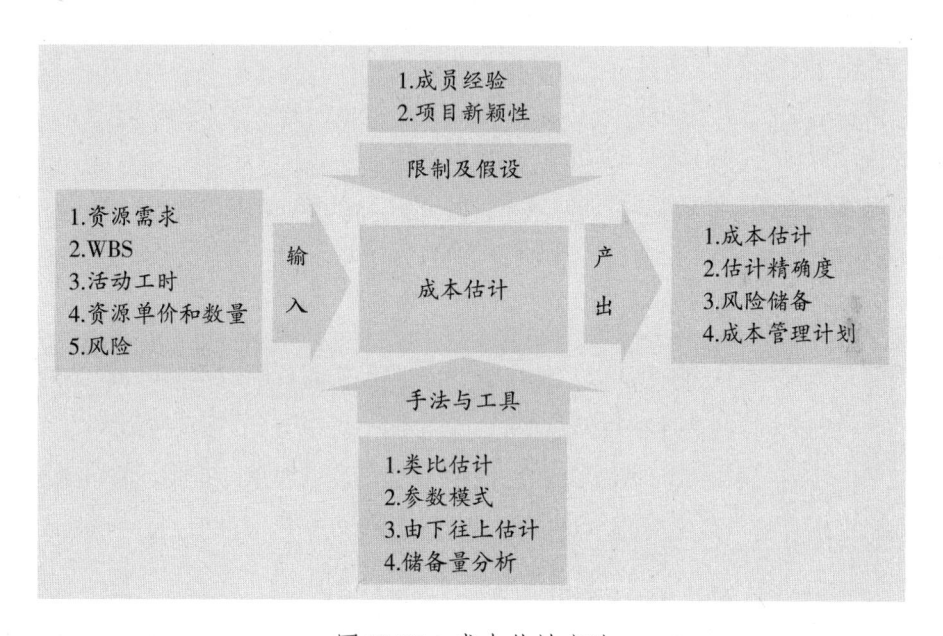

图 12.27 成本估计方法

12-15-1 输入

1. 资源需求：所需资源的种类及数量。

2. WBS：由工作分解结构可以知道有哪些活动需要执行，参阅第12-4节工作分解结构。

3. 活动工时：每一个活动所需要的工期。

4. 资源单价和数量：每种资源的单位价格与使用数量。

5. 风险：影响项目成本的可能风险，参阅第12-17节风险规划。

12-15-2　手法与工具

1. 类比估计：以历史旧案的成本资料，由上往下推估目前项目的成本，又称为由上往下估计法。

2. 参数模式：以过去的成本资料为依据，求出一条回归方程式，来预测目前项目的成本。

3. 由下往上估计：由WBS架构逐项估计每一个活动的成本，然后往上加总得到项目的总成本。

4. 储备量分析：分析风险影响下的成本储备量。

12-15-3　限制及假设

1. 项目新颖性：全新的项目会增加成本估计的难度。

2. 成员经验：项目成员的经验也会影响成本估计的准确性。

12-15-4　产出

1. 成本估计：每个活动的执行成本，参阅第12-11节工时估计。

2. 估计精确度：成本估计的精准度，参阅第12-11节工时估计。

3. 风险储备：考虑风险所增加的成本，参阅第12-11节工时估计。

4. 成本管理计划：说明项目成本如何管制及变更等事项。

12-16　预算规划

项目预算规划是项目团队以执行所有WBS项目所需要的成本为基础，编列费用支出的金额与时间点，估计项目的成本时，首先要确认完成所有活动所需要的资源种类和数量，然后分别乘以资源的单价及使用的天数，最后加总即得到项目的总成本。但是在考虑项目的风险之后，在总成本之外会再加上处理风险的费用，也就是成本的风险储备(cost reserve)，这样就得到执行项目的所有成本。

项目团队再以这个成本为基础，向组织高层或项目发起人申请预算。如果全数通过，那么项目团队应该庆幸。如果删减部分费用后仍没有全数通过，项目团队可能就要尝试寻求更有效率的工作方式，或是检讨项目范围变更的可能。

经过核准的成本就变成项目的预算或称为成本基准(cost baseline)或S型曲线(如图12.28)，这个成本基准是依据每个活动实际执行时间点的核准费用累加而成。它可以用来和实际花费相比较，以检验项目执行的成本绩效，并且作为是否启动纠正措施的指标。图12.29为预算规划的方法。

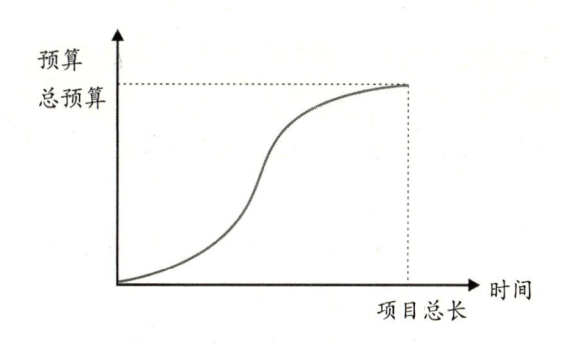

图 12.28　成本基准

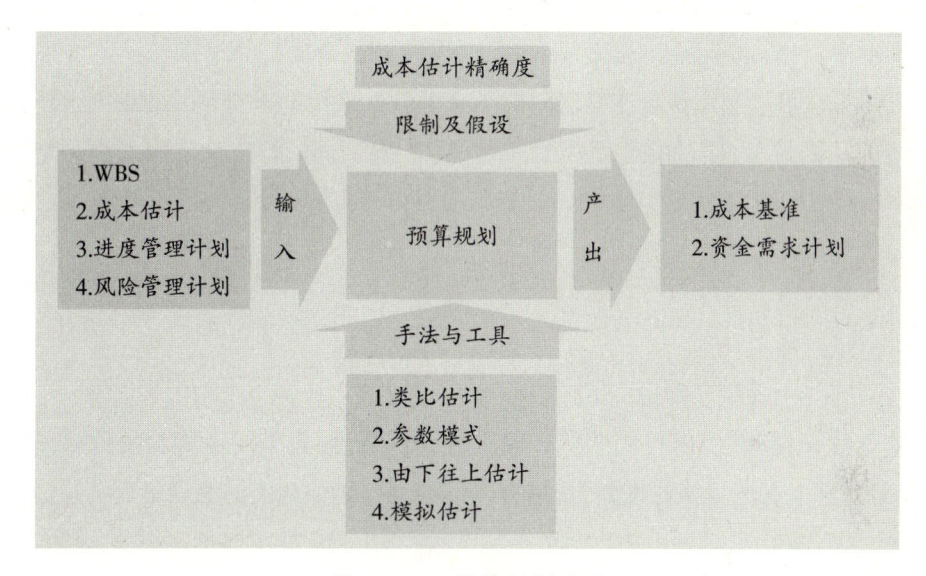

图 12.29　预算规划方法

12-16-1　输入

1. WBS：由 WBS 可以知道成本的使用状况。

2. 成本估计：完成每一个 WBS 活动项目所需要的成本估计值，包括直接成本及间接成本。成本估计的方法和预算规划的方法类似，另外也可以参阅第 11-5 节经济可行性分析。

3. 进度管理计划：预算的编列必须配合项目的进度，也就是依照每个时段所要执行的活动规划预算。

4. 风险管理计划：考虑影响圆满完成项目所有活动的风险之后，所采取的应对措施和它的处理时间点，以利于风险预算的编列。

12-16-2 手法与工具

1. 类比估计(analogical estimation)：类比估计是以过去旧的项目的历史资料为基础，来推论现有项目的预算，这样的估计方式比较快，但是因为各种市场条件可能已经改变，因此应该注意估计的精确度。类比估计因为是抓一个总数再往下分摊，因此又称为由上往下估计法。

2. 参数模式：参数模式是以过去旧案的资料为数据，利用回归方式(regression)找出一条代表这组数据的方程式，然后以这条方程式来预测现有项目的预算。

3. 由下往上估计：如果时间足够，由下往上估计可以得到比较精确的估计，它是由 WBS 的底层开始，逐项估计其预算，然后往上加总直到获得项目的总预算。

4. 模拟估计：如果知道过去资料的统计分配(statistical distribution)，就可以利用蒙地卡罗模拟(Monte-Carlo simulation)的方式，预测目前项目的预算。

上述方法可以利用统计工具，例如 Excel 等软件来协助进行预算的编列。产业的一个经验法则显示，项目的管理费用，中小型项目约需预算的 10%，大型项目则需预算的 5%~10%。而人工成本的分布，以资讯项目为例大约如下：

1. 规划设计阶段占 40%。

2. 发展阶段占 20%。

3. 测试阶段占 40%。

12-16-3 限制及假设

成本估计精确度：项目团队估计成本时，有可能假设某一个材料的价格是不变的，但是实际上在项目执行期间，价格有可能变动。诸如此类的假设最后会造成预算的不足。

12-16-4 产出

1. 成本基准：预算规划的结果是得到一个控制项目成本的成本基准(cost baseline)，它是由每个时段核准的预算累加而成的曲线（如图 12.28）。

2. 资金需求计划：由预算的规划可以知道项目的整体资金需求，必要时可据以制订项目的融资计划。

12-17 风险规划

风险是指影响项目不能成功完成的内在干扰因素，如果在项目规划阶段就找出这些因素，分析其发生概率及冲击，然后拟定风险应对对策，就可以提高项目的达成概率。项目风险规划的目的是详细说明谁负责风险的管理，包括规划、分析、处理和监控，风险如何追踪，备案如何执行及项目储备(project reserve)使用时机等。

应对项目风险发生的项目储备分为两类：(1)紧急储备(contingency reserve)，

（2）管理储备（management reserve）。紧急储备是针对已经找到，而且有可能发生的风险（known risks），通常由项目经理掌控，如果预期的风险真的发生，可以立即支用。而管理储备是应付那些没有想到，但是也有可能发生的风险（unknown risks），通常由高阶管理层掌控，风险发生时，项目经理要经由申请核准才能支用。至于项目风险的来源可分以下几种：

1. 技术、品质及绩效：例如新的技术，不实际的绩效目标、工业标准变更等。
2. 项目进度风险：进度估计的不精确。
3. 项目管理风险：资源的不当分配、项目计划品质不良、没有项目管理方法等。
4. 组织风险：缺乏项目重要度排序、资源使用冲突、项目预算中断等。
5. 外部风险：法规改变、劳工问题、客户重视度改变、气候变化等不可抗拒外力、合同争议等。

图12.30是项目风险管理的流程。风险规划是决定如何规划及管理项目风险的过程。图12.31为风险规划的方法。

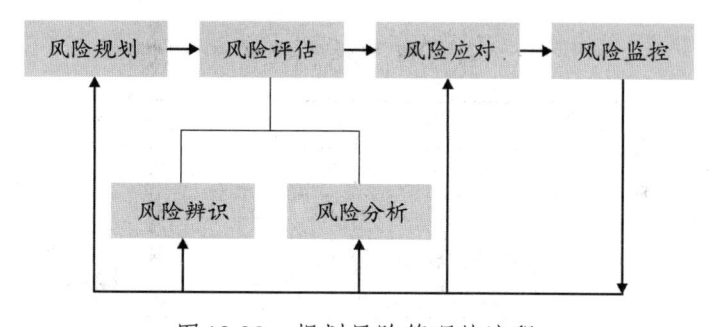

图12.30　规划风险管理的流程

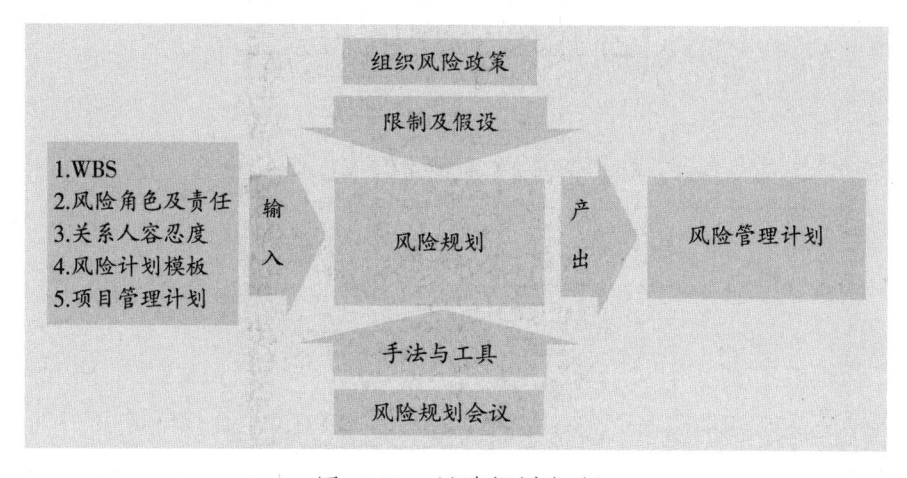

图12.31　风险规划方法

12-17-1 输入

1. WBS：由 WBS 逐项探讨会影响项目进度、成本、品质和范围的所有风险。

2. 风险角色及责任：项目团队成员在风险管理上的角色及责任。

3. 关系人容忍度：项目关系人对风险的忍受程度，每个关系人的容忍度可能不一样。

4. 风险计划模板：组织内部现有的风险计划格式或模板。

5. 项目管理计划：由项目管理计划可以知道和风险有关的其他计划内容。

12-17-2 手法与工具

风险规划会议：风险规划会议需要参与的人员包括项目经理、项目小组长、组织内部负责风险管理人员及项目关系人。

12-17-3 限制及假设

组织风险政策：组织对风险的重视程度或是既有的风险管理程序，是目前项目风险规划的限制。

12-17-4 产出

风险管理计划：风险规划的产出是一个项目风险管理计划，其主要内容如下：

1. 项目背景。

2. 风险管理策略。

(1) 风险管理方法：说明方法、工具、资料来源等。

(2) 风险假设：说明任何已经知道和风险有关的假设。

(3) 风险管理角色责任：定义风险管理的主要责任及支援人员。

(4) 风险管理时机：定义多久执行一次风险管理流程，什么时候做，一次做多久。

(5) 风险评估技术：适合进行定性及定量风险分析的方法。

(6) 风险门槛：发动风险应对措施的门槛值，项目经理、客户、关系人可能会有不同的门槛值。

(7) 风险沟通：说明风险管理的资料如何书面化、如何分析以及对内和对外的沟通。

(8) 风险追踪：说明如何记录风险管理活动、如何留存经验教训和如何稽核风险管理过程。

(9) 风险类别：利用风险分解结构(RBS)来协助风险的规划过程，RBS 是一个按照风险的来源，探索可能风险的层级架构图。RBS 的类别可以分内部风险、外部风险、技术风险和管理风险等。

12-18 风险辨识

辨识风险是找出并且记录会影响项目的风险,风险辨识是项目团队所有成员的责任,包括项目成员、组织风险管理人员、专业领域专家、客户、使用者、项目关系人等。而项目经理的责任是追踪风险以及制定备案来应对这些风险。风险辨识是一个反复进行的过程,可以分成三个阶段进行,首先由项目部分成员或组织风险管理人员进行;再来由项目全体成员及主要关系人进行;最后由和项目无关的人士作最终确认以减少误差及偏见。图12.32为项目风险辨识的方法。

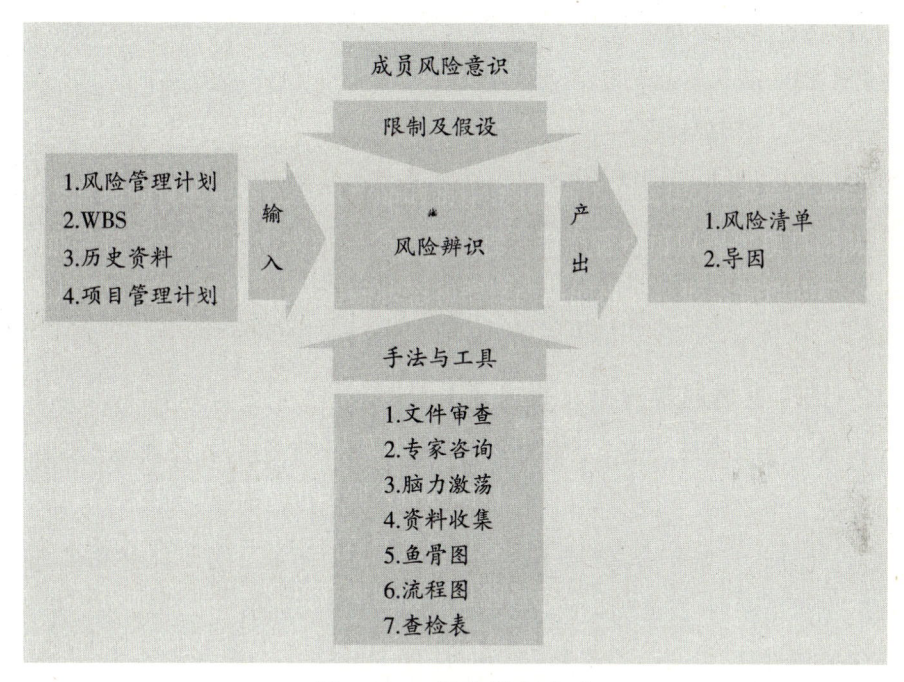

图12.32 风险辨识方法

12-18-1 输入

1. 风险管理计划:依照风险管理计划的既定内容进行风险的辨识。

2. WBS:由WBS的项目逐一辨识可能风险。

3. 历史资料:组织过去的项目风险资料可以做为风险辨识的参考。

4. 项目管理计划:项目的进度、成本和品质规划有助于风险的辨识。

12-18-2 手法与工具

1. 文件审查:检视项目相关文件:包括项目授权书、WBS、预算估计、人员配置计划、假设及限制等,可以发现原先漏掉的风险。仔细查看产品说明书中的规格,也可以找出一些潜在的风险。

2. 专家咨询：咨询曾经执行过类似项目的专家，特别是有社会实践经验的专家，可以发觉一些意想不到的风险。

3. 脑力激荡：召集主要项目关系人及项目团队，进行风险辨识的创意激荡会议，经过创意、讨论、分类的集思广益过程，应该可以发现大部分的风险。

4. 资料收集：收集和风险有关的信息。

5. 鱼骨图：鱼骨图可以协助风险的辨识。

6. 流程图：流程图可以呈现系统的运作状况，有助于找出风险所在。

7. 查检表：以过去的资料设计成查检表。可以简化风险辨识的过程，风险分解结构（RBS, Risk Breakdown Structure）的最底层可以作为发展查检表的基础。

12-18-3 限制及假设

成员风险意识：项目团队的风险意识和警觉性是风险确认的最大限制。

12-18-4 产出

1. 风险清单：经过项目团队辨识出来的潜在风险清单。

2. 导因：会促成风险发生的原因，例如下雨是材料腐蚀的导因。

12-19 定性风险分析

定性风险分析的目的是由估计风险发生概率和冲击大小，和计算两者的乘积（也称为风险优先数；RPN, Risk Priority Number），来计算出风险的相对重要度。所以进行定性风险分析时，首先要选定概率和冲击的衡量尺度，衡量尺度可以是"很低、低、中、高、很高"的口语序列，或是"0.1, 0.3, 0.5, 0.7, 0.9"的数字序列。

为了方便计算，口语序列通常又转化成相对应的数字。而数字序列可以是线性，也可以是非线性，例如"0.05, 0.1, 0.2, 0.4, 0.8"，它是对比较高的概率及权重值施以加权，以突显发生概率和冲击高的风险，加权方式可以依照需要而定。

另外组织也可以由既定的衡量尺度，事先画出一个所有概率和冲击乘积的"概率/冲击矩阵"，并设定门槛值，将乘积值区分为高度风险、中度风险和低度风险，以方便项目风险等级判定的使用。

表12.1为概率/冲击矩阵的一个例子。定性风险分析的结果是可以获得一份所有风险的重要度排序，以及这个项目和组织内部所有项目的相对风险大小。图12.33为定性风险分析的方法。

表 12.1　概率/冲击矩阵

		发生概率				
		0.2	0.4	0.6	0.8	1.0
冲击大小	0.1	0.02	0.04	0.06	0.08	0.1
	0.3	0.06	0.12	0.18	0.24	0.3
	0.5	0.10	0.20	0.30	0.40	0.5
	0.7	0.14	0.28	0.42	0.56	0.7
	0.9	0.18	0.36	0.54	0.72	0.9

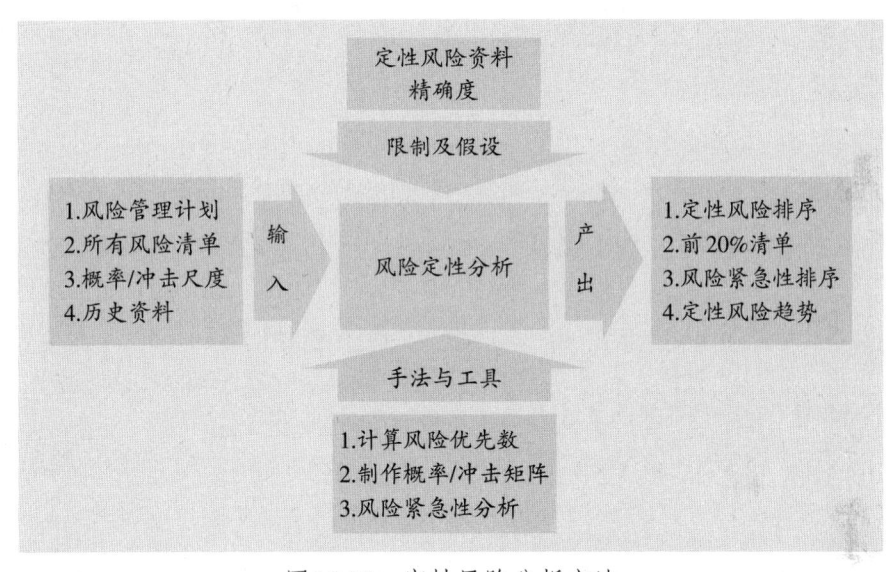

图 12.33　定性风险分析方法

12-19-1　输入

1. 风险管理计划：依据风险管理计划的规定进行定性风险分析。

2. 所有风险清单：已经辨识出来的所有风险的清单。

3. 概率/冲击尺度：风险发生概率和发生后对项目的影响的衡量尺度。

4. 历史资料：旧案的资料有助于定性分析。

12-19-2　手法与工具

1. 计算风险优先数：依照衡量尺度，判定每个风险的发生概率和冲击大小，然后计算两者的乘积，称为风险优先数（RPN）。优先数大者代表风险较高，应该优先处理。

2. 制作概率/冲击矩阵：按照组织既定的风险尺度，制作如表12.1的概率/冲击矩阵，以方便风险等级的判定。

3. 风险紧急性分析：分析需要应对的风险的时间点的远近，来决定风险的排序。

12-19-3 限制及假设

定性风险资料精确度：定性风险分析的先决条件，在于定性相关资料的精确度，例如风险发生概率和冲击大小判定的准确与否。

12-19-4 产出

1. 定性风险排序：定性风险分析的产出，是所有风险依照风险优先数的定性排序。

2. 前20%清单：依照80-20原理，也就是大部分的问题会来自少数原因，因此列出定性风险排序高的前20%清单，再进行定量风险的分析。

3. 风险紧急性排序：依照应对措施急迫性的排序。

4. 定性风险趋势：随着时间变化的定性风险发展趋势。

12-20 定量风险分析

根据柏拉图原理或称80-20原理，大部分(80%)的问题来自于少数(20%)的原因，因此定量风险分析的一个简单法则就是探讨定性分析重要度前20%的风险，当然组织也可以自定一个门槛，把发生概率和冲击的乘积(RPN)超过此一门槛值的所有风险，都列入定量风险分析。

定量风险分析的目的就是要探讨当这些前20%的风险发生时，对项目的实际影响有多大，包括：

1. 项目可能完成的时程总长。
2. 达成项目进度和成本目标的可能概率。
3. 成本储备(cost reserve)和进度储备(schedule reserve)的大小。图12.34为定量

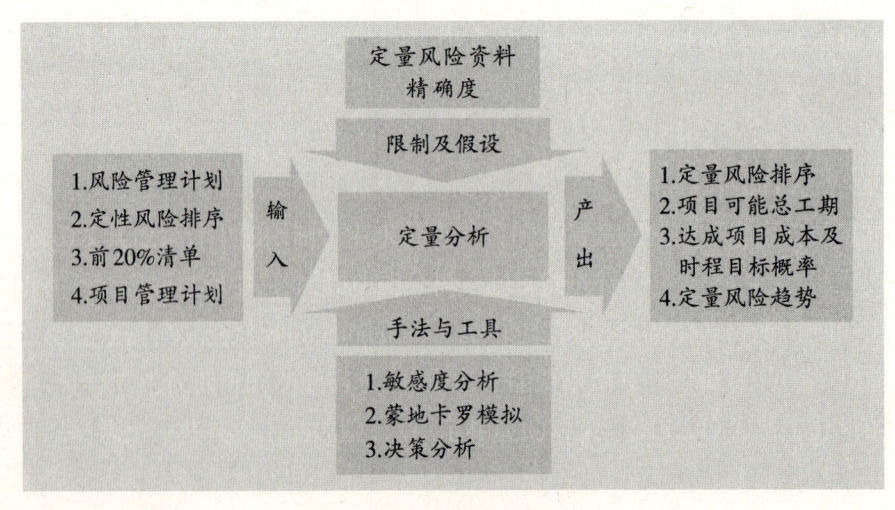

图12.34 定量风险分析方法

风险分析的方法。

12-20-1　输入

1. 风险管理计划:依据风险管理计划的规定进行定量风险分析。

2. 定性风险排序:定性风险的排序清单。

3. 前20%清单:前20%的定性风险排序清单。

4. 项目管理计划:有关项目进度和成本的规划。

12-20-2　手法与工具

1. 敏感度分析:敏感度分析可以找出对项目冲击最大的风险,做法是固定其他所有不确定因素,然后每次只检验某一项风险发生时对达成项目目标的冲击。

2. 蒙地卡罗模拟:模拟的目的是在各种不同的状况下,了解结果的可能变化范围。常用的方法是蒙地卡罗模拟,它的做法是先决定变数的统计分配(statistical distribution),然后从每个变数的分配中,随机选取样本点,经由变数和结果的关系式,计算得到结果。经过无数次同样的计算后,可以得到和实际值相当接近的结果。市面上有很多现成的软件可以使用。

3. 决策分析:决策分析通常以决策树(decision tree)的方式呈现。决策树是由风险发生概率和成本或利润的多条路径联结而成。求解分析决策树可以知道哪条路径或决策可以产生最大的期望效益。

图12.35为决策树的一个范例,其中"方形"代表决策点,"圆形"代表机会点。经过分析之后可知整修旧厂的期望获利为560万,而盖新工厂的期望获利为350万,因此这个企业提高市场占有率的正确决策应该是整修旧厂。

12-20-3　限制及假设

定量风险资料精确度:定量风险分析的准确与否,取决于相关资料的精确度,例如风险发生的概率分配。

12-20-4　产出

1. 定量风险排序:定量风险分析的产出之一是定量风险的排序,也就是定性前20%风险对项目影响的定量排序。

2. 项目可能总工期:由定量风险分析所预估的项目可能总时长。

3. 达成项目成本及时程目标概率:在既定的成本及时程目标下,项目圆满达成的概率。

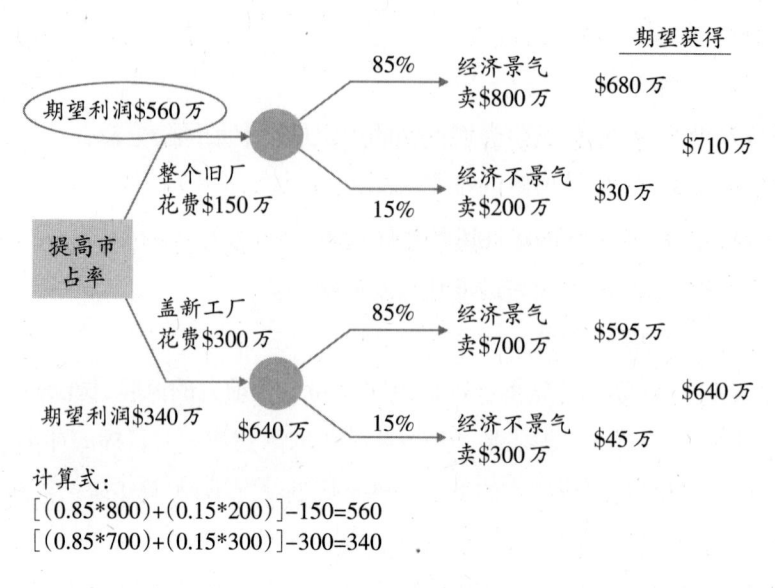

```
                                                          期望获得
                            85%    经济景气
     期望利润$560万              卖$800万   $680万
                                                               $710万
         整个旧厂                 经济不景气
         花费$150万   15%         卖$200万   $30万
提高市
 占率
         盖新工厂           85%   经济景气
         花费$300万              卖$700万   $595万
                                                               $640万
     期望利润$340万  $640万  15%   经济不景气
                                 卖$300万   $45万
      计算式：
      [(0.85*800)+(0.15*200)]−150=560
      [(0.85*700)+(0.15*300)]−300=340
```

图 12.35　决策树

4. 定量风险趋势：随着时间变化的定量风险发展趋势。

12-21　风险应对

知道哪些风险对项目的危害最大后，项目团队必须拟定适当的风险应对措施，以消除或降低其负面的效应。风险应对措施必须符合风险的严重性及成本效益，而且相关人员要一致认同。另外在项目执行过程，要定期稽核应对措施是否能产生预期

```
                    定性及定量风险
                      分析精确度
                        限制及假设

 1.风险管理计划             →             1.合同条款
 2.风险负责人    输          风险应对       产  2.残留风险
 3.风险门槛      入                        出  3.二次风险
 4.风险清单                                   4.风险储备
                                              5.风险应对计划
                        手法与工具
                         1.避险
                         2.降低
                         3.转移
                         4.接受
```

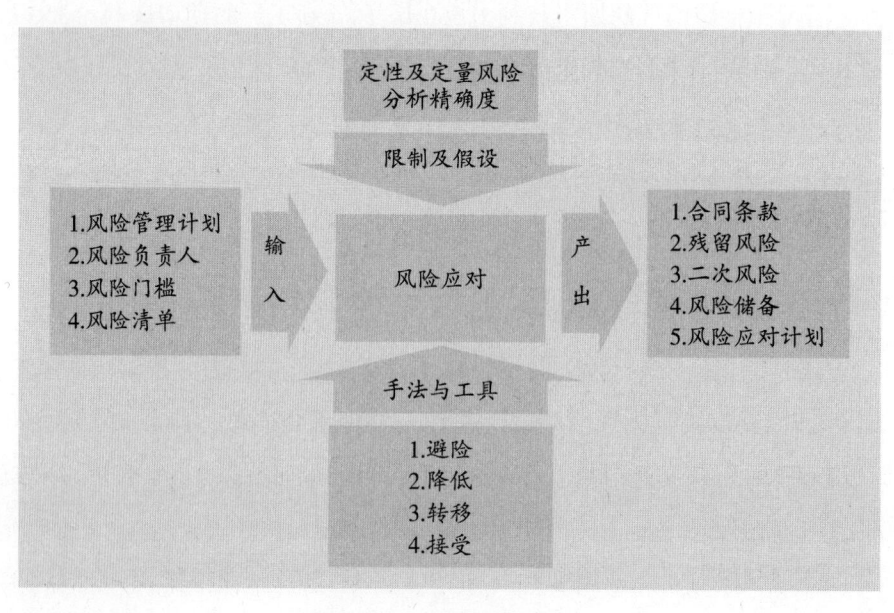

图 12.36　风险应对方法

的效果。图12.36为风险应对的方法。

12-21-1　输入

1. 风险管理计划:依据风险管理计划的规定进行风险应对。

2. 风险负责人:风险负责人要参与风险应对措施的制定。

3. 风险门槛:每项风险因素的风险门槛,门槛大小会影响风险应对措施的拟定。

4. 风险清单:需要采取应对措施的风险清单。

12-21-2　手法与工具

1. 避险:避险是修改项目计划让风险不会发生,制定避险策略常需要发挥创意思考。

2. 降低:风险降低又称为风险处理,它是把风险发生的概率或是负面效果降到某一个可以接受的门槛,但是风险降低的成本必须在一个适度的水准。

3. 转移:风险转移是把风险的后果转移给第三方去承受,方式是通过合同条款、保险或保固期限要求。风险转移只是转移风险并没有消除风险。

4. 接受:风险接受是接受风险的后果,有积极接受(active acceptance)和消极接受(passive acceptance)两种,积极接受是拟定接受后果的备案,消极接受是直接接受风险的后果。图12.37为四种风险应对措施的使用时机。

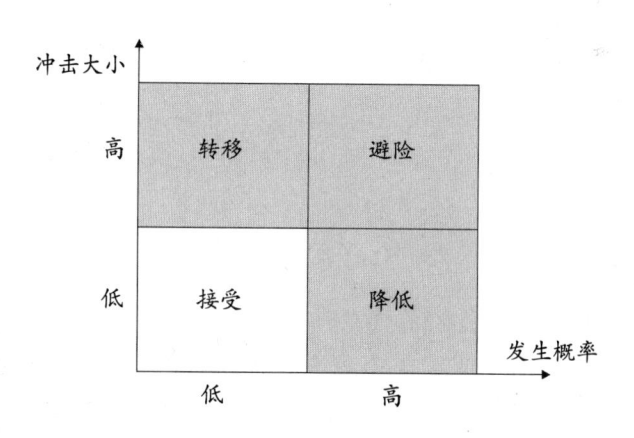

图12.37　风险应对措施使用时机

采取应对措施之后,可能引起或导致的第二次风险,例如喷水灭火反而淋坏了材料。

12-21-3　限制及假设

定性及定量风险分析的精确度:如果定性及定量风险分析的精确度有问题,那么应对措施的合理性就会发生问题。

12-21-4 产出

1. 合同条款：把有关风险的信息、处理方式及责任义务，纳入和承包商或供应商的合约条款中。

2. 残留风险：经过各种应对措施之后剩下来的风险。

3. 二次风险：采取应对措施之后，所引起或导致的第二次风险，例如喷水灭火反而淋坏了材料。

4. 风险储备：为了应对风险所额外增加的项目时间或成本(schedule and cost reserve)。

5. 风险应对计划：项目风险应对的时机、负责人、协调机制、处理方式等。

12-22 采购规划

项目中的采购是指由组织以外的单位获得执行项目所需要的材料、设备及服务等资源。而采购规划阶段所要决定的事项，包括"采购什么东西"、"什么时候采购"、"如何采购"以及"采购多少"。

规划采购时，项目团队由逐项审视WBS活动开始，确认出完成所有活动所需要的资源，接着决定哪些资源可由组织内部提供，哪些必须对外采购。必须采购的部分又可分为主要采购项目（数量约占1%~5%）、次要采购项目（数量约占10%~20%），以及标准品（约占总采购量的80%）。此外组织还需要注意哪些项目可以很容易由市场取得，有哪些特殊项目需要进行招标作业。

项目采购物品的规格通常由技术部门负责，采购部门负责采购执行事宜，项目经理则对采购的成败负全责。图12.38为项目采购规划的方法。

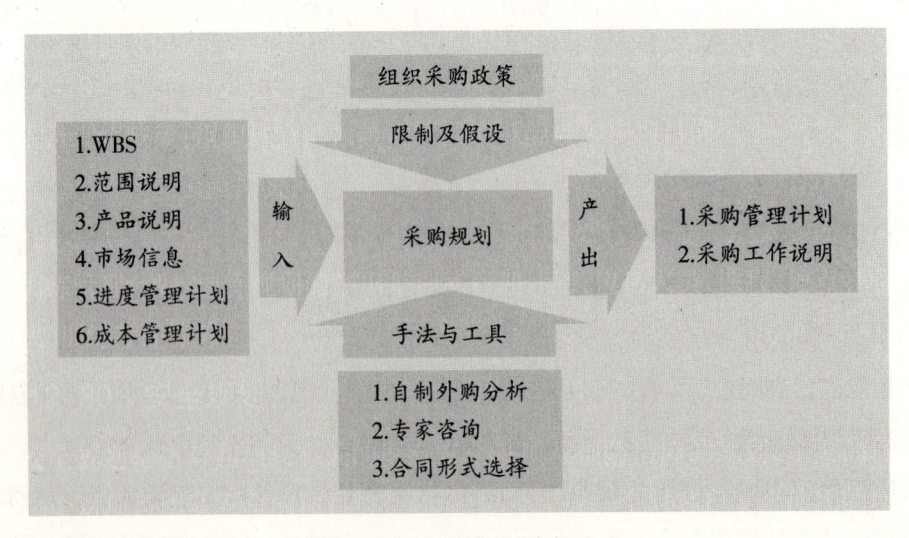

图12.38 采购规划方法

12-22-1　输入

1. WBS：由WBS可以确认项目的采购需求。

2. 范围说明：参阅第12-3节项目范围。

3. 产品说明：项目产品的说明。

4. 市场信息：有关项目所要采购的产品或服务的市场信息。

5. 进度管理计划：项目进度计划上什么时候需要用到所要采购的产品或服务。

6. 成本管理计划：项目预算的使用计划。

12-22-2　手法与工具

1. 自制外购分析：考虑各项产品或服务所需要的时间点、所花费的成本（直接和间接成本）、能否及时供应的风险和市场取得的难易度等因素，决定出哪些项目需要对外采购，哪些项目可以自行制作（如图12.39）。

2. 专家咨询：咨询组织内外的项目采购专家，可以提高采购规划的效率。

3. 合同形式选择：在同时考量项目与供应商利益以及投标意愿的情况下，选择适当的合同形式，以降低项目的采购风险。常用的项目采购合同有三种形式：

（1）总价合同（fixed price）：又称为定价合同，它是以一个谈判好的固定价格，要求供应商或承包商完成项目的采购内容。总价合同通常在采购项目可以清楚定义范围的时候使用。因为如果不能定义清楚，必然会在未来造成范围的变更，而多出来的成本就要由供应商或承包商负责，因此总价合同的成本增加风险由供应商或承包商这一方承担。而在总价合同之下，供应商或承包商能够获得多少利润，完全取决于他们的管理能力和技术能力。

（2）实价合同（cost reimbursement）：实价合同是供应商或承包商的所有花费，包括直接和间接费用，项目采购方会全部支付，并且再提供一定额度的利润。其中间接费用通常是以直接成本的百分比计算。实价合同的成本增加风险，很明显地是由项目采购方承担，因为当供应商或承包商知道，所有费用都由别人支付时，必然不会好好控管执行成本，甚至会随意灌水以年获不当利益。所以订立实价合同的项目采购方，为了避免上述情形发生，也必然会想经常性地去稽核供应商或承包商的成本开支。既然实价合同对项目采购方这么不利，为何还有项目团队在使用？其实他们是不得已而为之，因为当一个项目从来没有人做过，或是项目技术困难度和复杂度都很高时，因为风险太高，很可能以总价合同会找不到愿意承揽的供应商或承包商。另外在采用实价合同时，工作说明要写得非常详细，以避免误解并提高圆满达成合同要求的概率。

(3)单价合同(unit price):单价合同是事先谈判好执行项目工作或服务的单价,例如每小时的顾问费或工资、每平方公尺的材料费等,再依实际采购的单价乘以数量支付费用。单价合同通常是在不确定最后会用到多少材料或人时的情况下使用。

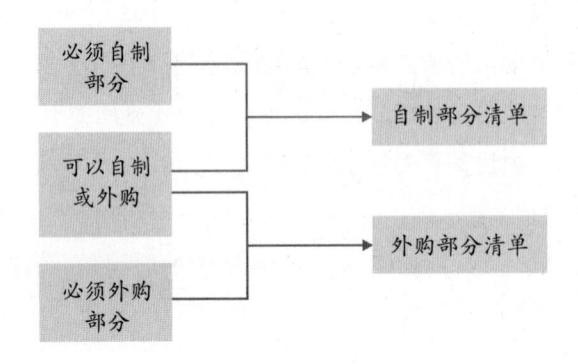

图 12.39　自制及外购分析

12-22-3　限制及假设

组织采购政策:组织的项目采购政策,例如组织统一采购。

12-22-4　产出

1. 采购管理计划:采购规划的产出是采购管理计划,是项目团队进行采购管理的依据,主要内容包括:

(1)定义什么东西需要在什么情况下对外采购。

(2)定义用什么方法来进行自制或外购的分析。

(3)定义什么状况下使用哪一种合同。

(4)定义标准的采购及合同文件。

2. 采购工作说明:依据各个采购项目的复杂性、困难度和新颖性等,个别制定不同详细程度的工作说明(SOW, Statement of Work),作为承包商和供应商报价和拟定建议书的依据。

12-23　招标规划

招标规划是针对需要招标的物品或服务,制作成招标文件,并寄给供应商或承包商参考,以获得他们的报价或建议书。项目经理和团队应该要参与这些招标文件的需求和规格之制定,尤其是供应商或承包商评选的标准。组织可以制定标准的招标文件格式及模板,以简化招标规划的过程。图 12.40 为招标规划的方法。

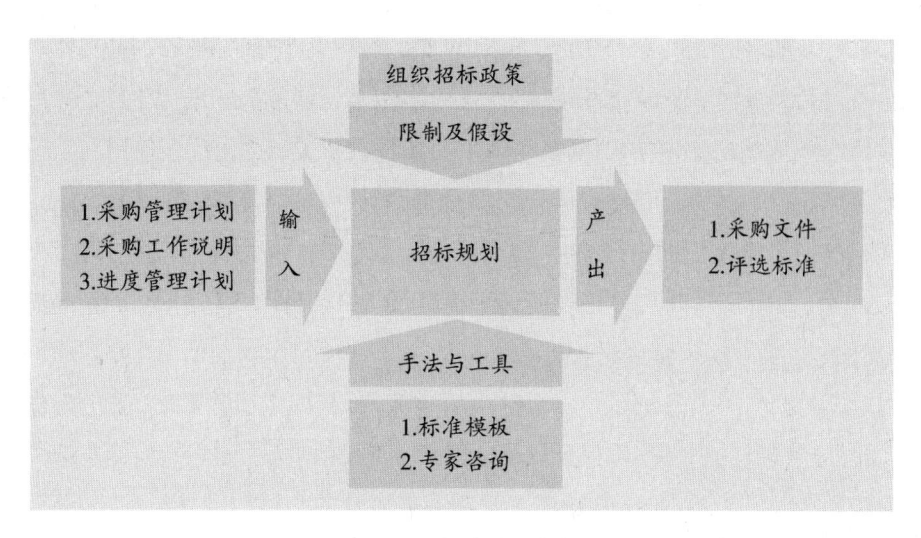

图 12.40　招标规划方法

12-23-1　输入

1. 采购管理计划：依照采购管理计划进行招标的规划。

2. 采购工作说明：每项招标产品或服务的工作说明。

3. 进度管理计划：什么时候所采购的产品或服务必须到位。

12-23-2　手法与工具

1. 标准模板：组织内部的标准采购文件格式。

2. 专家咨询：借助组织内外的项目采购专家意见，可以减少不必要的时间和人力的浪费。

12-23-3　限制及假设

组织招标政策：组织现有的招标政策会局限项目团队的招标规划作为。

12-23-4　产出

1. 采购文件：招标规划的主要产出是一份要寄送给潜在承包商或供应商参考的采购文件。

2. 评选标准：选择承包商或供应商的评选标准，例如承包商或供应商内部要有几个人通过C级项目管理师证照，或是承包商或供应商的组织项目管理成熟度必须达到第三级等。

12-24　品质规划

项目品质不应该只是局限于项目产品的品质，而是要包括产出项目产品的所有过程的品质，包括活动规划的品质、组织运作的品质、人员工作的品质、控制机制的品质、技术应用的品质等，强调执行过程品质的最直接效果就是项目关系人和客户满意度的提升。这种全面性的强调组织项目管理品质的做法，可以借由对组织项目管理成熟度的衡量来呈现，详细请参阅第三章组织项目管理成熟度。

项目品质规划的主要目的是根据客户的需求，确认出项目必须达成的品质目标，再将项目品质目标往下拆解成WBS各项活动的品质基准，接着由项目团队做出品质规划（quality planning），并且事先规划好一些可以确保项目品质的活动，例如品质意识的提升、沟通界面的加强、品质管理系统的建立等。项目执行过程，项目经理也要根据项目品质管理（quality control）所得出的品质执行绩效，在适当的时间，举行任何有助于项目品质提升的项目品质保证（quality assurance）活动。

简单地说，品质规划是规划达成客户产品或服务的品质标准，以及活动品质所需要的执行方法和检验方式。它可以在组织品质政策的引导之下，由WBS逐项探讨其品质基准和执行方法。而执行WBS活动的项目团队成员是项目品质的主要来源，因此加强项目团队的品质意识及品质提升手法，由成员以最具成本效益的方式，将品质植入项目的产品和活动中，是项目产品和服务品质的最大保证。

服务型项目的品质最不容易定义清楚，项目团队应该和客户充分沟通，并写成书面文件，以避免因为认知不同而造成最后无法结案。图12.41为品质规划的方法。项目管理的品质规划是强调将品质直接设计（design in）和规划（plan in）到项目的产品和服务上面。

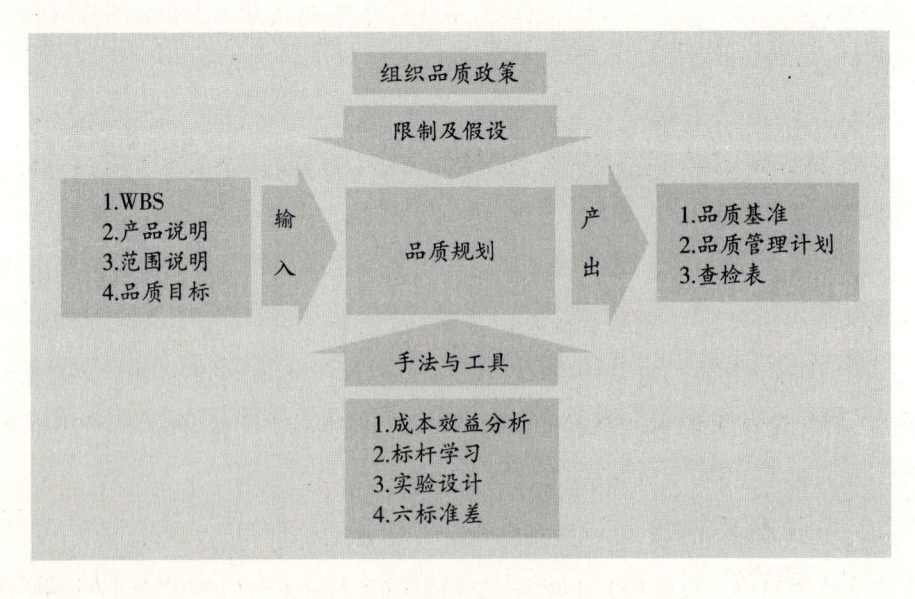

图12.41　品质规划方法

12-24-1　输入

1.WBS：由WBS可以确认活动的品质基准和达成方法。

2.产品说明：参阅第11-1节项目的发起。

3.范围说明：参阅第12-3节项目范围。

4.品质目标：项目关系人或客户所要求的品质目标。

12-24-2　手法与工具

1.成本效益分析：分析品质和成本之间的关系，成本应该包括有形成本和无形成本。项目品质管理的终极目标是一次就把工作做好、单位时间生产力高以及活动执行成本低。组织做好项目的知识管理（knowledge management）可以累积最好的项目管理实务，达成上述三个目标。

2.标杆学习：项目团队可以把现有项目和组织内，甚至组织外执行最好的类似项目作比较，例如竞争对手、同一产业甚至不同产业的项目品质水准，作为目前项目的品质规划基础。

3.实验设计：很多因素会影响产品的品质，为了设计和制造高品质的产品，必须控制那些影响最多的产品设计及制程因素。实验设计（DOE,Design of Experiments）提供了找出主要因素，以及每个主要因素的最佳设定值的有效方法。田口式实验设计（Taguchi method）是传统实验设计的简化，可以降低实验的次数。

4.六标准差：六标准差是指每百万次的产品或服务，只会发生3.4次的失误，项目团队可以将这样的标准，设计规划到流程里面。

12-24-3　限制及假设

组织品质政策：组织所制定的品质政策会决定项目品质规划的走向和内容。

12-24-4　产出

1.品质基准：每一个活动、产品或可交付成果，完成之后的允收判定标准。品质基准（quality baseline）对有规格可供遵循的产品不是问题，但是对没有具体规格，例如服务性质的可交付成果，项目团队要特别留意。

2.品质管理计划：品质规划的主要产出是品质管理计划，其内容包括项目范围，可交付成果说明，允收标准，品保活动（测试允收程序、需要验证程序、品质沟通活动、持续改善），项目品质监控，及项目品质责任等。

3.查检表：查检表是将项目品质的管制流程，设计成条列式的询问性表格，以方便品质保证或品质管理人员查验项目的品质。查检表在项目执行过程视需要随时修正，特别是采用过去项目所用的查检表时。

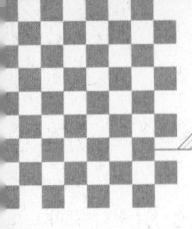

12-25　沟通规划

沟通规划的目的是确认"谁"（who）在"什么时候"（when），需要"什么资讯"（what），以及用"什么方式"（how）给他。也就是确认谁是项目关系人，以及每个项目关系人有什么需求，然后在项目执行过程，及时地满足他们的需求。

沟通是项目整合的基础，尤其是牵涉到好几个不同单位或组织参与项目的场合。而沟通规划的一个考量重点是参与项目的人员数量和组织数目，以及他们个别的所在位置和距离。因此为了促进沟通效率，主要的项目成员通常都集中在同一个办公室内（collocation）。沟通规划的最大挑战之一，是项目成员不得不散布在各处，甚至是不同国家，在项目执行期间，项目成员彼此不会碰面，所有沟通都通过e-mail、视讯系统或在网络平台上进行。这种项目团队称为虚拟项目团队（virtual project team）。

如果进一步把虚拟团队的沟通，细分成时间、空间、文化等三个变项（如表12.2），那么可以得到所有可能的沟通种类，如图12.42所示，成为沟通的时间、空间、文化的八个象限。项目经理必须随时提升自我，以适应日趋复杂的全球性跨文化的项目沟通。

表12.2　跨时间、空间、文化的沟通

	同时间		不同时间	
	同空间	不同空间	同空间	不同空间
同文化	同时间 同空间 同文化	同时间 不同空间 同文化	不同时间 同空间 同文化	不同时间 不同空间 同文化
不同文化	同时间 同空间 不同文化	同时间 不同空间 不同文化	不同时间 同空间 不同文化	不同时间 不同空间 不同文化

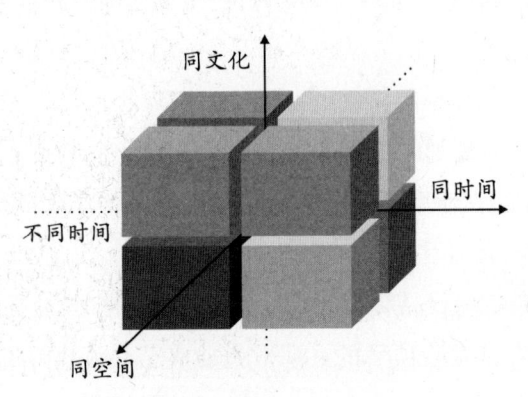

图12.42　沟通的时间、空间、文化

项目沟通架构的设计必须能够把最重要的信息,在最适当的时间,传递给最需要的人。因此规划项目沟通时,必须考量以下几点:

1. 给每个项目利害关系人提供资讯需要多快?
2. 需要多久给每个项目利害关系人提供一次资讯?
3. 哪一种传达方式最容易被所有项目利害关系人接受?
4. 目前已经有适当的沟通系统吗?
5. 每个项目利害关系人会参与项目多久?

图12.43为沟通规划的方法。

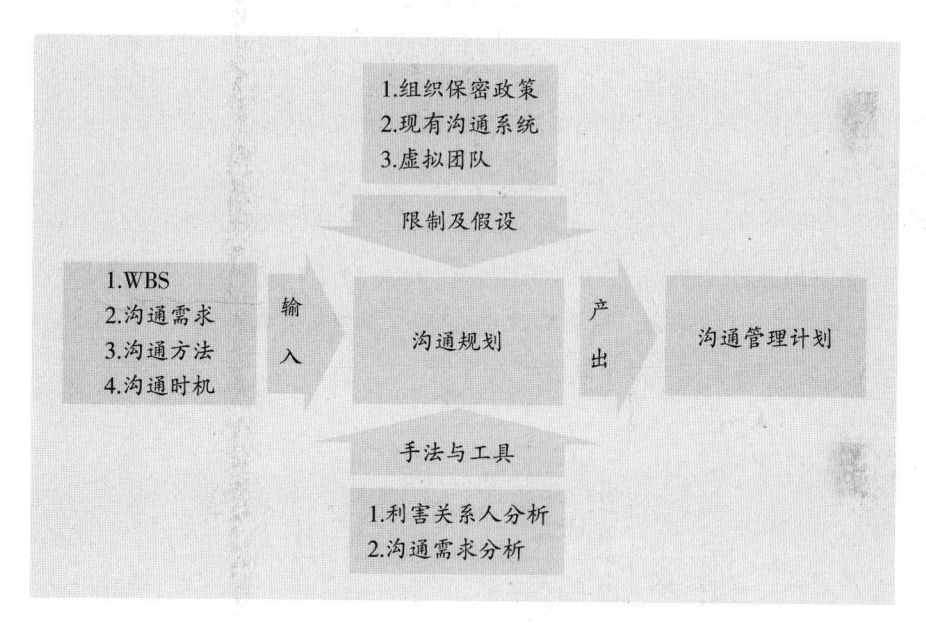

图 12.43　沟通规划方法

12-25-1　输入

1. WBS:WBS可以作为确认项目利害关系人和沟通需求的参考。

2. 沟通需求:哪些项目利害关系人在项目执行过程,需要提供什么种类以及用什么格式呈现的信息。

3. 沟通方法:项目利害关系人希望用什么方式为其提供他所要的信息,例如参加会议、书面报告、项目管理网上资料库等。

4. 沟通时机:项目利害关系人希望在什么时候以及多久一次,为其提供他所要的

信息。

12-25-2 手法与工具

1. 利害关系人分析：通过分析利害关系人对项目的兴趣和影响程度，例如直接关系或间接关系、财务或环保、内部或外部、正面或负面影响等，获知其可能需求及管理方式。图12.44说明项目利害关系人的分析，其中：

（1）低度重要（low priority）：这一群利害关系人不但对项目的兴趣低，而且冲击也小，因此不用特别注意。

（2）提供资讯（information group）：这些利害关系人对项目很有兴趣，但是对项目的影响很小，他们需要的是有关项目的信息。项目团队可以被动的方式满足他们的需求。

（3）特别管理（manageable group）：这一部分的利害关系人对项目没有兴趣，但是影响却很大，因此容易被忽略，其实他们具有潜在的危害性，项目团队必须主动地让他们高度满意。

（4）高度重要（high priority）：这是一群项目的主要利害关系人，必须制定沟通管理程序，积极地和他们沟通。

2. 沟通需求分析：综合分析所有沟通需求的种类及方式。例如进度会议必须通知哪些人参加，哪些人需要品质状况资料等。

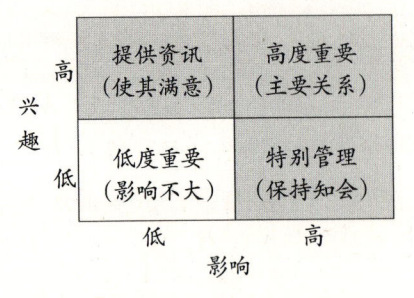

图12.44 项目利害关系人分析

12-25-3 限制及假设

1. 组织保密政策：因为项目的沟通可能会牵涉到组织内外部的人员，因此如果有需要保密的问题，需要依照组织的保密政策，例如文件机密等级和人员阅览规定等办理，尤其是组织有使用项目知识管理系统的场合。

2. 现有沟通系统：组织现有的项目管理沟通系统可能是项目沟通规划的限制，例如需要用到视频会议系统，但是目前没有。

3.虚拟团队：项目成员分散在不同地域会造成项目沟通的限制。

12-25-4 产出

沟通管理计划：沟通规划的产出是沟通管理计划，沟通管理计划可以规定开会的频率及方式，例如面对面、线上会议、e-mail等，也必须包括以下内容：

1. 项目信息如何被收集和更新：说明项目团队如何定期收集和项目绩效有关的资讯，以及更新的资料多久会被公布一次。

2. 项目讯息如何被管理和分发：说明项目资讯如何在项目利害关系人之间传递，以及谁可以接触到哪些信息，项目经理可以依据组织的文件保密政策制定文件机密等级。

3. 项目信息如何被储存：说明项目资料的储存方式，包括纸本和电子档。

12-26 形态管理规划

形态管理的目的是管控项目产品的制作、测试和工程变更，以确保产品的实体特性和功能特性，符合项目需求的一个管理过程。形态管理可以提供项目团队和客户一个确认产品、建立基准、记录追踪状态和稽核产品的机会。形态管理的三个主要名词如下：

1. 控制项目：它是形态管理的一个控制单元，例如产品设计、项目计划及其他希望控制的文件。控制项目可以从WBS上确认出来，基本上各主要里程碑、可交付成果以及项目的文件和产品都可以列入控制项目。

2. 变更控制：管制、记录及储存变更的过程。

3. 形态控制：评估、核准及管理控制项目的过程。

有效的形态管理系统必须：(1)指派形态管理负责人，(2)设立标准、程序、指导方针，(3)提供工具及资源。图12.45为形态管理的系统架构图。

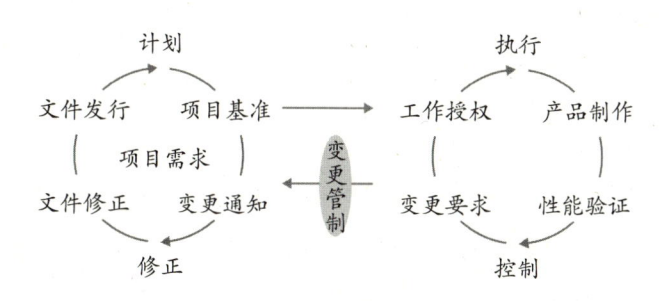

图 12.45 形态管理的系统架构

图12.45的左侧是项目的需求，需求经过规划之后形成项目的基准，包括进度、成

本范围及品质基准。项目计划完毕,由工作授权系统授权工作开始,进入图12.45的右侧,也就是项目执行阶段,项目产品制作完成后进入性能验证的控制阶段,如果产品性能有问题,相关单位提出工程变更要求,经变更管制委员会审核后,如果确认有变更的需要,就发出工程变更通知,通知相关人员进行文件的修正,例如工程图上的规格。文件修正完毕,经负责人员签署后,依文件发行程序进行发出、回收、销毁等操作。图12.46为形态变更流程的例子。

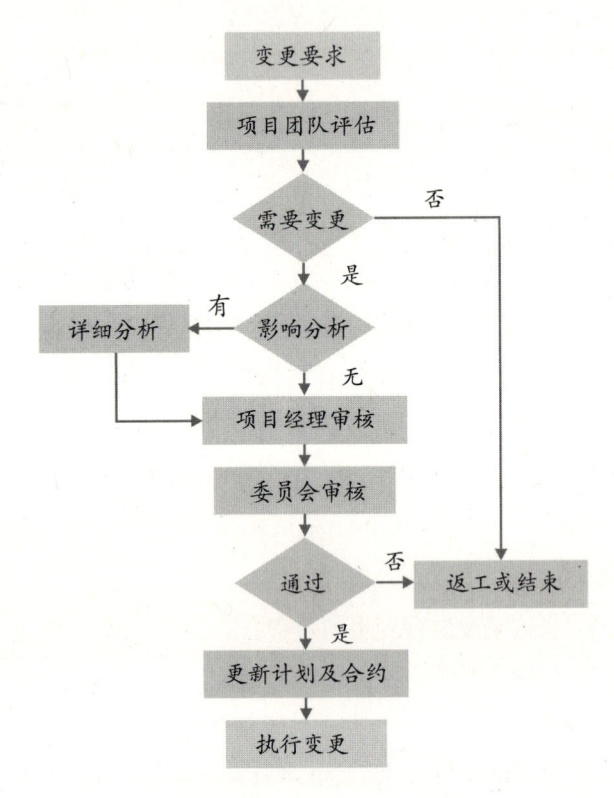

图12.46 形态变更流程

图12.46中当项目团队收到形态变更要求时,项目团队首先评估有没有变更的必要,如果确有必要变更,接着进行变更的影响分析,包括进度、成本、风险等的影响。如果发现会有影响,则进一步详细分析影响的程度及范围,然后经项目经理审核结果无误后,送交形态变更管制委员会(configuration change control board)做最终审核。设计形态管理流程的几个考虑因素如下:

1. 项目经理及团队如何申请取得控制项目的资料?
2. 控制项目如何编号及排序?
3. 项目有没有牵涉到机密性资料?

4. 哪些控制项目是自动存取？哪些是人工存取？

5. 有没有变更管制委员会？

6. 变更管制委员会在什么情况下开会？

7. 形态管理负责人和品质管制人员如何区隔？

图12.47为形态管理的规划方法。

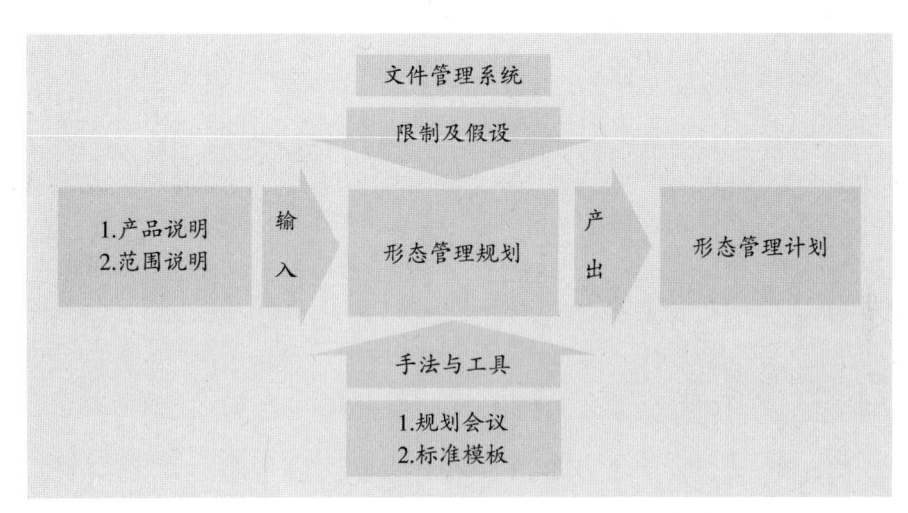

图12.47　形态管理规划方法

12-26-1　输入

1. 产品说明：参阅第11-1节项目发起。

2. 范围说明：参阅第12-3节项目范围。

12-26-2　手法与工具

1. 规划会议：利用项目规划会议，召集相关项目人员，包括组织文件管理人员，一起规划项目的形态管理架构，包括流程、表单及签核程序等。

2. 标准模板：设计一套标准的形态管理表格及文件，以提高管理人员的规划效率，并且促进成员之间的沟通。

12-26-3　限制及假设

文件管理系统：组织内部现有的文件管理系统，可能不完全适合项目的形态管理架构，因此项目团队要寻求降低二者之间配适限制的问题。

12-26-4　产出

形态管理计划：形态管理规划的产出是形态管理计划，它包括了形态管理的组织及人员责任、形态管理的政策、标准、流程、形态的决定、决定的方法、控制项目的选取

和剔除,版本管制,储存,承包商形态管理等。

12-27 系统规划

系统规划是评估、管理和控制项目产品及技术领域的一个全面性和反复性的过程。系统规划可以把客户的功能需求,经由分析和综合的过程,转成项目产品的实体功能架构和工程规格,成为项目必须达成的产品目标。图12.48为系统规划方法。

```
            系统成熟度
            限制及假设
                ↓
客户需求 →输入→ 系统规划 →产出→ 1.功能架构
                                 2.实体架构
                                 3.产品规格
                ↑
            手法与工具
            1.需求分析
            2.功能分析
            3.综合
            4.形态管理
            5.风险管理
            6.技术绩效指标
            7.技术审查
```

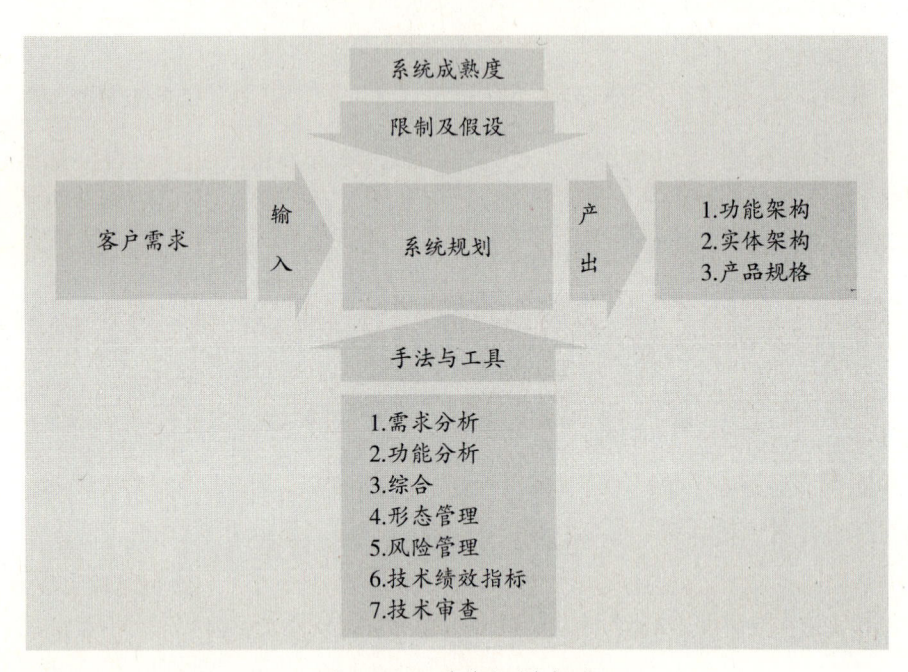

图12.48　系统规划方法

12-27-1　输入

客户需求:它是客户对系统的性能操作需求,系统规划的目的之一就是把客户需求转成系统规格,客户需求可能会包括测试需求等其他需求。

12-27-2　手法与工具

1. 需求分析:确认系统功能(function)、系统性能(performance)、界面需求(interface)及其他设计上的限制。需求分析的目的是清楚完整的了解客户的需求。需求分析在系统规划过程中,必须和功能分析一起反复进行。

2. 功能分析:功能分析(functional analysis)的目的是将需求分析所得到的上层系统功能,分解成比较低阶的功能需求,并指定性能要求给每一个低级功能。功能分析过程可以确认出一些技术上的风险,以拟定相应的对策。图12.49为系统分析的一个典型流程。

3. 综合:综合(synthesis)是设计达成功能需求的实体架构的一个过程。

4. 形态管理：参阅第12-26节形态管理规划。

5. 风险管理：参阅第12-17节风险规划。

6. 技术绩效指标：项目管理团队用来管理系统设计和发展的技术参数，包括成本、风险或是其他有关系统成败的绩效指标。图12.50为技术绩效指标的例子。

7. 技术审查：为项目管理团队审查系统设计和发展过程的审查会议，审查的重点可以是系统的层级、形态管理的层级或是更低的层级。

12-27-3　限制及假设

系统成熟度：系统是全新的还是既有的，全新的系统必然是系统规划的一大挑战。

12-27-4　产出

1. 功能架构：功能架构(functional architecture)是描述系统或元件功能的一个说明，它包括完整的功能流程图(functional flow block diagrams)、资料流程图(data flow diagrams)、时间序列分析(time-series analysis)等。功能架构中也说明了系统如何运作、期望的性能等级以及需要注意的系统界面等。

2. 实体架构：是描述系统或元件实体特征的一个说明，实体架构是一个由下往上的说明文件，由元件、次系统而后主系统。

3. 产品规格：包括性能规格和技术规格，性能规格说明产品的性能，例如功能、性能及界面。技术规格说明如何达到性能规格的产品、制程和材料规格。

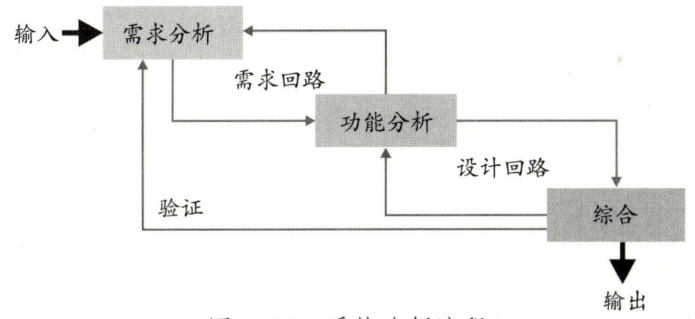

图12.49　系统分析流程

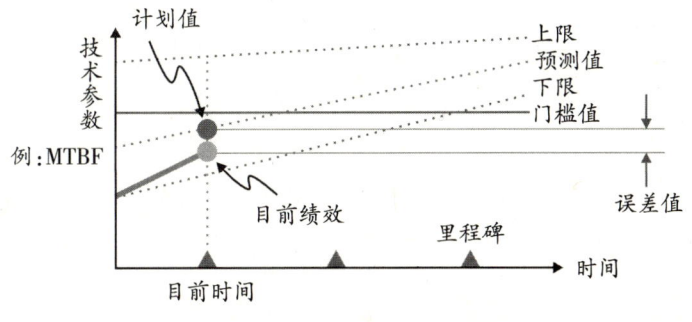

图12.50　技术绩效指标

12-28 制造规划

制造规划是指在进行项目产品试产或小量产时,对人员、资金、材料、机器及设施的规划、组织、控制和整合的过程。有效地制造规划能够获得产品品质均一、没有缺陷、满足客户需求、制造成本低而且生产周期短的制造流程。好的制造规划也可以让制造流程所生产的产品的重复性高,能够确保产品符合设计者的意图,并且容易进行持续改善。图12.51为制造规划方法。

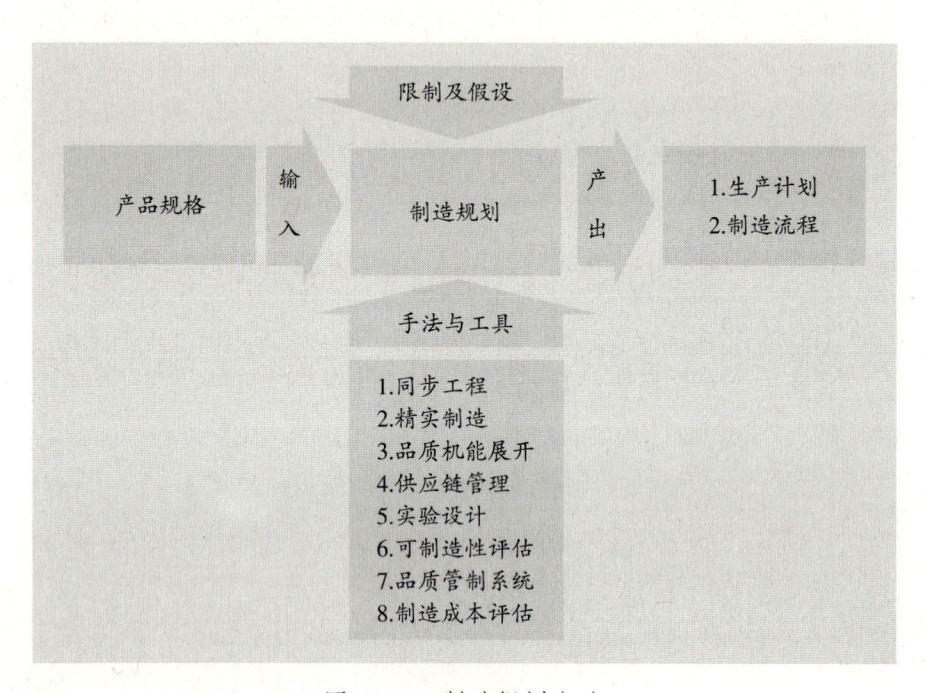

图 12.51 制造规划方法

12-28-1 输入

产品规格:参阅第12-27节系统规划。

12-28-2 手法与工具

1. 同步工程:同步工程(concurrent engineering)又称为并行工程(simultaneous engineering),它是一个以客户为中心,从产品概念、产品制造到产品售后服务的整合性管理架构,主要目的是希望能最佳化产品的设计、生产、服务并获得客户满意度,甚至超过客户的期望。

2. 精实制造:精实制造(lean manufacturing)是指迅速回应市场变化及客户要求的动态制程管理系统。精实制造系统的重点如下:

(1)从产品概念到生产完成,确认所需要的所有材料、制程和资讯。

(2)根据客户的需求,确认能够提供价值的所有步骤,没有价值的步骤必须移除。

(3)细部调整流程步骤,使得制程的流动更顺畅,再制品和库存量更少。

(4)依据客户确认的需求进行生产。

(5)持续改善制程以便更能应付客户需求的变化。

3. 品质机能展开:项目的风险之一是客户需求的定义不清,尤其是需求不易说明,需求一再改变或是需求揭露不完整的情况。品质机能展开(QFD, quality function deployment)是一个客户需求确认和展开的过程,它可以将客户的声音,转成产品设计的规格,甚至是制程的参数。

4. 供应链管理:供应链管理(SCM, supply chain management)是指上至供应商,下到终端客户的一系列管理活动。

5. 实验设计:参阅第12-24节品质规划。

6. 可制造性评估:评估系统产品的制造风险,包括生产设备和工具、制程顺序、材料取得、包商整合以及量测技术等。

7. 品质管制系统:例如ISO9000品质管理系统、TS16949、美国波音D1-9000品质标准、六标准差等。

8. 制造成本评估:设计阶段评估制造成本的重点在于正确的追踪直接成本以及间接成本的适当分配。ABC(activity-based costing)的成本制度将管销费用(overhead)适当地分摊到产量不同的产品上,是值得参考使用的方法。

12-28-3 产出

1. 生产计划:制造规划的输出是一个生产计划,内容包括可制造性分析、制造风险和生产成本等。

2. 制造流程:项目产品生产的制造流程,它是由一系列的工作站所组成的。

12-29 训练规划

训练规划是指根据执行项目活动的需要,规划人员在什么时候,应该接受什么训练的过程。因为每个项目都有其特殊性,项目的某一些层面可能是成员全新的经验,因此项目团队在执行活动之前,有必要施以适当的训练。和项目有关的训练可能是专业技能,也可能是国际项目的语言训练,或是不同文化的了解,和特殊安全操作的熟练等等。图12.52为训练规划方法。

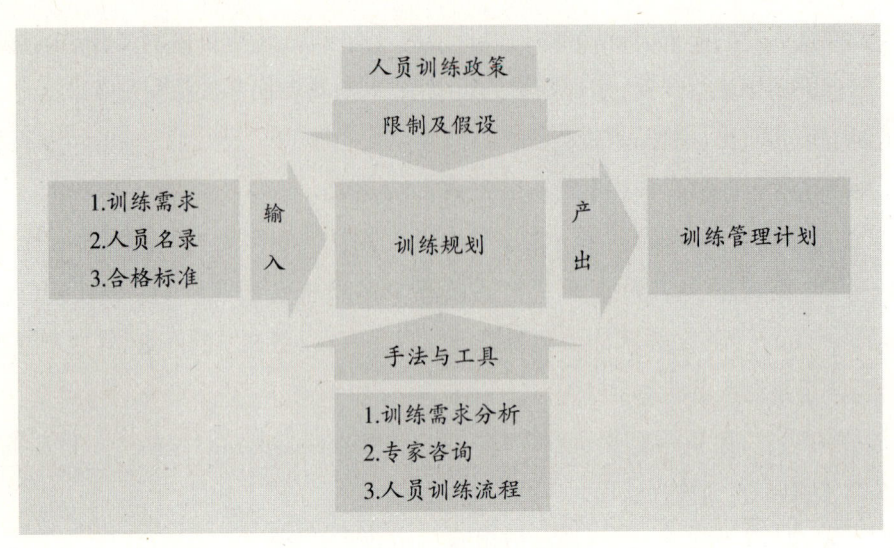

图 12.52　训练规划方法

12-29-1　输入

1. 训练需求：执行WBS工作项目所需要的所有训练需求。

2. 人员名录：所有需要训练的人员名录。

3. 合格标准：人员训练之后的测验合格标准。

12-29-2　手法与工具

1. 训练需求分析：对训练需求进行分析了解，包括时效性等，以决定采取何种训练方式。

2. 专家咨询：咨询组织内外的人员训练专家，包括顾问公司等。

3. 人员训练流程：组织现有的人员训练流程及规定。

12-29-3　限制及假设

人员训练政策：组织现有的人员训练政策可能会影响项目的运作，例如新进人员训练三个月后才能上岗。

12-29-4　产出

训练管理计划：训练规划的产出是训练管理计划，包括人员、课程、地点、期程、执行方式、训练考评等等。

12-30　安全规划

安全规划是指对和项目有关的所有安全事项及预防措施的规划，主要的目的是创造一个对项目团队安全的项目执行环境，以及完成一个对客户安全使用的项目产品。安全规划的重点是确认项目安全的标准和达成的方法，以及小化不安全事件的发生概率，并满足社会大众、法令以及项目使用者的安全需求和期待，包括成员人身的安全、项目设备的安全、关系人财产的安全，甚至是确保项目执行过程和最终产品，不会对环境造成危害等。项目安全的标准应该定期审视，以确定它的持续适用性。图12.53为安全规划方法。

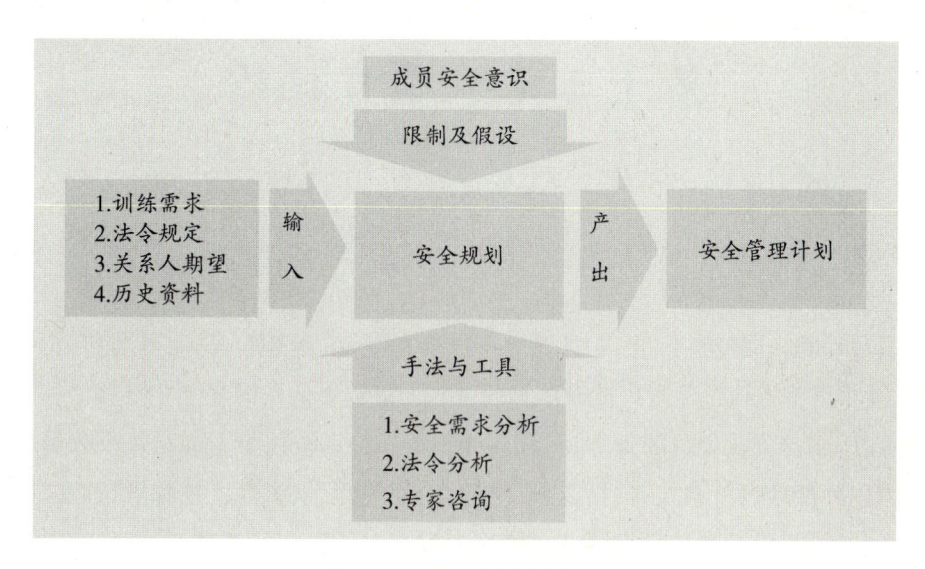

图 12.53 安全规划方法

12-30-1　输入

1. 安全需求：执行所有WBS项目的安全需求，包括对项目团队、项目关系人和环境。

2. 法令规定：每个项目及产品都有其相关的法令规定。

3. 关系人期望：所有项目关系人对执行项目的安全期望。

4. 历史资料：组织内外类似项目的所有安全资料，包括安全事件和处理方式。

12-30-2　手法与工具

1. 安全需求分析：分析所有的项目安全需求，以决定处理方式。

2. 法令分析：分析所有和项目有关的安全法令规定，以决定达成方式。

3. 专家咨询：咨询组织内外项目管理的专家，以避免类似安全事件再度发生。

12-30-3　限制及假设

成员安全意识：项目团队对安全的敏锐度会影响项目安全的规划品质。

12-30-4　产出

安全管理计划：安全规划的产出是安全管理计划，内容包括安全事件的定义、安全事件的处理程序、安全的标准以及达成的方法等。

第十三章 项目执行

项目计划完成经过核准,并且建立了进度基准、成本基准、品质基准和范围基准之后,项目就进入执行阶段。此时项目团队和所有需要的资源必须全部就绪,项目经理的重心,则是要从项目的规划,转移到项目的执行和监控上。因为这个时候,所有的组织内外部项目关系人,包括客户、供应商、外包商、组织高层主管等,都在密切注意项目的发展,以及期待可交付成果的准时完成。所以项目经理必须让所有相关单位以及个人,都定期得到有关项目的最新信息,而维持每天和团队成员的互动和信息交换,是项目成功的关键,项目执行阶段如图13.1所示。

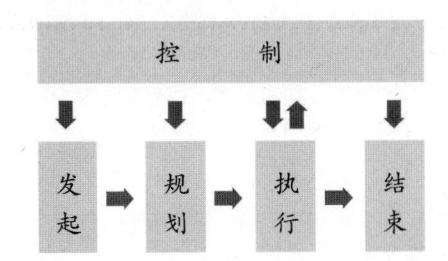

图13.1 项目管理流程——执行阶段

而项目执行阶段的主要工作事项包括下列各项,如图13.2所示:

1. 执行项目计划。
2. 计划修正。
3. 品质保证。
4. 资讯传递。
5. 绩效监督。
6. 风险监控。
7. 问题管理。
8. 人员招募。
9. 人员训练。
10. 招标。
11. 供应商选择。
12. 安全维护。

第十三章 项目执行

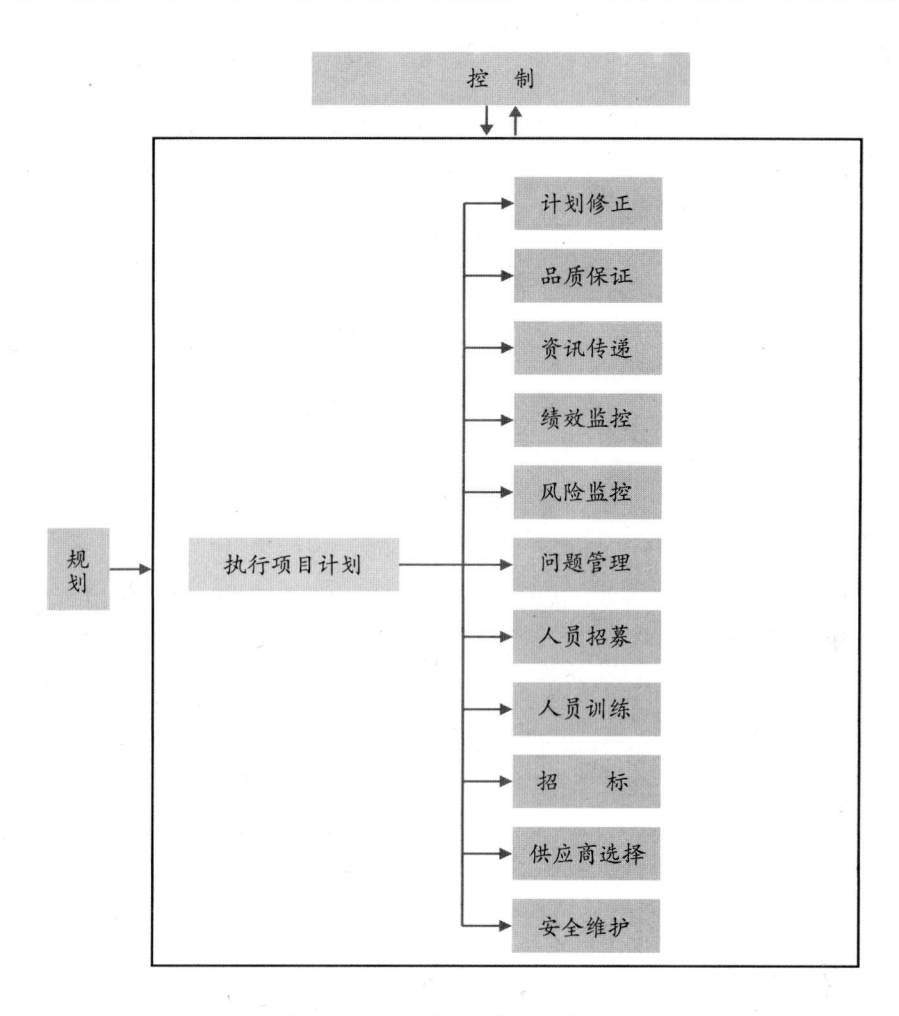

```
                    ┌─────────┐
                    │  控 制  │
                    └────┬────┘
                         ↕
┌────────────────────────────────────────┐
│                      ┌─→ 计划修正       │
│                      ├─→ 品质保证       │
│                      ├─→ 资讯传递       │
│                      ├─→ 绩效监控       │
│ 规划 ─→ 执行项目计划 ├─→ 风险监控       │
│                      ├─→ 问题管理       │
│                      ├─→ 人员招募       │
│                      ├─→ 人员训练       │
│                      ├─→ 招  标         │
│                      ├─→ 供应商选择     │
│                      └─→ 安全维护       │
└────────────────────────────────────────┘
```

图 13.2　项目执行阶段工作事项

13-1　执行项目计划

　　执行项目计划的重点是确保所有的活动,以非常有效的方式在执行,而且执行期间必须定期比较实际绩效和计划绩效的差异,以决定是否启动纠正措施及变更管制程序。项目经理要定期和项目团队及项目关系人互动,以确定所有人员依照项目计划进行。图 13.3 为执行项目计划方法。

107

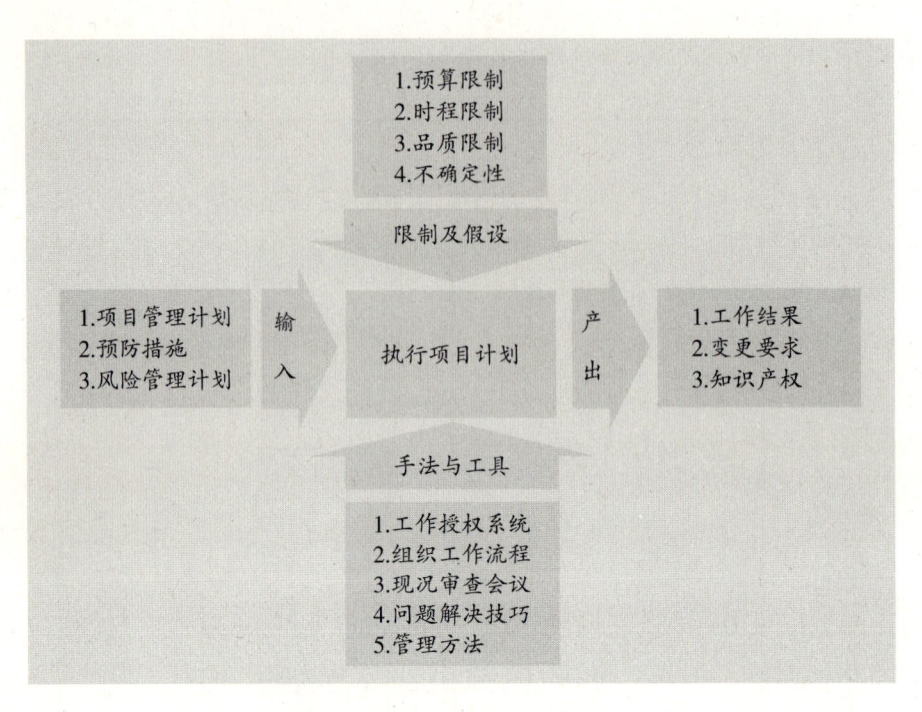

图13.3 执行项目计划方法

13-1-1 输入

1. 项目管理计划：项目必须依照项目计划来执行，但是在执行的过程中，有可能需要修改计划，事实上，因为项目的未来具有不确定性，很少有计划不需要修改的。

2. 预防措施：在项目执行之前，如果事先知道一些可能问题，而且已经有相对应的措施时，应该优先进行。

3. 风险管理计划：根据确认的风险所拟定好的对策和这些对策实施的时间点。详细请参阅第12-17节风险规划。

13-1-2 手法与工具

1. 工作授权系统：工作授权系统是授权"什么事情"在"什么时间"做的机制，尤其是外包商的管理，或是项目经理和活动执行单位分隔两地的情况。工作授权系统的目的，是避免执行单位或个人多做了计划以外的活动。

2. 组织工作流程：每个执行项目的组织一定都有其规定的工作流程，很多项目活动的执行可能必须遵循这些既定流程，例如采购流程、人员招募流程等。

3. 现况审查会议：项目执行过程每隔一段时间，项目经理和各阶管理层必须召开审查会议，以获知项目的执行绩效。

4. 问题解决技巧：项目经理和所有项目团队在项目执行过程中的重要职责之一，

是及时解决各式各样的问题,包括有关技术的问题和有关人员的问题。因此具备问题解决的技巧是项目成功的关键因素之一。

5. 管理方法:管理和工程的最大差别在于工程是静态的科学,而管理是动态的科学,动态的特性让管理问题会随着时间而发生变化,而管理者和执行者之间的互动也深刻影响工作的结果和品质,因此项目经理应该具备管理的知识和方法,以圆满执行项目的管理。

13-1-3 限制及假设

1. 预算限制:项目的最高预算额度是项目执行的主要限制之一。

2. 时程限制:项目的最晚完成时限是项目执行的主要限制之二。

3. 品质限制:项目的最低品质要求是项目执行的主要限制之三。

4. 不确定性:项目的未来不确定性,是每个项目经理执行项目的主要问题来源。

13-1-4 产出

1. 工作结果:执行项目的最主要产出是工作结果,它可能是进度的超前或落后,成本的超支或低支,品质的良好或报废等等。这些工作结果会经由报表的呈现,转变成项目的绩效报告,然后和项目基准比较,以决定是否启动变更要求。

2. 变更要求:当工作结果显示项目的进度、成本、品质或范围发生重大差距时,相关单位或个人可以提出变更要求,但是必须经过变更管制委员会的同意。而变更之后的追踪是项目管理的重点之一,因此组织建立标准完善的项目形态管理系统和制度(configuration management system)是项目成功的必要条件。

3. 知识产权:执行项目计划的结果,很可能是有关项目产品或可交付成果的智慧财产权或专利,项目团队必须和客户于合约中明确知识产权的归属。

13-2 计划修正

因为项目的独特性所导致的未来不确定性,使得项目计划在执行过程中必然需要变更,例如项目范围的增加或减少、资源的短缺或调动、产品性能的修正,以及其他各式各样的变更。一般来说,任何有关项目进度、成本、品质和范围的变更,都要经过项目变更委员会的同意,其他状况,例如外包商特殊专长人员的异动,项目团队也可以列入合约条款,要求外包商未经变更委员会同意,不得换人。

项目计划的变更通常都是因为(1)被动地发生了一些问题,然后以修改计划作为应对,例如追加预算所造成的成本基准变更,或是(2)主动地发现一些问题,然后采取预防措施而修正计划,例如风险储备(risk reserve)。不管是主动或是被动面对问题,项目团队所有成员都必须具备足够的分析问题与解决问题的技巧和能力(problem solving techniques),才能应付项目不确定性所带来的挑战。图13.4为计划修正方法。

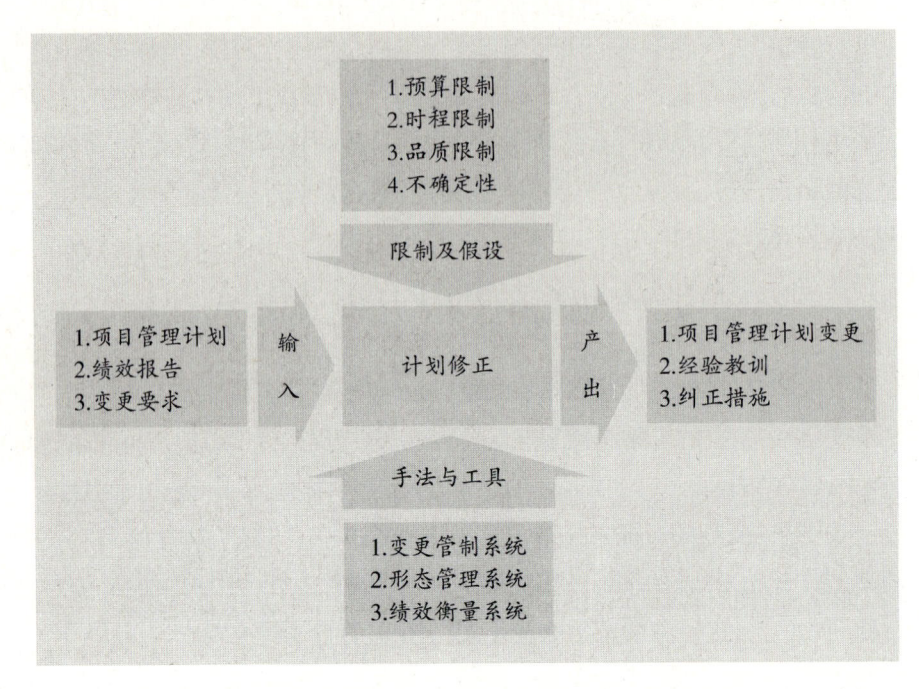

图 13.4　计划修正方法

13-2-1　输入

1. 项目管理计划：项目计划是修正计划时的比较基准，任何的变更要求都要参照原来的计划，以判定变更对项目其他方面的影响。

2. 绩效报告：工作结果经过各种分析报表的呈现，就变成项目的绩效报告，由绩效报告可以看出项目目前的执行绩效，如果再和项目基准比较，就可以知道有没有提出变更要求的必要。

3. 变更要求：项目因为各种原因而必须提出的变更请求，有关项目进度、成本、品质和范围的变更，要经过变更管制委员会的同意，重大的变更还要通知项目关系人。

13-2-2　手法与工具

1. 变更管制系统：管制项目变更的系统，包括变更管制委员会、变更管制程序、变更核准申请层级、变更管制表单和变更之后的追踪系统等。

2. 形态管理系统：主要用来管制项目产品的实体特性和功能特性的管理系统。详细参阅第 12-26 节形态管理规划。

3. 绩效衡量系统：用来判定现有绩效是否需要进行变更的衡量系统。

13-2-3　限制及假设

1. 预算限制:项目的最高预算额度是项目执行的主要限制之一。
2. 时程限制:项目的最晚完成时限是项目执行的主要限制之二。
3. 品质限制:项目的最低品质要求是项目执行的主要限制之三。
4. 不确定性:项目的未来不确定性,是每个项目经理执行项目的主要问题来源。

13-2-4 产出

1. 项目管理计划变更:如果变更管制委员会同意变更的要求,那么计划修正的产出就是项目管理计划变更,包括和计划变更有关的所有文件,并且要通知相关的项目关系人。

2. 经验教训:虽然同意计划的变更,但是项目团队要记取教训,避免同样的错误再度发生,将经验记录下来,也可以形成项目的知识库,作为后续项目的参考。

3. 纠正措施:计划变更通常会伴随着相对的纠正措施,以便把先前的问题矫正过来。例如同意这星期进度落后,但是下星期要把落后进度赶回来。

13-3 品质保证

品质保证是定期评估项目的整体绩效,以确保项目能够达成相关的品质基准。虽然项目的品质保证工作可能是由特定小组人员负责,但是所有其他项目的成员,都必须关注项目活动的执行品质。简单地说,项目品质保证的主要功能是建立一套流程机制,来确定所有活动都是依照品质管理计划的规定进行。图13.5为项目品质保证方法。

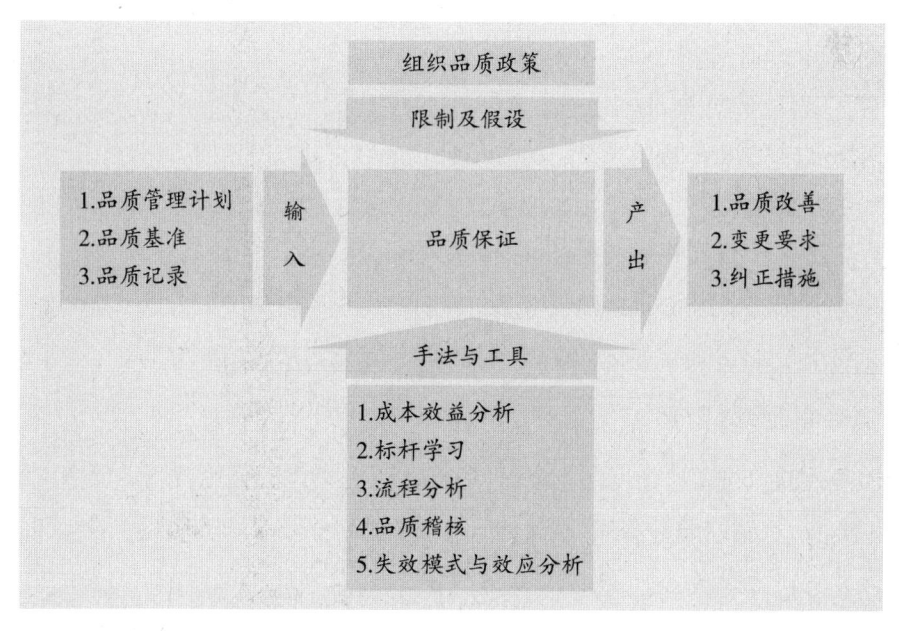

图13.5 品质保证方法

13-3-1 输入

1. 品质管理计划：品质管理计划中说明了整个项目的品质管理系统，包括品质政策、品质管控的组织架构、有关品质的责任与品质管控的流程等。

2. 品质基准：项目活动和项目产品完成之后的验收标准，包括可交付成果的检验标准。

3. 品质记录：项目活动和项目产品的品质检验和测试记录。

13-3-2 手法与工具

1. 成本效益分析：分析成本和品质之间的关联性，包括事前的预防成本和事后的矫正成本。项目品质的最高表现是效率高、成本低、返工少，而且客户高度满意。

2. 标杆学习：以组织内部甚至组织外部，品质表现最好的项目为比较对象，找出目前项目的品质改善重点。

3. 流程分析：借由流程的分析来改善现有流程的效率，消除流程中没有附加价值的活动，以提高项目产品或服务的品质。

4. 品质稽核：稽核项目品质的目的是确定品质管制系统是否被确实遵循和执行，并且找出品质系统的缺失，以作为后续项目的参考。品质稽核可以定期或不定期举行。

5. 失效模式与效应分析：失效模式与效应分析（FMEA, Failure Mode and Effects Analysis）可以预测潜在品质问题的发生概率、品管难以察觉的概率以及万一发生之后的严重性大小，以便事先采取预防措施。

13-3-3 限制及假设

组织品质政策：品质政策是组织对品质的企图和努力的方向。

13-3-4 产出

1. 品质改善：实施一些品质保证的活动之后，希望项目品质能够改善。

2. 变更要求：品质保证活动可能会引发一些值得改善的变更要求。

3. 纠正措施：品质保证活动也可能会需要制定纠正措施。

13-4 资讯传递

大多数的项目需要由一群人来共同完成，因此资讯的互相传递是集体力量能否发挥的关键，包括问题的解决、冲突的处理、资源的调配、绩效的报告等等，都需要让资讯充分地在组织内流畅，做到把最适当的信息，在最适当的时间，传递给最需要的人。资讯传递对项目成员分散在不同地点的场合尤其重要，因此建立项目资讯管理系统是做好项目资讯传递的必要做法。图13.6为资讯传递方法。

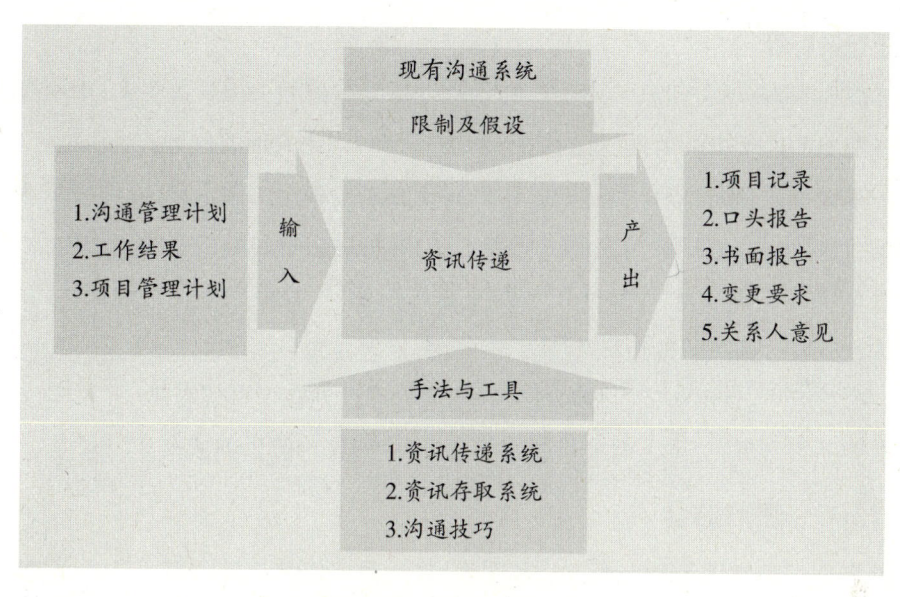

图 13.6　资讯传递方法

13-4-1　输入

1. 沟通管理计划：资讯的传递要依照预定的沟通管理计划来进行。

2. 工作结果：项目沟通的一个重点是将项目的所有工作结果及时地传递给应该知道的所有项目关系人。

3. 项目管理计划：每一个工作及活动的重要性可以由项目计划中获知，另外项目计划中的项目基准，可以用来判定所要传递的信息的急迫性。

13-4-2　手法与工具

1. 资讯传递系统：项目团队可以利用一些既有的资讯传递系统来传递信息，例如视频会议系统、项目管理资讯系统、书面、电子邮件、传真、电话、视频会议及协同运作系统等。

2. 资讯存取系统：所有有关项目的资料及文件，可以透过集中式的人工国际项目管理知识体系资讯存取系统，或电脑线上存取系统来加以管制。

3. 沟通技巧：项目经理在项目进行过程中，大约花90%的时间在做沟通，包括口头沟通和书面沟通。因此沟通技巧是项目团队资讯传递的必要能力之一。

13-4-3　限制及假设

现有沟通系统：组织目前既有的沟通系统是项目资讯传递的限制，项目团队要突破这个限制，才能有效达成项目沟通的目的。

13-4-4　产出

1. 项目记录：资讯传递的产出是和项目有关的记录，包括品质记录、采购记录、变

更要求记录等等

  2. 口头报告：项目团队传递信息的主要方法是邀请相关项目关系人，个别进行项目责任范围的现状口头简报，目的是传达信息、互相讨论并回答问题。

  3. 书面报告：项目资讯传达的另一个重要方式是制作书面资料，以详细呈现项目现状的背景资料。以现状为主的书面报告，内容可以包括目前的主要工作项目、到现在为止的主要完成项目、下一个阶段的主要工作项目、目前成本花费的现状、技术绩效的现状以及最新风险的概况等等。

  4. 变更要求：资讯传递过程可能发现沟通管理计划有变更的需要。

  5. 关系人意见：关系人对项目绩效的意见，应该作为改善的依据。

13-5 绩效监督

  绩效监督是利用各种分析方法和图表，将项目工作结果的资料，转成项目绩效资讯的过程。绩效监督的重点之一是透过资讯传递系统，将适当国际项目管理知识体系的信息传递给需要的项目关系人，同时也将工作绩效和期望门槛互相比较，以确定有没有提出变更要求的需要，如果有必要，则将变更要求呈送变更管制委员会审核处理。图13.7为绩效监督方法。

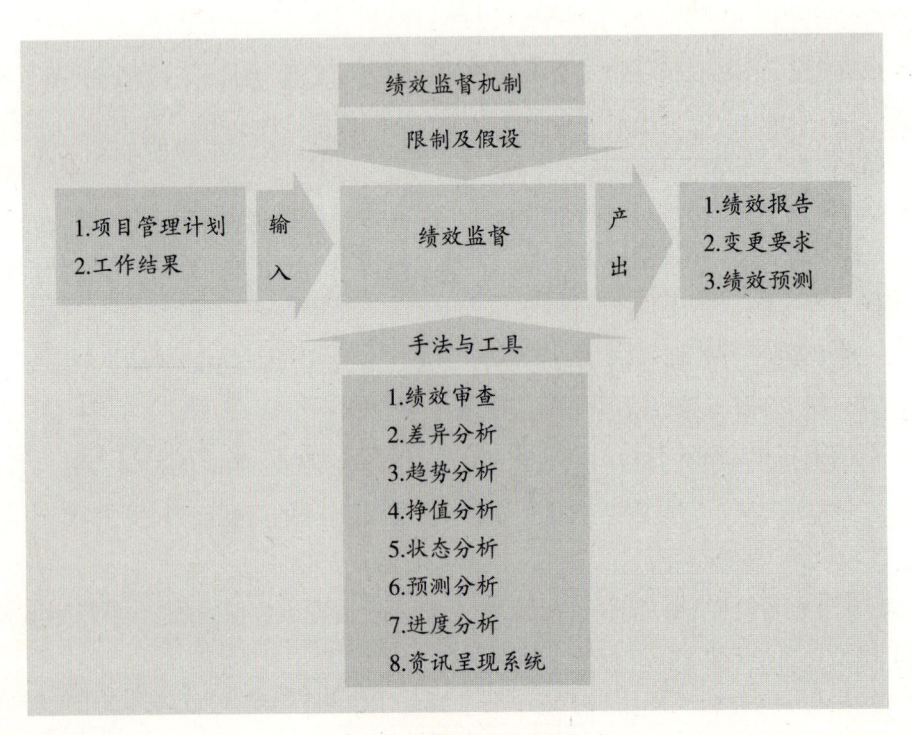

```
           绩效监督机制
           限制及假设

1.项目管理计划   输入   绩效监督   产出   1.绩效报告
2.工作结果                              2.变更要求
                                        3.绩效预测

           手法与工具
           1.绩效审查
           2.差异分析
           3.趋势分析
           4.挣值分析
           5.状态分析
           6.预测分析
           7.进度分析
           8.资讯呈现系统
```

图 13.7   绩效监督方法

13-5-1 输入

1. 项目管理计划：项目管理计划是绩效监督的参考依据，因为进度基准、成本基准、品质基准和范围基准都定在项目管理计划中。

2. 工作结果：项目所有活动的工作结果是绩效判定的来源，工作结果经过各种报表的分析，就可以发现其绩效的好坏。

13-5-2 手法与工具

1. 绩效审查：绩效审查是项目绩效最直接的监督方式，通常以会议方式进行，由相关活动的负责人报告，并邀请相关的项目关系人列席询答。

2. 差异分析：差异分析是分析项目的实际工作结果和原定项目基准之间的差异，分析内容可以涵盖项目的进度、成本、范围、品质和风险等方面。

3. 趋势分析：趋势分析是分析项目在进度、成本、范围、品质和风险等方面的执行绩效，是越来越好还是越来越差。

4. 挣值分析：挣值分析是利用计划值（PV, planned value）、挣值（EV, earned value）和实际值（AC, actual cost）之间的关系，来发掘项目的执行绩效，如进度差异（SV, schedule variance）和成本差异（CV, cost variance）。图13.8为挣值分析示意图，图中项目进度的差异SV=EV-PV，项目成本的差异CV=EV-AC。SV>0表示进度超前；CV>0表示成本低支。

5. 状态分析：状态分析是分析项目目前的现状，包括技术绩效、重大问题、主要风险等议题。

6. 预测分析：预测分析是以项目目前的绩效来预测未来的趋势，例如以到目前为止的花费，来预测现有预算是否足够。

7. 进度分析：项目进度是项目绩效监督的重点，项目团队应该培养主动式的往前管理的能力，而不是被动式的进行问题发生后的处理。

8. 资讯呈现系统：可以自动呈现项目绩效的表格、图形、试算表等软件系统。

13-5-3 限制及假设

绩效监督机制：组织现有项目绩效的监督机制或制度，是目前项目绩效管控的限制。

13-5-4 产出

1. 绩效报告：项目绩效监督的产出是绩效报告，它是以上述几种分析报表所呈现的报告，可能是落后、超支、品质不良等结果。

2. 变更要求：把绩效报告和项目基准相比较，如果差距超过绩效衡量系统的门槛，可以提出变更要求，但是要依照变更管制系统的规定进行。

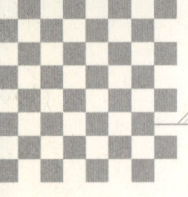

3. 绩效预测：绩效监督的功能之一就是在目前的绩效水准下，预测项目的未来可能绩效，例如预估完工总成本。

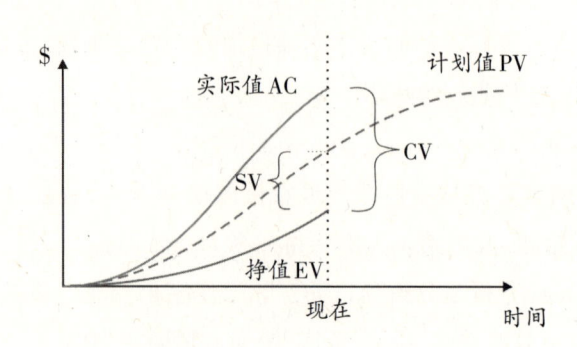

图 13.8　挣值分析示意图

13-6　风险监督

风险监督是定期审查风险计划是否被落实执行，风险应对计划是否发挥预期效果，有没有新的风险产生，风险的排序有没有变化，有没有内在的风险即将发生，项目绩效不佳是否是风险发生的征兆等等。风险监督过程如果发现新的风险，项目团队应该马上制订补救计划。项目范围的变更常常是引发风险的导因之一，应该严密审查范围变更的关联性，以避免范围变更的负面效应。图 13.9 为项目风险监督方法。

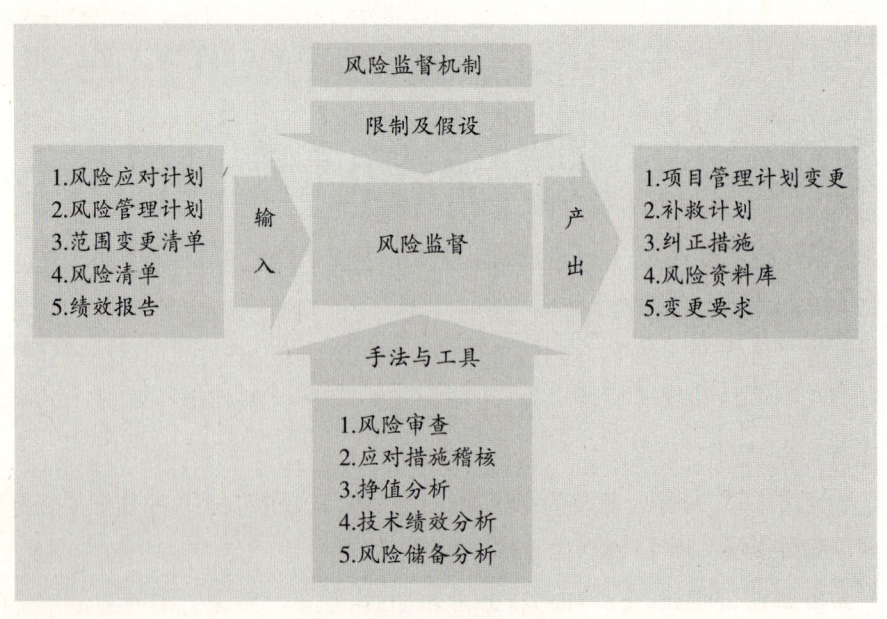

图 13.9　风险监督方法

13-6-1 输入

1. 风险应对计划：风险监督的依据是风险应对计划，包括所有重要风险的处理方式。

2. 风险管理计划：风险管理计划中有风险监督的程序、职责等资讯。

3. 范围变更清单：项目范围变更是风险产生的原因之一，例如软件项目中多加了一个功能，看起来差异不大，其实可能会引起其他问题。因此，项目团队要把项目范围变更，视为项目风险监督的重点之一。

4. 风险清单：到目前为止已经辨识的风险。

5. 绩效报告：项目的绩效是风险监督的主要项目之一。

13-6-2 手法与工具

1. 风险审查：项目风险监督的主要方法是进行定期的风险审查，以获知风险有没有变化，有无新的风险产生等。

2. 应对措施稽核：针对重要风险所采取的应对措施，有没有发生效果，是应对措施稽核的重点。

3. 挣值分析：由挣值分析的结果和趋势，可以看出项目是否潜藏了一些风险。

4. 技术绩效分析：由项目的品质绩效可以知道，项目的工程技术是否面临了重大问题无法突破，参阅图12.50技术绩效指标。

5. 风险储备分析：分析现有的风险储备能否处理后续的风险。

13-6-3 限制及假设

风险监督机制：组织现有的风险监督机制，是项目的风险监督的限制。

13-6-4 产出

1. 项目管理计划变更：风险监督的产出有可能是项目计划的变更，以便应对某个新发现的风险。

2. 补救计划：在风险监督过程中才发现的风险，因为之前没有规划到，因此要拟定一个补救计划来加以应对。

3. 纠正措施：风险监督的另外一个产出可能是采取某种纠正措施，来避免类似的风险再度发生。

4. 风险资料库：风险监督的最终结果可以形成一个风险资料库，提供组织后续项目风险监督的参考。

5. 变更要求：由监督风险所引发的后续变更需求。

13-7 问题管理

项目管理的过程其实都是在解决各式各样的问题,包括各类的冲突及危机。如果小问题没有处理好,很可能会演变成大问题,甚至恶化到无法收拾的地步。而项目管理的最佳状态是事先已经预测到问题,然后拟定预防措施,将原先会发生的问题消弭于无形。如果做不到这样,至少也要在问题发生时已经做好准备,很轻易地就会解决问题了。所以项目团队必须具备充分的分析问题和解决问题的技巧,而且要发挥高度的创意思考能力,将项目不确定性所带来的问题及其影响降到最低。综合项目管理的问题有以下几种分类:

1. 从类型来分:有技术问题和人员问题。

2. 从发生的时间点来分:有已经发生的问题和尚未发生的内在问题。

3. 从发生的来源来分:有由内部引起的问题和由外部引起的问题。

4. 从问题的影响来分:有造成进度落后的问题、成本超支的问题、品质不良的问题、人员安全的问题或是范围变更的问题。

为了有效管理项目问题,项目团队应该制定标准的问题管理文件,其内容可以包括以下几项:

1. 问题背景资料:问题种类(信息问题、程序问题、系统问题)、问题描述、初期建议、内在影响、成本效益冲击、额外工作。

2. 最后建议:负责人、完成期限等。

3. 管理决策:接受、延迟或拒绝等。

4. 签署:相关人员签字。

图 13.10 为问题管理方法。

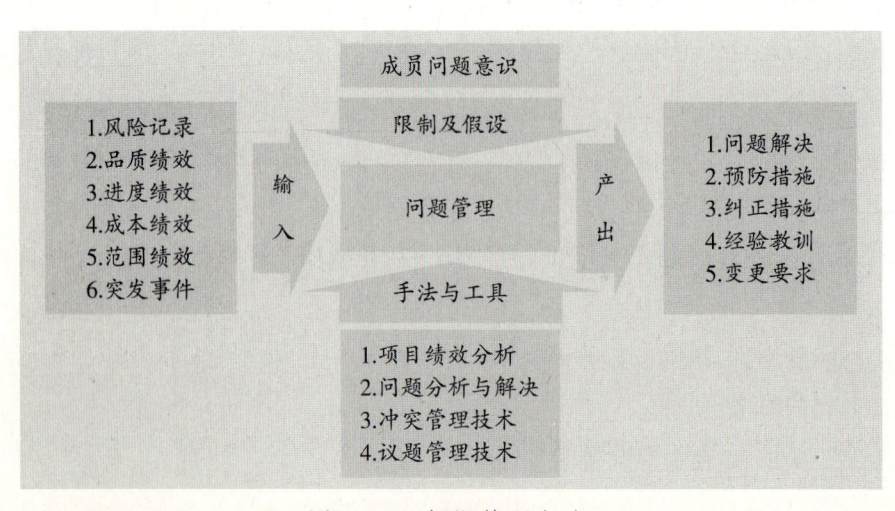

图 13.10 问题管理方法

13-7-1 输入

1. 风险记录：风险记录是发现项目内在问题的来源之一。

2. 品质绩效：如果项目产品的品质一直无法提升，代表项目技术有无法突破的问题。

3. 进度绩效：如果项目进度一再延误，可能是某一问题即将发生的前兆。

4. 成本绩效：如果项目预算一再追加，很可能是某一个问题的症候。

5. 范围绩效：项目范围的变更是造成项目问题的主因之一。

6. 突发事件：任何突发的问题都是问题管理的重点。

13-7-2 手法与工具

1. 项目绩效分析：透过对项目进度绩效、成本绩效、品质绩效和范围绩效的分析，可以发现一些内在的问题。

2. 问题分析与解决：迅速分析问题然后解决问题，是问题管理的重心。

3. 冲突管理技术：项目会因为各种冲突现象而造成问题，包括资源的使用、人员的调配等等，适当的冲突解决技术是问题管理的必要能力。

4. 议题管理技术：议题(issues)是指内在的问题，如果没有处理好，可能会造成项目无法圆满达成原定目标，管理好议题可以避免重大问题的发生。

13-7-3 限制及假设

成员问题意识：项目团队的问题敏锐度是项目问题管理的主要限制。

13-7-4 产出

1. 问题解决：问题管理的最佳结果就是快速圆满地解决了问题。

2. 预防措施：有些问题可能需要制定预防措施来防患于未然。

3. 纠正措施：有些问题则是需要立即纠正措施来加以矫正。

4. 经验教训：每一次的问题解决都应该留下相关的经验和教训，以避免同样问题再度发生。

5. 变更要求：问题处理的结果可能是变更要求。

13-8 人员招募

人员招募是按照"人员需求计划"的要求，在适当的时间，由组织内部或是外部取得合格的项目人员。人员招募的重点，除了人员必须具备应有的技术专长之外，还要特别注意人员的工作态度和人格特质，尤其是和一群人共同完成任务的能力。图13.11为项目人员招募方法。

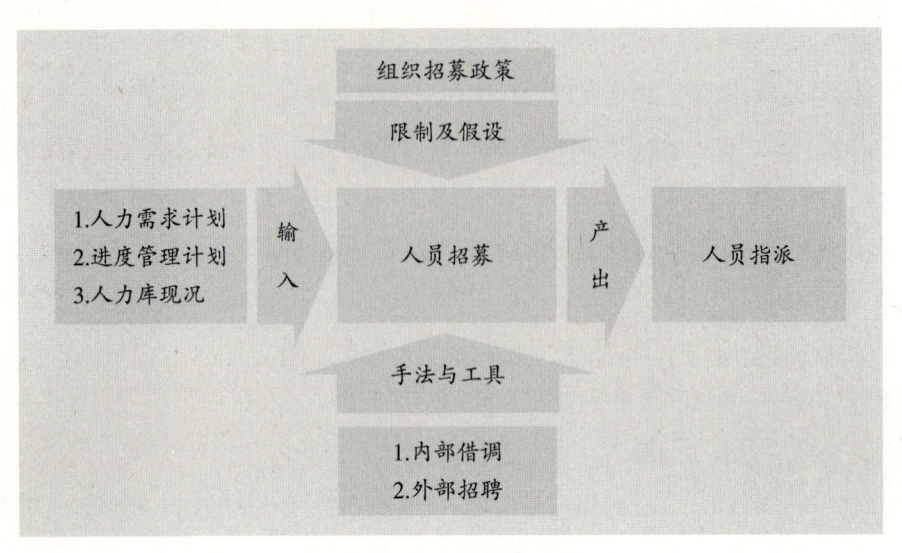

图 13.11　人员招募方法

13-8-1　输入

1. 人力需求计划：参阅第 12-14 节人力资源规划。

2. 进度管理计划：参阅第 12-12 节项目进度。

3. 人力库现况：参阅第 12-14 节人力资源规划。

13-8-2　手法与工具

1. 内部借调：有些人员可以直接由组织内部其他相关部门，以全职或兼职方式借调过来。

2. 外部招聘：组织内部没有适当人选时，可以由外部招聘。

13-8-3　限制及假设

组织招募政策：组织对人员招募的既有政策。

13-8-4　产出

人员指派：把适当的人指派到每一个项目角色上。

13-9　人员训练

人员训练是按照训练计划的规定课目，在适当的时间，对需要接受训练的人员实施必要的教育训练。训练的内容会依照项目的特性而有不同，不过基本上可以分为管理类的训练和技术类的训练两种。而人员训练的主要目的，是提高成员的项目管理能力和问题解决能力，以增加项目团队达成进度、成本、品质以及范围目标的概率。人员训练的最大障碍之一是成员来自不同的时间和空间，甚至是不同的文化和语言。图 13.12 为项目人员训练方法。

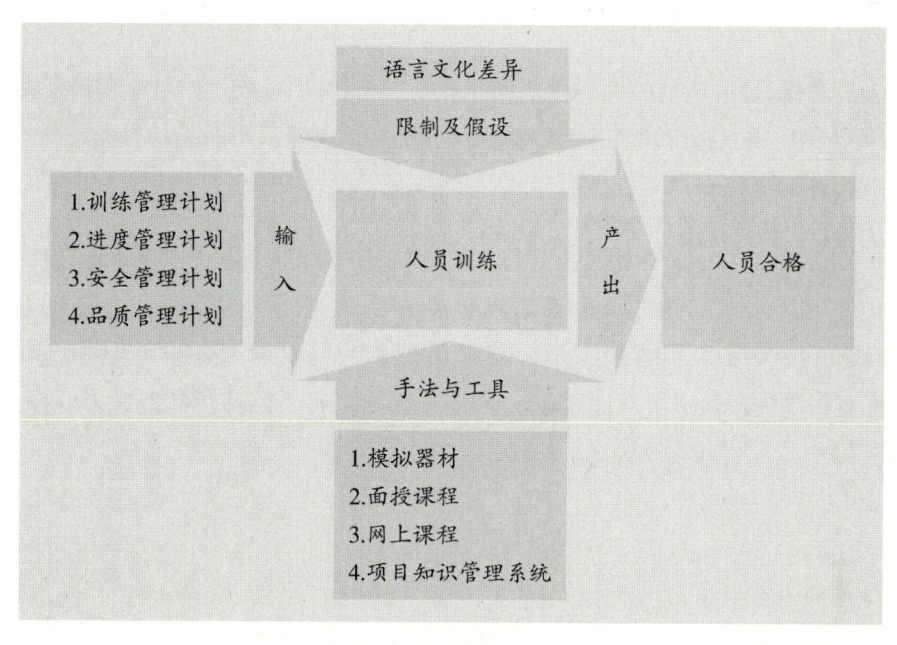

图13.12　人员训练方法

13-9-1　输入

1. 训练管理计划：参阅第12-29节训练规划。

2. 进度管理计划：参阅第12-12节项目进度。

3. 安全管理计划：参阅第12-30节安全规划。

4. 品质管理计划：参阅第12-24节品质规划。

13-9-2　手法与工具

1. 模拟器材：使用适当的模拟方式及器材，以事前演练项目执行时可能发生的状况，或降低安全事件发生的概率。模拟器材包括各种电脑模拟软件、3D虚拟实境（virtual reality）或实件模拟器（simulator）等。

2. 面授课程：大部分的训练课程都可以经由面对面的上课方式进行。

3. 网上课程：如果为了节省时间，或是多数人无法同时在一起面对面上课时，特别是虚拟项目团队的场合，也可以使用网上教学（e-learning）的方式，包括有同一个时间的同步网上教学，和不同时间的非同步网上教学两种。

4. 项目知识管理系统：组织建立项目的知识管理系统（project knowledge management system），可以将项目管理的经验教训和最佳实务，迅速地转移到相关的项目成员身上，人员训练的效果就可以显著地提高。

13-9-3　限制及假设

语言文化差异：项目成员的语言文化不同是人员训练的最大限制。

13-9-4 产出

人员合格：透过适当的课程设计和训练方法选择，项目成员就可望在接受训练之后，成为合格的项目执行团队，有效发挥专业能力，达成项目所赋予的目标。

13-10 招标

招标是透过广告及召开说明会的方式，取得潜在供应商或承包商的报价或是执行细节的一个过程。如果技术规范可以明确确定，通常只要求报价。反之，如果执行上有特殊的技术门槛，则可以在报价之外，要求供应商或承包商提出执行上的说明，也就是建议书（proposal），以证实他们确实有能力完成招标的产品或服务。图 13.13 为招标方法。

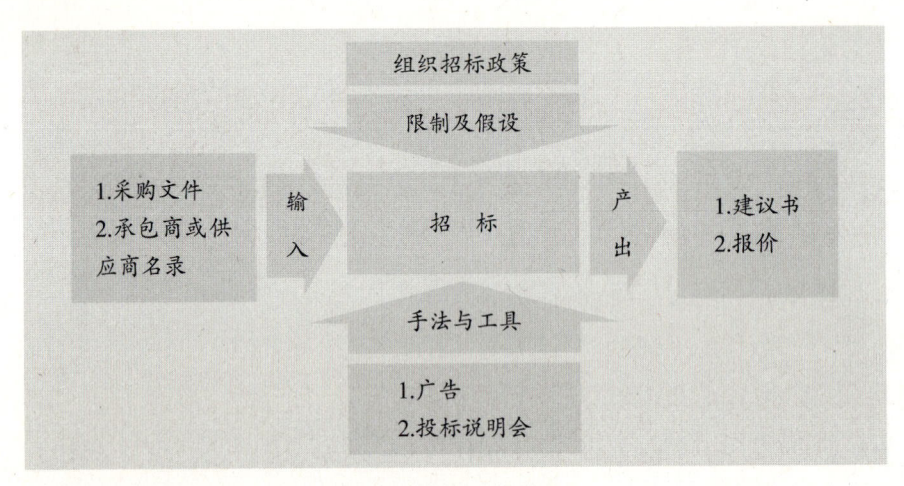

图 13.13 招标方法

13-10-1 输入

1. 采购文件：要寄给承包商或供应商的采购文件。

2. 承包商或供应商名录：合格及潜在的承包商或供应商名录。

13-10-2 手法与工具

1. 广告：透过各种方式传达招标的信息，包括专业杂志、报纸或网际网络。

2. 投标说明会：召开投标说明会（bidder conference）来进一步说明或澄清采购文件上的任何疑点，并回答承包商或供应商的问题。

13-10-3 限制及假设

组织招标政策：组织既有的招标政策会影响项目招标的作业。

13-10-4 产出

1. 建议书：招标的产出是获得承包商或供应商的建议书，特别是在项目有技术门槛时,建议书所提的技术规范、详细程度和可行性是评选承包商或供应商的重要依据。

2. 报价单:承包商或供应商对于承揽项目产品或服务的价格。

13-11 供应商选择

承包商或供应商选择是依照项目团队所定的评审方式和权重系统,由所有投标的供应商或承包商的报价和建议书中,选择最适合项目的供应商或承包商,重要的物品或服务采购应该避免使用单一的供应商或承包商。除了报价和建议书的比较之外,项目团队也可以把投标厂商的过去记录、财务能力及其客户评价等列入考量。评选出供应商或承包商之后,接着可能需要就合约的内容或条款进行细节地谈判,例如付款方式及条件、惩罚条款、绩效报告方式等等。图13.14 为承包商或供应商选择方法。

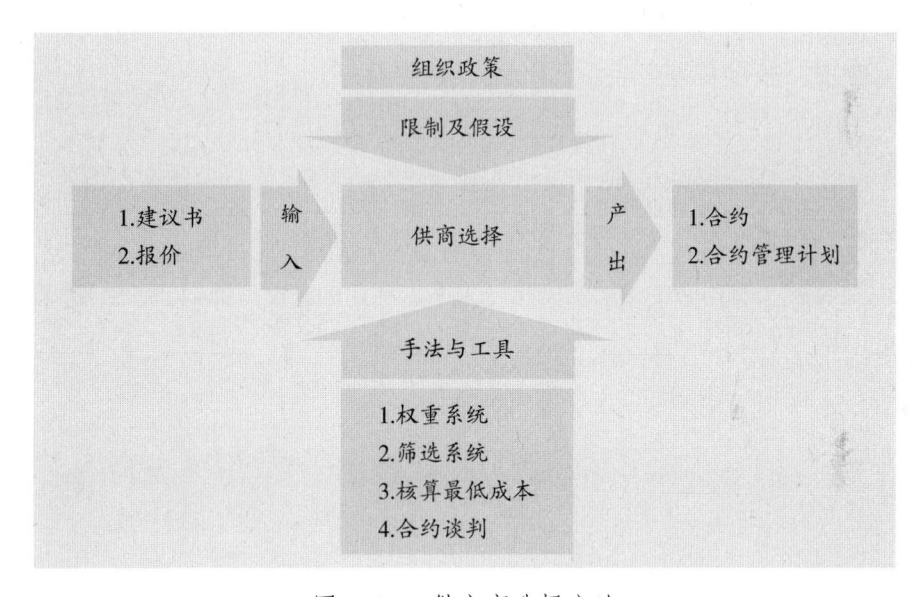

图13.14 供应商选择方法

13-11-1 输入

1. 建议书:审查承包商或供应商所提供的建议书。

2. 报价单:比较承包商或供应商的报价。

13-11-2 手法与工具

1. 权重系统:依据评估项目的重要性给予不同的权重。

2. 筛选系统:选择承包商或供应商的方式,例如某一个评估项目必须超过最低门槛值才能入选。

3. 核算最低成本:组织指派人员进行项目采购产品或服务的最低成本核算(should cost),如果承包商或供应商的报价低于这一个数字,表示他们有可能误解采购上的说明,或是在故意影响产品或服务品质的情况下压低价格。

4. 合约谈判:最后和选定的承包商或供应商,进行合约条款的协商及谈判,特别是有关权利义务,付款罚则及风险分摊等部分。

13-11-3 限制及假设

组织政策:组织选择承包商或供应商的政策。

13-11-4 产出

1. 合约:承包商或供应商选择的产出是经双方同意并签字的合约,合约一经签署,就是具有法律效力的文件,任何一方的变更要求必须透过正式程序,且经过双方同意才能变更。

2. 合约管理计划:说明合约从订立到结束的管理方式和规定。

13-12 安全维护

安全维护是依照安全管理计划的规定,在适当的时间执行预定的安全防护或是建造提高安全等级的防卫设施,并且在发生安全事件的同时,及时采取应对事件的安全维护措施,以降低安全事件的危害,并且避免类似事件的再度发生。安全维护的落实执行,是保护项目团队生命安全和项目关系人利益的关键。图13.15为项目安全维护方法。

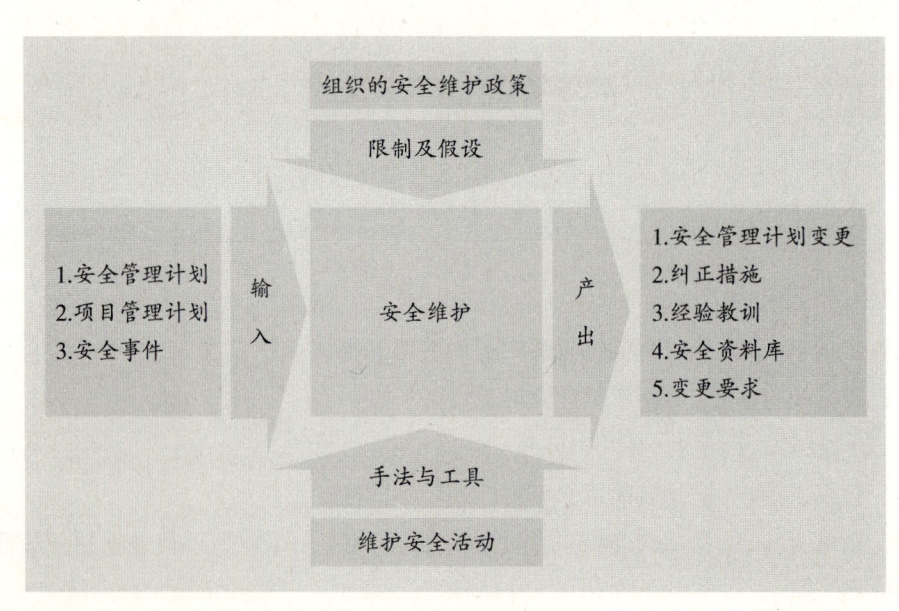

图 13.15 安全维护方法

13-12-1 输入

1. 安全管理计划:参阅第12-30节安全规划。

2. 项目管理计划:参阅第十二章项目规划。

3. 安全事件:突发的项目安全事件。

13-12-2 手法与工具

维护安全活动:维护项目安全的所有必要活动。

13-12-3 限制及假设

安全维护政策:组织对安全管理的重视程度或是既有的安全维护程序,是目前项目安全维护的限制。

13-12-4 产出

1. 安全管理计划变更:发生新的安全事件之后,原来的安全管理计划可能需要变更。

2. 纠正措施:采取适当的纠正措施,以降低安全事件的伤害。

3. 经验教训:造成安全事件的经验教训的留存。

4. 安全资料库:形成和项目安全有关的资料库,以提供后续项目的参考。

5. 变更要求:安全维护的过程可能会有引出对项目变更要求的需要。

第十四章 项目控制

项目团队是否依照项目计划的内容执行,或是项目团队依照计划执行的绩效如何,有赖于项目控制机制的发挥功能。简单地说,项目控制的目的是比较实际绩效和计划绩效的差异,如果差异太大超过门槛,就启动矫正措施,而连带影响的可能是项目计划的修正。项目的失败通常只是来自于小问题的累积,由于没有及时发现和适当处理,最后才造成对项目进度、成本、风险的重大危害,因此项目控制的功能,就是要尽早发现问题甚至预测问题,然后消除问题进而防范问题于未然。项目控制阶段如图14.1所示,而项目控制阶段的主要工作事项如图14.2所示,包括:

1. 状况审查。
2. 变更控制。
3. 范围控制。
4. 进度控制。
5. 风险控制。
6. 品质控制。
7. 成本控制。
8. 范围验证。
9. 合约管理。

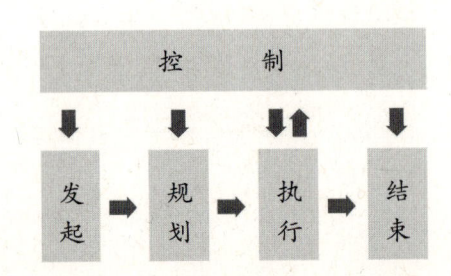

图 14.1 项目管理流程——控制阶段

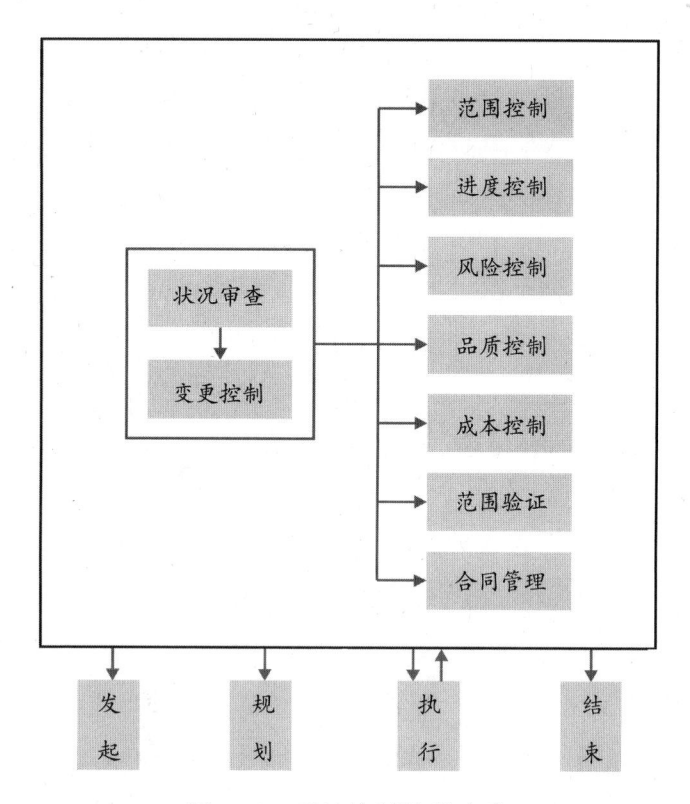

图 14.2　项目控制阶段步骤

14-1　状况审查

状况审查的目的是让项目团队、承包商、项目发起人、组织高层及其他项目关系人了解项目的进展，并针对发生的问题讨论解决方案。项目成员必须准备各自的状况报告，说明活动现况、完成比例、里程碑有否延误、主要问题和待定事项等。图 14.3 为状况审查的方法。

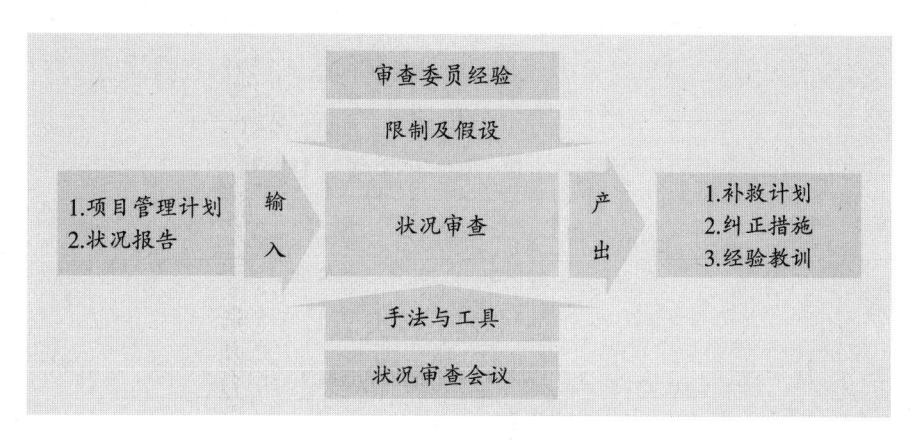

图 14.3　状况审查方法

127

14-1-1 输入

1. 项目管理计划：以事先计划好的项目目标为审查的依据。

2. 状况报告：项目的状况报告，内容包括目前活动的执行情况、这一个期间的主要进展、下一个期间的主要任务、预算使用状况、技术绩效现状、前期行动方案审查、最新的风险清单等。

14-1-2 手法与工具

状况审查会议：项目团队和主要项目关系人及团队成员对项目现状进行审查。

14-1-3 限制及假设

审查委员经验：审查委员的经验及专长领域会影响对项目状况审查的结论。

14-1-4 产出

1. 补救计划：状况审查如果发现异常情形，可能需要制订补救计划。

2. 纠正措施：制定预防相同问题再度发生的任何措施。

3. 经验教训：记录任何值得后续项目参考的项目状况的经验和教训。

14-2 变更控制

项目控制阶段的工作重点之一是控制和项目有关的各种变更，包括进度、成本、品质和范围的变更。决定是否变更的基本做法，是比较实际绩效和计划绩效，如果两者差距大于必须变更的门槛值，相关单位就可以提出变更。变更要求如果经过变更管制系统的同意，就可以发出变更通知进行变更。但是为了确保所有受影响范围都做了变更，必须指定人员进行变更的后续追踪。图14.4为项目变更控制方法。

组织如果设置有形态变更管制系统，那么就可以将变更管理的机制规划得更严密，本节只从整体项目的角度，探讨项目的变更控制，至于进度、成本、品质和范围变更的详细控制方法，将在后续几节陆续说明。上述四种状况的变更，基本上都必须经过变更管制委员会或项目推动委员会的同意。变更的一般程序如下：

1. 提出变更要求：变更要求中应包括变更说明、验证资料、影响描述、可能方案等。

2. 初步审查：变更管制委员会定期开会，初步审查变更要求是否退回、延缓或进一步分析。

3. 影响分析：指派人员分析变更要求对成本、进度和资源的冲击和影响，然后交由变更管制委员会再次审查，以决定是否接受变更、退回变更或是延缓变更。

4. 高层核准及决定变更顺序：项目团队将资料送交组织高层核准，并由高层决定该变更在组织内众多变更之间的执行顺序。

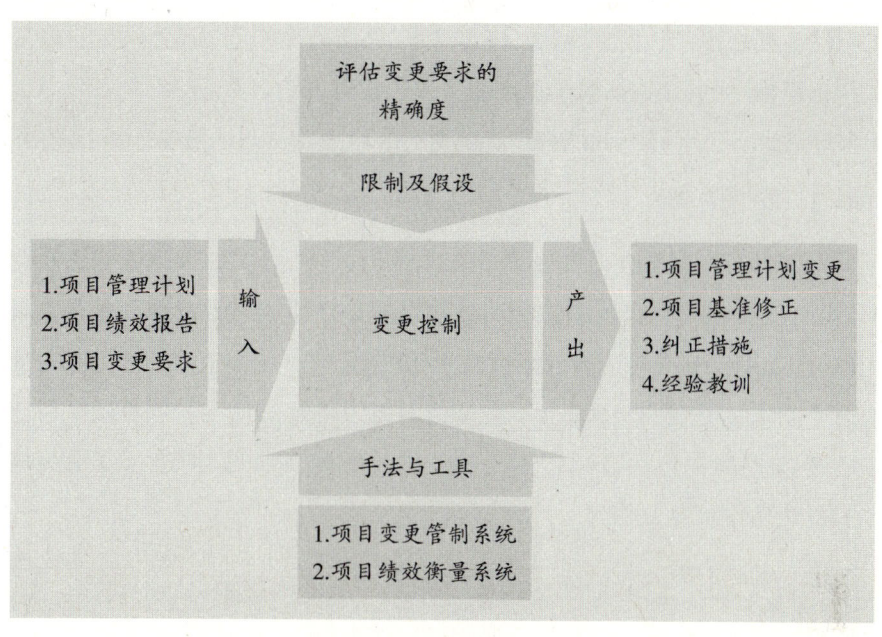

图 14.4 变更控制方法

14-2-1 输入

1. 项目管理计划:项目管理计划是项目变更控制的依据。

2. 项目绩效报告:定期的项目绩效报告是项目是否需要变更的基础信息。

3. 项目变更要求:绩效报告和绩效基准的比较,可以决定项目是否需要变更。变更要求的内容包括变更说明、佐证资料、方案说明、影响分析(如范围、成本、进度、品质与资源等)、不变更的后果、总结建议和签署等。

14-2-2 手法与工具

1. 项目变更管制系统:项目在进度、成本、品质及范围的变更,都要经过项目变更管制系统的同意。变更管制系统包含变更管制委员会、核准层级、核准(申请)程序、标准表单和追踪系统等。

2. 项目绩效衡量系统:每一个变更要求都要由项目绩效衡量系统来判定变更要求是否合理。

14-2-3 限制与假设

评估变更要求的精确度:项目变更要求的评估精确度,会影响变更要求是否核准的判断和结果。

14-2-4 产出

1. 项目管理计划变更:如果变更要求经过同意,那么相关的项目计划就需要变更。

2. 项目基准修正：项目进度基准、成本基准、品质基准和范围基准可能也要变更。

3. 纠正措施：变更之后如何矫正之前失误的相对措施。

4. 经验教训：记录为何需要变更、造成变更的原因以及纠正措施选择的理由等。

14-3 范围控制

项目范围的控制是确保项目团队在规划的时间内，确实如期完成应该执行的工作，而且没有执行超出项目范围的活动。其目的在检验应该做的部分是否在规定的期限内做好，如果没有准时达成或是检验不通过，是什么原因造成的？尤其是如果范围内有合乎要求或是延误完成，会不会是技术能力不足的前兆？项目团队可能要及早应对。范围控制也包括有项目范围的变更要求时，应该如何进行变更的核准等等。图14.5 为范围控制方法。

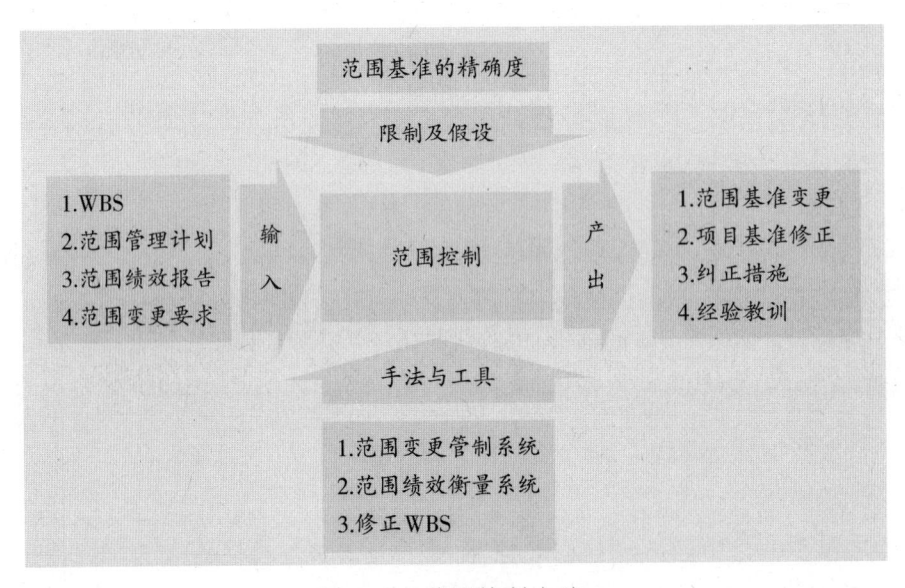

图 14.5　范围控制方法

14-3-1　输入

1. WBS：所有WBS活动的总合就是项目必须完成的范围。

2. 范围管理计划：范围规划阶段所得到的范围管理计划，是范围控制的依据。

3. 范围绩效报告：范围控制的重点就是确认必须完成的范围，是否已经如期完成。

4. 范围变更要求：有没有任何项目执行单位或个人提出和范围有关的变更。

14-3-2　手法与工具

1. 范围变更管制系统：项目范围的任何变更要求，必须依照范围变更管制系统的规定办理。

2.范围绩效衡量系统:由范围绩效衡量系统的变更门槛,来决定是否同意范围的变更要求。

3.修正WBS:修正WBS的活动内容有时是范围控制的方法之一。

14-3-3　限制及假设

范围基准的精确度:对工作的范围基准的了解与控制程度。

14-3-4　产出

1.范围基准变更:如果范围变更要求经过同意,那么范围控制的直接产出就是修正范围基准。

2.项目基准修正:项目范围一经变更,连带地也会影响项目的进度基准和成本基准。例如盖大楼由十层变更为十二层,进度及成本基准当然也会随之改变。

3.纠正措施:虽然变更管制委员会同意范围变更的要求,但是为了矫正范围变更前的问题,必须采取适当的措施以弥补之前的失误。

4.经验教训:记录范围变更的前因后果,可以作为后续项目的参考。

14-4　进度控制

项目进度控制的重点是定期比较进度基准和实际进度,以确认项目是否如期进行,并透过进度的差异分析和进度的绩效衡量,来判定进度变更要求的合理性。项目进度控制的目的是借由进度绩效的呈现,尽早发现进度问题,甚至预测进度问题,以采取必要的应对措施,圆满达成原先规划的项目进度目标。图14.6为进度控制方法。

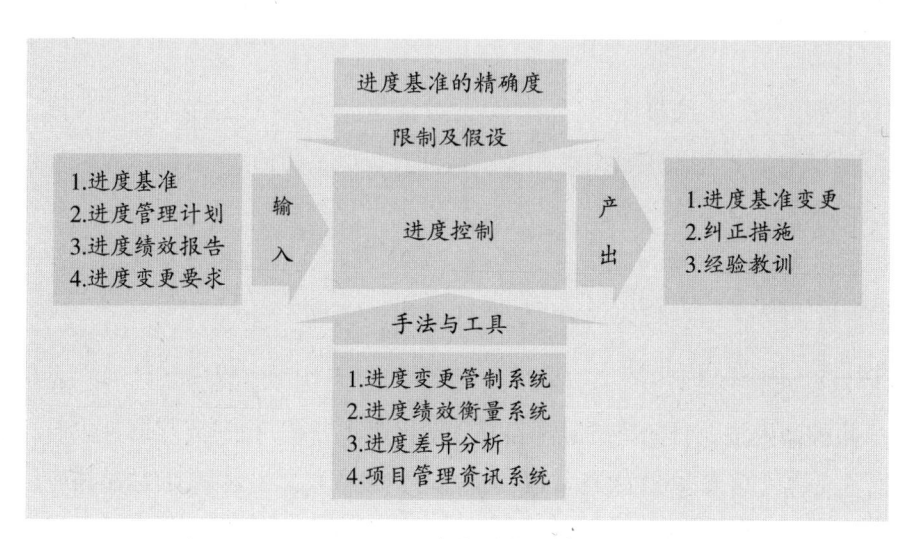

图14.6　进度控制方法

14-4-1 输入

1. 进度基准：进度控制的重点是比较进度基准和实际绩效，以便及早发现问题并解决问题。

2. 进度管理计划：进度管理计划上有所有项目活动的进度管理规定，可以作为进度控制的参考。

3. 进度绩效报告：把有关进度的工作结果整理成绩效报表，再据此判断是否提出变更要求。

4. 进度变更要求：如果因种种因素，造成进度绩效的落后，执行人员可以考虑提出进度变更的要求。例如因为气候不佳的关系，请求将这个星期应该完成的部分移到下个星期完成。

14-4-2 手法与工具

1. 进度变更管制系统：有关进度延长等类似的变更事项，必须经过进度变更管制系统的决定，管制系统中的委员会成员包括和项目进度有关的所有重要项目关系人。

2. 进度绩效衡量系统：由进度绩效衡量系统的门槛规定，判定进度变更要求能否通过。

3. 进度差异分析：比较计划进度和实际进度的差异，有助于进度变更的控制。

4. 项目管理资讯系统：组织应用项目管理资讯系统，可以提高项目进度控制的效率。

14-4-3 限制及假设

项目进度规划的精确程度：组织对项目时间进度规划的详细程度。

14-4-4 产出

1. 进度基准变更：进度变更要求如果通过，就会产出一个新的项目进度计划。

2. 纠正措施：虽然进度变更管制委员会同意进度变更的要求，但是为了矫正进度变更前的问题，必须采取适当的措施以弥补之前的失误。

3. 经验教训：记录造成进度变更的前因后果，和采取应对对策的原因和历程，可以形成项目管理知识库，避免类似的问题在后续项目中再度发生。

14-5 风险控制

风险控制的主要目的是针对项目规划阶段没有辨识出来，而在项目执行阶段才出现或发现的风险，以补救计划（workarounds）予以控制。一般来说，如果需要制定补救计划的场合越多，表示项目的不确定性越高，否则就是项目团队的风险管理规划不够落实。图14.7为风险控制方法。

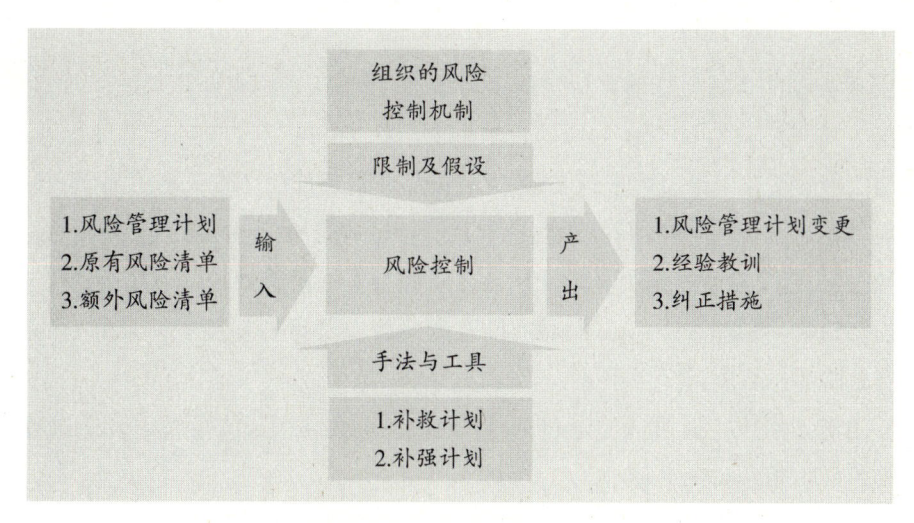

图 14.7　风险控制方法

14-5-1　输入

1. 风险管理计划:原先规划好的风险管理计划,可以作为风险控制的参考。

2. 原有风险清单:现有已经辨识出来的风险清单。

3. 额外风险清单:系指在项目执行阶段又发现新的风险的清单,风险控制的主要目的就是针对这些风险制订风险补救计划,以降低它的危害。

14-5-2　手法与工具

1. 补救计划:制订风险补救计划来应对新发现的风险,它是一个事先没有规划,风险发生后才知道,然后事后制订的计划。

2. 补强计划:如果已知风险的负面效应超过原来的预期,既定的应对措施可能不适用,这个时候可能需要拟定补强计划(fallback plan)。

14-5-3　限制及假设

组织的风险控制机制:组织的风险控制机制必须灵活完备,才能有效应对风险的控管。

14-5-4　产出

1. 风险管理计划变更:当有些已知风险没有如期发生,或是影响程度有了变化,甚至有新风险的产生等等信息,要修正到原来的风险管理计划当中。

2. 经验教训:记录风险控制过程的经验教训,作为后续项目的参考。

3. 纠正措施:包括执行既定的风险应对计划,来处理如期发生的风险,或是执行某个风险所引发的备用方案(contingency plan)。

14-6 品质控制

品质控制的责任包括监督特定的项目结果,以确认是否符合相关的品质基准,以及找出方法来消除造成不良的原因,此项目结果包含可交付成果和项目管理绩效。品质的控制必须在项目过程全程实施,而且由品质管理部门负责。负责品质控制的人员必须具备品质管理的知识和技能,特别是统计品质管制(statistical quality control)的概念和方法,以及品质管制工具的使用。品质控制人员要能做到以下几项:

1. 知道如何预防(prevention)品质问题的发生以及做好检验(inspection)的工作,不让有缺陷的产品流到客户手上。

2. 知道如何执行通过或不通过的抽样检验(attribute sampling),以及通过程度的抽样检验(variables sampling)。

3. 知道如何判定特殊原因(special causes)的品质问题和随机原因(random causes)的品质问题。

图14.8为品质控制方法。

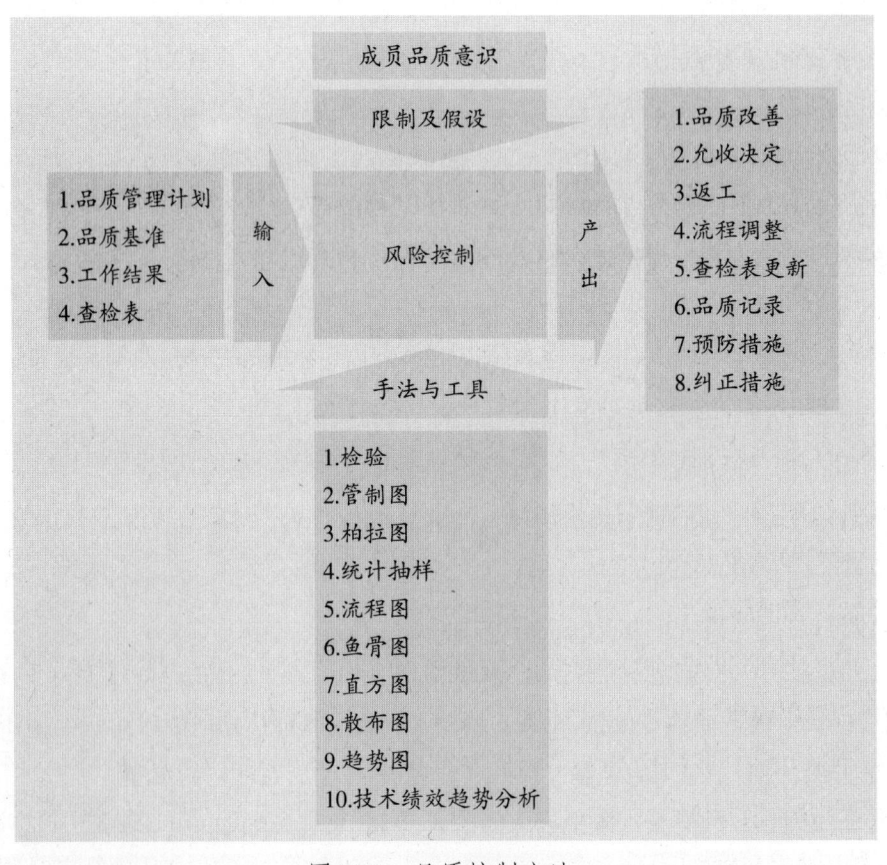

图14.8 品质控制方法

14-6-1 输入

1. 品质管理计划:品质管理计划当中说明了品质管理、品质保证和品质改善的方法和步骤。

2. 品质基准:品质基准详细说明活动要做到什么程度,以及如何判定是否合格。

3. 工作结果:项目活动执行的结果,包括实体结果和管理绩效。

4. 查检表:品质规划阶段完成的查检表可以简化品质控制的过程。

14-6-2 手法与工具

1. 检验:依据不同的项目性质,采用不同的检验方式来验证品质,可能是测量、检查、测试,甚至是审查、产品会审、稽核或是现场勘查。

2. 管制图:管制图是用来管制制造项目产品的流程是否失控的一个图形工具,它是以中限(central limit)和上下控制界限(upper/lower control limit)所形成的区域,来判定流程是否稳定。如果每隔一段时间的抽样结果落在上下控制界限内,表示流程没有问题。反之如果落在上下控制界限外,则表示和流程有关的某些地方出了问题。

另外必须注意的是,如果连续7个样本点(rule of seven)都落在中限的上方或是下方,这个不寻常的现象也表示流程出了问题,必须尽快找出原因加以解决。图14.9为管制图的例子。

3. 柏拉图:柏拉图原理显示大部分的问题(80%)来自少数的原因(20%),所以柏拉图是用来呈现造成项目产品缺陷的关键问题,然后把有限的资源集中投入改善,使资源获得最佳的利用。图14.10为柏拉图。

4. 统计抽样:当全数检验产品母体(population)的成本太高,时间太长甚至不可能时(如破坏性检测),就需要抽取少数的样本来推论母体的品质特征。

5. 流程图:流程图是一种以图形的方式,将系统中的各个不同组成,以一种具有逻辑性的关系,将它们串联在一起而画出的图形。流程图可以协助确认可能发生的问题所在。图14.11即是流程图的例子。

6. 鱼骨图:鱼骨图(fishbone),或称石川图(Ishikawa)或要因图(cause and effect),它是用来探索问题发生的原因。图14.12为鱼骨图。

7. 直方图:直方图(histogram)是由直立的条状图形构成,条状图形的高度代表问题发生的次数或频率,由直方图可以找到最容易发生问题的项目产品或流程。资源拉平图(如图12.21)就是直方图的一种。

8. 散布图:散布图(scatter diagram)是用来找出两个变数之间的关系,由资料点的散布,可以知道变数之间是正相关、负相关或是不相关,资料点越向45度线集中,表示两者呈正相关。

9. 趋势图：趋势图(run chart)是用来呈现资料随着时间进展的变化图，由趋势图可以清楚看出项目产品的不良是越来越多还是越来越少，成本及进度绩效指标是越来越好还是越来越差。图14.13为项目绩效指标的趋势图。

10. 技术绩效趋势分析：检验项目的品质可以知道项目技术能力的绩效，如果一直存在品质问题，表示有技术无法突破的地方。

14-6-3　限制及假设

成员品质意识：项目成员的品质意识，特别是品质控制人员，也就是说他们从品质管制资料中，发现项目品质内在问题的能力。

14-6-4　产出

1. 品质改善：经过品质控制的过程，分析品质问题，找出关键原因并采取应对措施，最直接的效果就是品质的改善。

2. 允收决定：以品质基准核对工作结果，可以知道工作结果的通过或不通过。

3. 返工：如果工作结果验收不通过，可能需要整修不良或是重新做一次。

4. 流程调整：由管制图的记录可以知道流程可能出了问题，必须加以调整以稳定项目产品的制造流程。

5. 查检表更新：由品质规划得到的查检表可能需要修正更新，以符合现状的需要。

6. 品质记录：品质控制的过程会留下一些相关检验记录，这些记录是项目产品品质的判断依据，也是启动品质保证活动的参考。

7. 预防措施：品质控制过程可能发现一些内在问题需要事先预防。

8. 纠正措施：品质控制过程发现品质问题，也需要矫正措施。

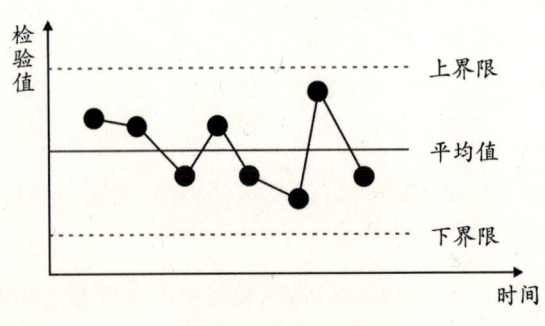

图14.9　管制图

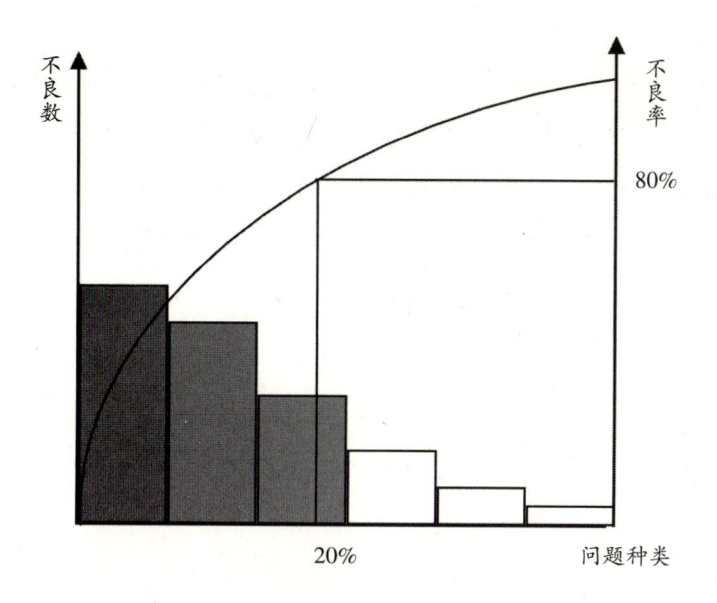

图 14.10　柏拉图

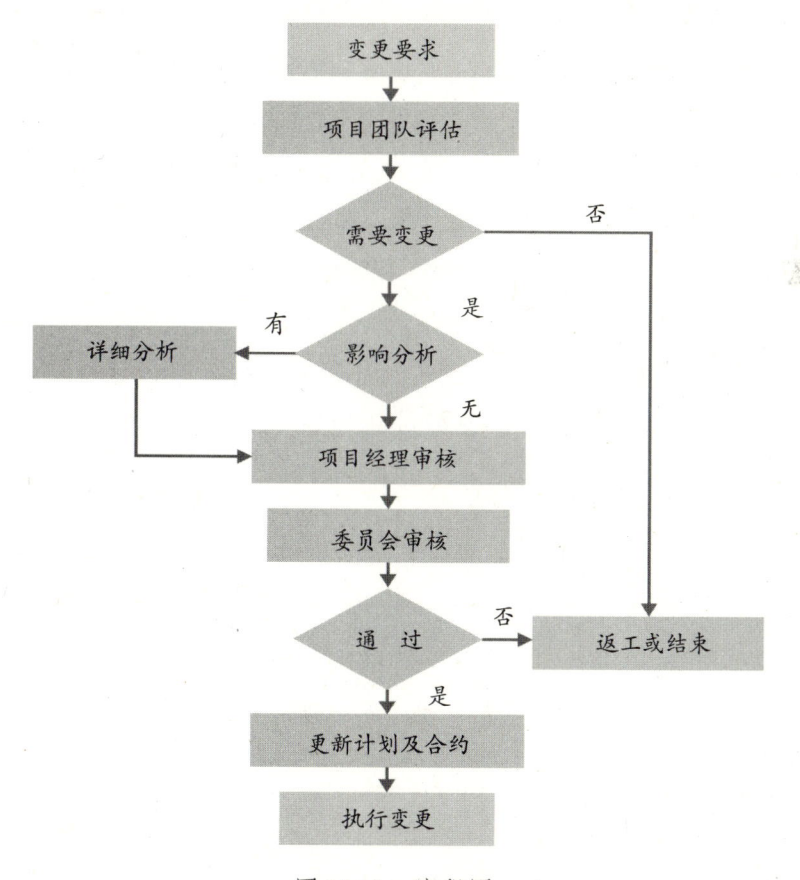

图 14.11　流程图

图 14.12　鱼骨图

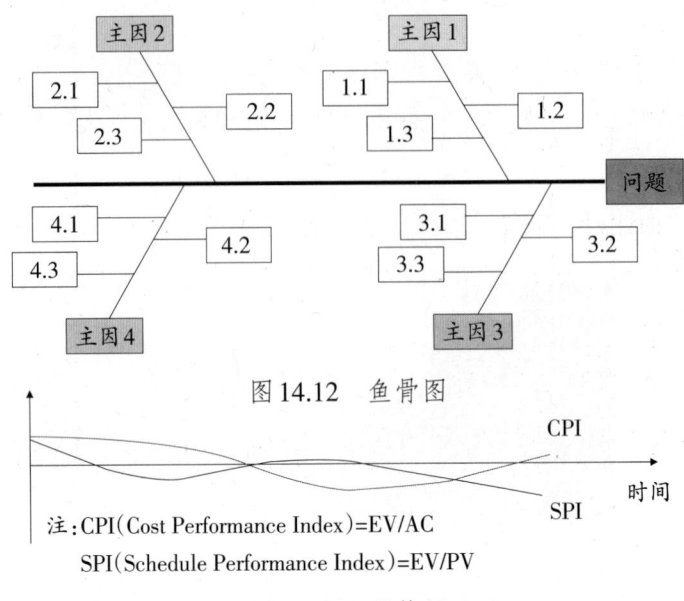

注：CPI（Cost Performance Index）=EV/AC
　　SPI（Schedule Performance Index）=EV/PV

图 14.13　趋势图

14-7　成本控制

因为组织资源的有限，项目执行通常会有预算的限制，但是由于项目有很多未来的不确定性，分配好的预算如果没有妥善管制，很可能会因为滥用而必须进行没有必要的追加。因此，在项目执行过程中，需要定期审查项目的成本绩效，以确保有限的资源被项目团队做最佳的利用。即使真的需要追加预算，也要让每一次的追加都受到严格的管制和核准。图 14.14 为成本控制方法。

输入
1. 成本基准
2. 成本管理计划
3. 成本绩效报告
4. 成本变更要求

限制及假设
预算中止

成本控制

手法与工具
1. 成本变更管制系统
2. 成本绩效衡量系统
3. 挣值分析
4. 可能方案分析
5. 项目管理资讯系统

产出
1. 成本基准变更
2. 预算更新
3. 完工成本预估
4. 纠正措施
5. 经验教训

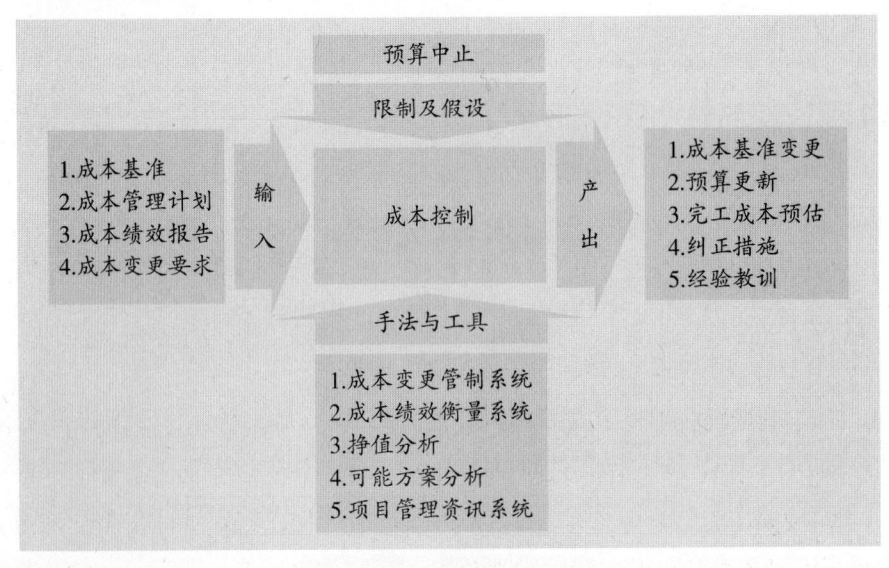

图 14.14　成本控制方法

14-7-1 输入

1. 成本基准：成本基准是事先计划好执行活动所需要的成本，经过管理阶层核定同意之后，在每一段工作期间，要拨给项目使用的累积预算曲线，它是项目控制的基础。

2. 成本管理计划：详细参阅第12-15节成本估计。

3. 成本绩效报告：每一段时间的工作结果，经由各种报表的展现所呈现出来的绩效文件。

4. 成本变更要求：成本绩效和成本基准差距如果超过成本绩效衡量系统的门槛值，相关单位或个人可以提出有关成本的变更要求，再由成本变更管制委员会判定是否通过。

14-7-2 手法与工具

1. 成本变更管制系统：包括成本变更管制委员会、金额大小的核准层级、核准的程序、使用的标准表单以及如何追踪变更是否落实等。

2. 成本绩效衡量系统：包括分析的工具和方法以及变更可以通过的门槛和条件。

3. 挣值分析：详细参阅第13-5节绩效监督。

4. 可能方案分析：采取其他可行的活动执行方案，或许也可以控制项目的成本。

5. 项目管理资讯系统：组织应用项目管理资讯系统，可以提高项目成本控制的效率。

14-7-3 限制及假设

预算终止：项目预算的终止，可能是项目控制的最大限制，换句话说，如果没有想到预算终止的问题，其实就是假设预算不会被终止，这样的假设会为项目带来执行上的风险。

14-7-4 产出

1. 成本基准变更：如果成本变更要求获得同意，那么原来的成本基准就要修正，以反映实际状况。

2. 预算更新：项目成本如果修正，连带地也要修正项目的预算。

3. 完工成本预估：项目成本控制的主要工作之一，是在目前成本绩效状况下，定期估算项目的预估完工总成本（EAC, estimate at completion）。

4. 纠正措施：虽然同意成本的变更，但是希望项目团队采取一些措施，在下一个项目期间内，把不良的成本绩效纠正回来。

5. 经验教训：记录成本变更的原因、应对措施的理由等，作为后续项目的参考。

14-8 范围验证

范围验证是在项目执行过程的每个阶段，依照项目范围说明的规定，对和项目范围有关的工作结果进行验收和确认的动作。不同产业的项目范围，会使用不同的检验方式。很多项目的范围因为界定不易，例如软件项目，所以也不容易验证，项目团队应该特别留意。图 14.15 为范围验证方法。

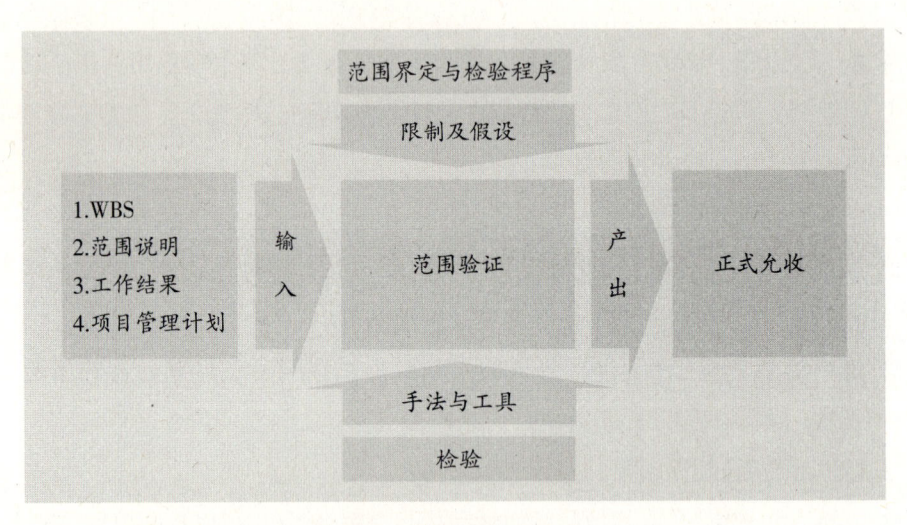

图 14.15 范围验证方法

14-8-1 输入

1. WBS：参阅第 12-4 节工作分解结构。

2. 范围说明：参阅第 12-3 节项目范围。

3. 工作结果：和范围有关的工作结果。

4. 项目管理计划：参阅第十二章项目规划。

14-8-2 手法与工具

检验：对项目范围进行检验，方法因产业及产品而异，包括检查、测试、测量、勘查等等。

14-8-3 限制及假设

范围界定与检验程序：项目范围定义、检验的方法与程序是否规范清楚，足以正确地完成范围验证。

14-8-4 产出

正式允收：如果每个阶段的项目范围确认无误，就可以获得客户的正式接受。

14-9 合约管理

和供应商或承包商签订合约之后，并不能保证他们一定能履行合约上的要求，因此在项目执行过程中，要根据合约上所讲定的时间，对供应商或承包商进行绩效审查，并且依照绩效审查结果履行合约的权利与义务。双方签订好的合约，如果有一方在某一个时间点，按照程序提出变更，并且经过双方同意后就可以变更。当然，任何有关合约的变更，都要经过合约变更管制系统的同意。简单来说，合约管理是根据合约的工作要求、惩罚及付款规定等，以承包商或供应商的项目执行绩效，来对他们进行的验收、付款、罚款、扣款，甚至解约等事项。图 14.16 为合约管理的方法。

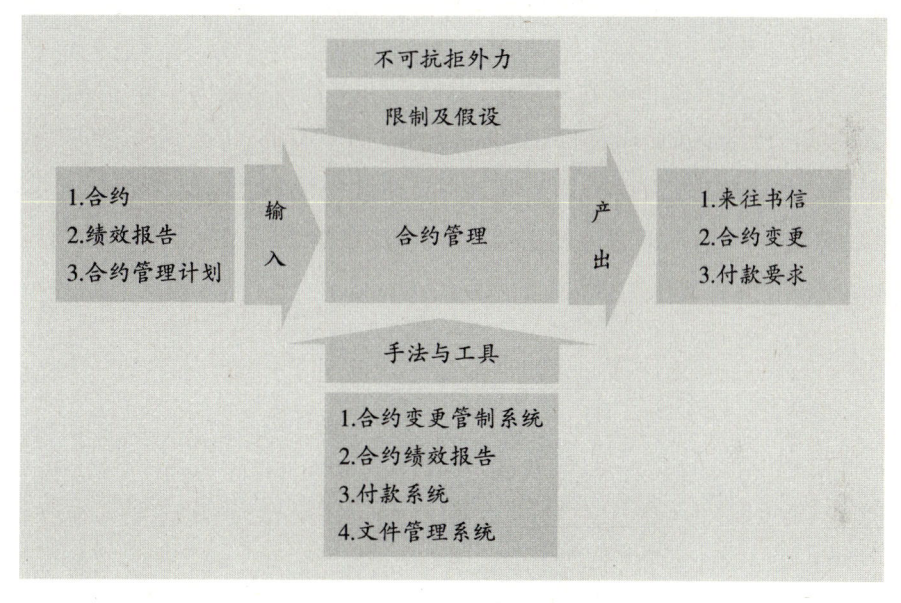

图 14.16　合约管理方法

14-9-1　输入

1. 合约：对承包商或供应商的合约管理依据，它是经由双方正式签订，具有法律效力的文件。

2. 绩效报告：承包商或供应商在每一段时间，都要完成规定的进度，因此由绩效报告可以看出他们是否确实履约。

3. 合约管理计划：参阅第 13-11 节供应商选择。

14-9-2　手法与工具

1. 合约变更管制系统：包括合约变更管制委员会，变更幅度的核准层级，变更核准的程序、使用的标准表单，以及如何追踪变更等。

2. 合约绩效报告:有关承包商或供应商是否如期履约的项目绩效。

3. 付款系统:如果承包商或供应商依照合约要求,如期完成所负责的活动之后,向出纳部门提出付款要求时,组织必须要有出纳和项目团队确认的付款机制存在,以免未完成工作而进行付款。

4. 文件管理系统:合约记录的保存、更新、索引和存取系统。

14-9-3 限制及假设

不可抗拒外力:合约管理的最大限制是发生不可抗拒的外力(acts of God),例如台风、地震等灾害。这类问题如果危害到项目活动的进行,通常承包商或供应商可以不用负责进度落后和成本增加的后果,要由项目团队来承担。

14-9-4 产出

1. 来往书信:合约管理的产出之一,是双方关于合约内容的书面往来或会议文件,可能是问题的澄清或是内容的变更。

2. 合约变更:如果一方提出的变更,经双方同意后,合约就随即变更。

3. 付款要求:承包商或供应商依照合约规定,如期完成合乎品质要求的活动,向项目团队提出发票要求付款。

第十五章 项目结束

项目生命周期的最后一个阶段是项目结束,它是在所有项目活动都满足客户或关系人需求之后,所做的一个必要性动作。项目结束阶段的执行重点是资源的重新分配、会计出纳项目的总结、项目资料的收集归档、项目成功及失败事项的检讨、项目有功人员的奖赏等。上面的这些动作对大型项目的结束尤其重要。项目结束阶段流程如图15.1 所示,而项目结束阶段的主要工作事项包括(项目结束阶段步骤如图15.2):

1. 合约结束
   (1)客户签核。
   (2)合约稽核。
2. 行政结束
   (1)财务稽核。
   (2)经验教训。
   (3)准备评估报告。
   (4)文件建档。
   (5)人员设施归建。

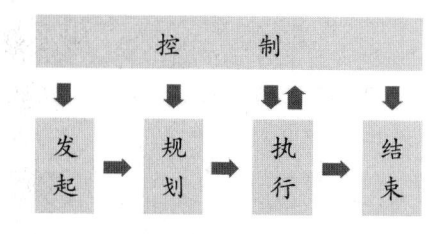

图15.1　项目管理流程——结束阶段

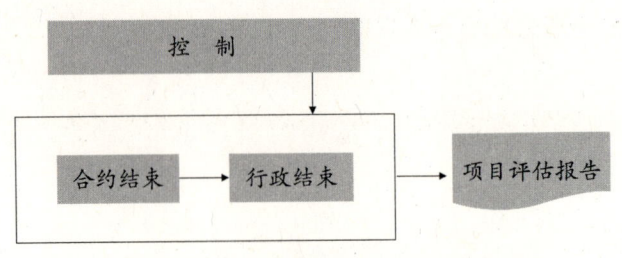

图 15.2　项目结束阶段步骤

15-1　合约结束

供应商或承包商所提供的物品或服务，经过项目团队的检验无误，并且正式允收签字之后，项目团队用正式的书面，通知供应商或承包商合约已正式结束。接着项目团队要收集所有和项目投标及采购有关的文件，由组织相关人员进行投标及采购过程的稽核，最后做成完整的合约档案，以备后续项目的参考。图 15.3 为合约结束方法。

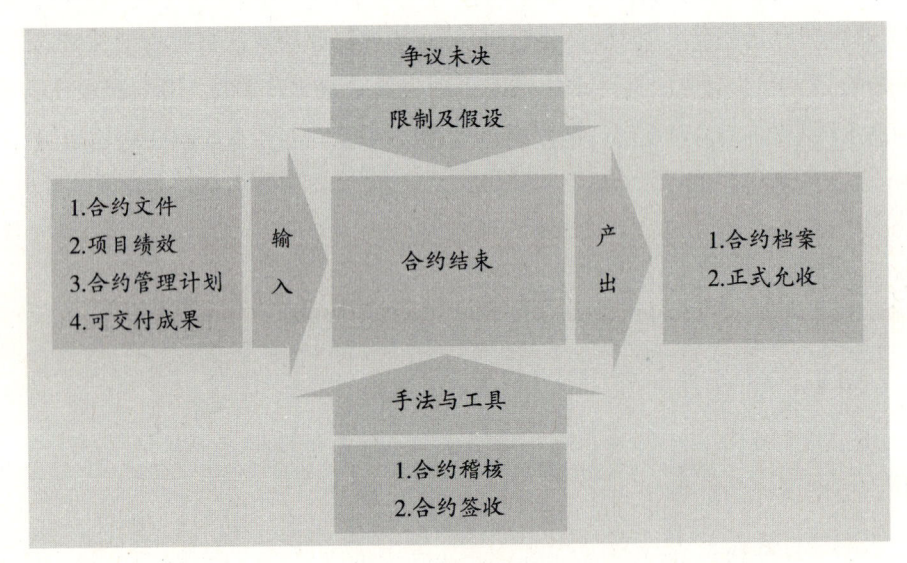

图 15.3　合约结束方法

15-1-1　输入

1. 合约文件：与合约有关的所有文件是稽核合约结束的必要输入。
2. 项目绩效：承包商或供应商的项目执行绩效，以及项目团队本身执行项目的绩效。
3. 合约管理计划：参阅第 13-11 节供应商选择。
4. 可交付成果：依照客户要求所完成的最终可交付成果。

15-1-2　手法与工具

1. 合约稽核：查验合约履行过程的允收、变更、请款、付款等是否依照规定的程序办理。

2. 客记签收：合约结束的必要条件是最终可交付成果，经客户方验收通过并取得客户的签核。

15-1-3 限制及假设

争议未决：很多项目的合约最后无法结束，原因是双方对最终可交付成果的认定标准不一样，或是对造成项目问题的责任归属没有共识，这个时候，即使大部分的项目活动都已经完成，合约仍然无法结束。

15-1-4 产出

1. 合约档案：将合约有关的文件，包括合约本身、来往书信、变更要求、请款发票等等，制作成完整的合约档案，以利于后续项目的参考和追踪。

2. 正式允收：如果最终可交付成果验收通过，经客户签收后合约正式结束。

15-2 行政结束

行政结束是收集和项目有关的所有资料，包括制作项目的总结及评估报告等，然后开会检讨项目的规划、执行和控制过程的成功和失误，并记录发生问题的前因后果，形成可以作为后续项目参考的项目管理知识库。项目的行政结束虽然是放在最后一个阶段，但是并不表示所有的文件到了最后才进行收集和归档的操作，在项目的每一个阶段，例如里程碑审查点，就必须陆续收集和归档相关的资料，以免拖到最后造成资料散失。图 15.4 为行政结束方法。

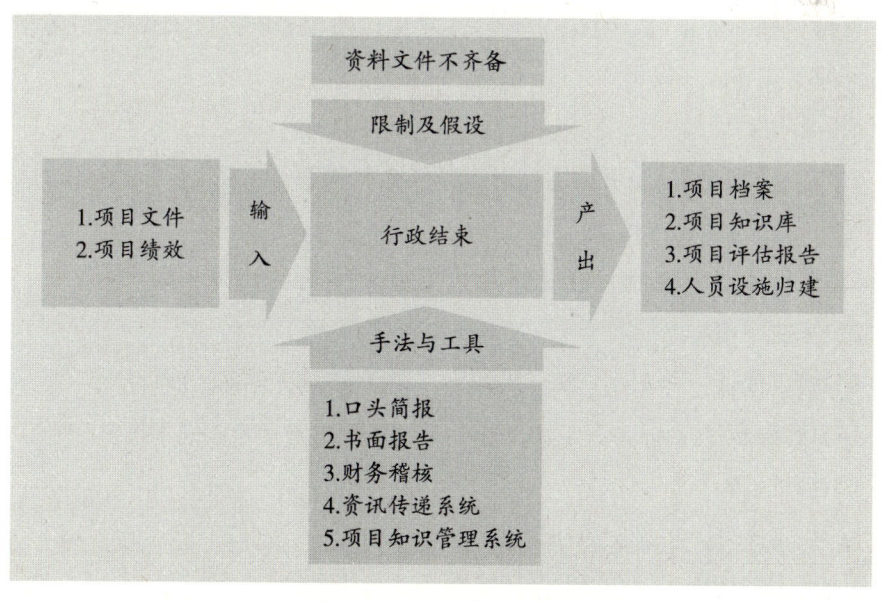

图 15.4　行政结束方法

15-2-1 输入

1. 项目文件:和项目有关的所有文件资料。

2. 项目绩效:项目团队及承包商或供应商的项目执行绩效,以考核团队的项目管理能力,并作为项目评估报告的依据。

15-2-2 手法与工具

1. 口头简报:邀请相关项目关系人列席,由项目团队进行简报,并现场回答问题。

2. 书面报告:将项目相关资料制作成册,以方便项目关系人阅览。

3. 财务稽核:稽核整个项目执行过程的财务花费、程序和记录,以找出可以改进的地方,并作为组织未来项目财务控制的参考。财务稽核应该在项目的每个阶段就定期实施,以尽早发现问题。财务稽核报告应该至少包含以下几项:

(1)现状:项目目前状况,以及投入的资源。

(2)基准:每天、每周或每月的项目花费基准。

(3)差异:实际花费和基准的差异,以及变更核准过程。

(4)解释及建议:解释差异,建议当时应该如何处理,以及未来类似状况应该如何处理。

4. 资讯传递系统:以项目资讯传递系统传达项目结束的相关信息给所有项目关系人,例如前面的财务稽核报告。

5. 项目知识管理系统:可以保留和分享项目最佳实务的知识管理系统。

15-2-3 限制及假设

资料文件不齐备:从项目发起阶段至结束阶段相关的文件要齐备,行政结束的产出才能建置完备。

15-2-4 产出

1. 项目档案:项目的历史旧档对类似项目的执行,非常具有参考价值,因此一旦项目结束,应该将以下的资料集结成册:

(1)项目计划,包括项目授权书、范围说明、各种管理计划等等。

(2)来往书信。

(3)会议记录。

(4)状况报告。

(5)合约档案。

(6)技术文件。

(7)形态管理档案,包括程式、工具等。

(8)其他资讯。

2. 项目知识库:吸取项目执行过程的成功经验和失败的教训,形成项目管理的最佳实务,可以提升组织日后执行项目的绩效。一般做法是列出最需要改进的前五大或是前十大问题;做得特别好的新概念或方法,则要提出如何推广到其他后续项目的建议,并且设计到项目管理的流程当中,以落实和扩大效果。经验教训会议的参与人员应该包括项目团队、主要项目关系人、高级管理者和项目产品操作维修人员。典型的经验教训重点如下:

(1)最终可交付成果是否符合项目的目标和需求?如果没有,为什么?

(2)客户是否满意最终可交付成果?如果没有,为什么?

(3)有没有达成预算目标?如果没有,为什么?

(4)有没有达成进度目标?如果没有,为什么?

(5)风险有没有辨识完整,并且因有效对应而降低?如果没有,为什么?

(6)项目管理方法有没有发挥功能?如果没有,为什么?

(7)可以采取什么措施来改善项目管理的流程?

3. 项目总结/评估报告:项目结束后的总结/评估报告,包含项目的成功之处和失败之处,并且提供未来类似项目的建议。项目总评/评估报告的内容应该至少包括以下几项的检讨:

(1)人员及技能。

(2)项目组织架构。

(3)进度管理。

(4)成本管理。

(5)风险管理。

(6)品质管理。

(7)形态管理。

(8)客户期望管理。

(9)经验教训。

4. 人员设施归建:行政结束的最后一个操作是人员的归建和设施的恢复。

(1)人员归建:项目兼职人员应归建回到原属单位;项目全职人员则应迅速纳入可用人才库中,以应付其他项目的人力需求。

(2)设施恢复:如果项目团队的工作场地是暂时借用或租用,那么应该尽快恢复原状或归还原单位,以利于其他项目的使用。

附 录

表目录

表2.1 项目管理的20项技术能力要素 ·· 007

表2.2 项目管理的15项行为能力要素 ·· 007

表2.3 项目管理的11项情境能力要素 ·· 008

表12.1 概率/冲击矩阵 ·· 083

表12.2 跨时间、空间、文化的沟通 ·· 094

图目录

图1.1 组织变革项目 ·· 003

图1.2 项目环境 ··· 005

图2.1 项目管理的知识、经验和态度 ··· 006

图2.2 个人项目管理能力等级 ·· 007

图3.1 项目管理成熟度模式 ··· 009

图3.2 项目管理能力和成熟度太极示意图 ······································· 011

图4.1 大型项目和项目的关系 ·· 012

图5.1 项目组合管理程序 ·· 013

图6.1 项目管理层级模式 ·· 016

图7.1 项目管理架构 ··· 018

图8.1 项目管理流程 ··· 021

图8.2 项目管理生命周期 ·· 022

图8.3 汽车产品开发流程模式 ·· 022

图9.1 项目管理步骤 ··· 024

图10.1 项目管理方法 ·· 025

图11.1 项目管理流程——发起阶段 ··· 029

图11.2 项目发起阶段步骤 ·· 029

图11.3 项目发起阶段工作顺序及内容 ·· 032

图11.4 项目可行性分析过程 ··· 033

图 11.5 项目可行性分析方法 ················· 034
图 11.6 经济可行性分析方法 ················· 036
图 12.1 项目管理流程——规划阶段 ············· 038
图 12.2 项目管理步骤——规划阶段 ············· 039
图 12.3 目标规划方法 ···················· 041
图 12.4 项目范围规划方法 ·················· 042
图 12.5 WBS 规划方法 ···················· 044
图 12.6 WBS 范例 ······················ 045
图 12.7 PWBS 和 CWBS 的关系 ··············· 046
图 12.8 组织分解结构规划方法 ················ 046
图 12.9 组织分解结构 ···················· 047
图 12.10 虚拟团队 ······················ 049
图 12.11 大型项目管理组织架构 ··············· 049
图 12.12 项目管理角色 ···················· 052
图 12.13 活动定义方法 ···················· 059
图 12.14 活动排序方法 ···················· 060
图 12.15 节点式网络图 ···················· 062
图 12.16 箭头式网络图 ···················· 063
图 12.17 条件式网络图 ···················· 063
图 12.18 活动工时估计方法 ·················· 064
图 12.19 波浪式进度规划 ··················· 066
图 12.20 项目进度制定方法 ·················· 067
图 12.21 资源拉平 ······················ 068
图 12.22 整合项目进度 ···················· 069
图 12.23 一般资源规划方法 ·················· 070
图 12.24 团队运作过程 ···················· 071
图 12.25 人力资源规划方法 ·················· 072
图 12.26 项目成员人格特质分布 ··············· 074
图 12.27 成本估计方法 ···················· 075
图 12.28 成本基准 ······················ 077
图 12.29 预算规划方法 ···················· 077

图 12.30 规划风险管理的流程 …………………………………… 079
图 12.31 风险规划方法 …………………………………………… 079
图 12.32 风险辨识方法 …………………………………………… 081
图 12.33 定性风险分析方法 ……………………………………… 083
图 12.34 定量风险分析方法 ……………………………………… 084
图 12.35 决策树 …………………………………………………… 086
图 12.36 风险应对方法 …………………………………………… 086
图 12.37 风险应对措施使用时机 ………………………………… 087
图 12.38 采购规划方法 …………………………………………… 088
图 12.39 自制及外购分析 ………………………………………… 090
图 12.40 招标规划方法 …………………………………………… 091
图 12.41 品质规划方法 …………………………………………… 092
图 12.42 沟通的时间、空间、文化 ……………………………… 094
图 12.43 沟通规划方法 …………………………………………… 095
图 12.44 项目利害关系人分析 …………………………………… 096
图 12.45 形态管理的系统架构 …………………………………… 097
图 12.46 形态变更流程 …………………………………………… 098
图 12.47 形态管理规划方法 ……………………………………… 099
图 12.48 系统规划方法 …………………………………………… 100
图 12.49 系统分析流程 …………………………………………… 101
图 12.50 技术绩效指标 …………………………………………… 101
图 12.51 制造规划方法 …………………………………………… 102
图 12.52 训练规划方法 …………………………………………… 104
图 12.53 安全规划方法 …………………………………………… 105
图 13.1 项目管理流程——执行阶段 …………………………… 106
图 13.2 项目执行阶段工作事项 ………………………………… 107
图 13.3 执行项目计划方法 ……………………………………… 108
图 13.4 计划修正方法 …………………………………………… 110
图 13.5 品质保证方法 …………………………………………… 111
图 13.6 资讯传递方法 …………………………………………… 113
图 13.7 绩效监督方法 …………………………………………… 114

附 录

图 13.8 挣值分析示意图 …………………………………………… 116
图 13.9 风险监督方法 ……………………………………………… 116
图 13.10 问题管理方法 …………………………………………… 118
图 13.11 人员招募方法 …………………………………………… 120
图 13.12 人员训练方法 …………………………………………… 121
图 13.13 招标方法 ………………………………………………… 122
图 13.14 供应商选择方法 ………………………………………… 123
图 13.15 安全维护方法 …………………………………………… 124
图 14.1 项目管理流程——控制阶段 ……………………………… 126
图 14.2 项目控制阶段步骤 ………………………………………… 127
图 14.3 状况审查方法 ……………………………………………… 127
图 14.4 变更控制方法 ……………………………………………… 129
图 14.5 范围控制方法 ……………………………………………… 130
图 14.6 进度控制方法 ……………………………………………… 131
图 14.7 风险控制方法 ……………………………………………… 133
图 14.8 品质控制方法 ……………………………………………… 134
图 14.9 管制图 ……………………………………………………… 136
图 14.10 柏拉图 …………………………………………………… 137
图 14.11 流程图 …………………………………………………… 137
图 14.12 鱼骨图 …………………………………………………… 138
图 14.13 趋势图 …………………………………………………… 138
图 14.14 成本控制方法 …………………………………………… 138
图 14.15 范围验证方法 …………………………………………… 140
图 14.16 合约管理方法 …………………………………………… 141
图 15.1 项目管理流程——结束阶段 ……………………………… 143
图 15.2 项目结束阶段步骤 ………………………………………… 144
图 15.3 合约结束方法 ……………………………………………… 144
图 15.4 行政结束方法 ……………………………………………… 145

第三部分 C级面试案例精选

健康座椅研发项目

姓名：吴杉尧

级别：IPMA　Level　C 评估师

单位：高雄应用科技大学　工管系　副教授

报告大纲

一、项目背景

二、项目目标与范围

三、项目组织

四、候选人角色和职责

五、项目独特的部分

六、项目产出结果说明

七、管理上遇到的挑战与处理过程——1.技术能力要素

八、管理上遇到的挑战与处理过程——2.行为能力要素

九、管理上遇到的挑战与处理过程——3.环境能力要素

十、从项目中学习到的经验

十一、参考文献

十二、附件

附件一：项目活动甘特图

附件二：项目活动进度基准

附件三：项目工作包成本与现金流量计划

附件四:项目风险定性分析

附件五:项目品质规划

附件六:项目沟通规划

附件七:项目执行阶段用之进度追踪表

附件八:产品发展之细部设计(控制系统)

附件九:项目执行成果——产品原型

一、项目背景

项目名称:新一代健康椅产品开发项目计划

客　　户:晶玉家具公司市场开发部

项目经理:TPMA 项目工程部——吴××经理

项目成员:工程设计部组长、生产技术部组长、市场开发部组长、采购部组长。

本项目背景主要源自于长时间座椅使用者长期以来对于座椅坐垫与靠背的透气及舒适感均不满意,虽然市场回应各种透气材质的座椅,但均无法彻底解决该项问题,导致潜在需求未被满足。因此,为应对晶玉家具公司2011年新竞争策略,积极扩大产品线,市场开发部将针对本公司传统健康椅产品进行市场需求调查,并提出可行建议,以供工程设计部及生产技术部进一步开发全新商品,短时间内必须掌握市场新动向,大幅提高晶玉家具公司2010年的利润收入。

本项目的主要任务为开发一款兼具工作与休闲功能之健康座椅,可满足家庭及办公场所长时间座椅使用者对透气及舒适感的要求。项目委托单位为晶玉家具有限公司,接受委托单位为TPMA工程项目管理中心,本人为负全责之项目经理。本项目之目的为针对此项需求发展新产品,预计公司可大幅提升营业收入及市场占有率。主要商业目标为2010年第四季产品上市、出厂价3000元/件、毛利40%、2011年达20%市场占有率。设定市场为:(1)主要市场:家庭休闲与办公工作族群。(2)次要市场:旅游、医疗与学校场所。本项目经费预算新台币:180万元,计划期间自2010年8月1日起至2010年12月30日止。

项目假设与限制:本项目预定在台湾地区进行量产之后,第一季营业额会达到5000万元以上或市场占有率达10%,届时将继续开发设计第二代产品。本商品须可模组化及客制化制造,第一代以台湾为市场。

项目利害关系人:营销业务部门、工程技术部门、生产制造部门、市场开发与服务部门、法务部门、原物料供应商、经销商。

项目授权等级:(1)人事权:项目所需人力,由项目副总核准,核准后由项目经理负责管理考评。(2)预算动支:已核定之项目预算(含紧急储备金)由工作负责人申请,经由项目经理核准,可直接使用,管理储备金由项目经理提发起人核准使用。重要审查时程:M1 技术发展计划书、M2 概念设计审查、M3 初步设计审查、M4 细部设计审查、M5 生产妥善审查。

二、项目目标与范围

本项目目标:调查及开发一款完全符合市场需求的新一代健康座椅,完成设计及试作量产,原型机参加2010年12月30日台湾地区展览,产品于展览计划完后一个月完成量产准备。执行时间:2010年8月1日~2010年12月30日项目预算 NT 80万(项目储备金:20万)。

本项目范围包括:(1)产品设计;(2)原型制作与测试;(3)不需要规划展览;(4)不需要规划量产。项目交付成果及验收标准如下表。

项次	范围说明	交付成果	验收标准
1	产品设计	设计图、材料表	专家审查通过
2	原型制作与测试	1.全尺寸原型 2.测试报告 3.制造程序书	1.符合设计规格 2.全部项目通过 3.制程专家审查通过

依据上述项目范围,本项目小组分解工作包如下图所示,产品设计分为概念设计、产品系统分析、初步设计及细部设计。另外,产品试作与测试则包括原型制作与产品测试。最后为项目结束工作包。此工作分解结构符合一般结构树要求。

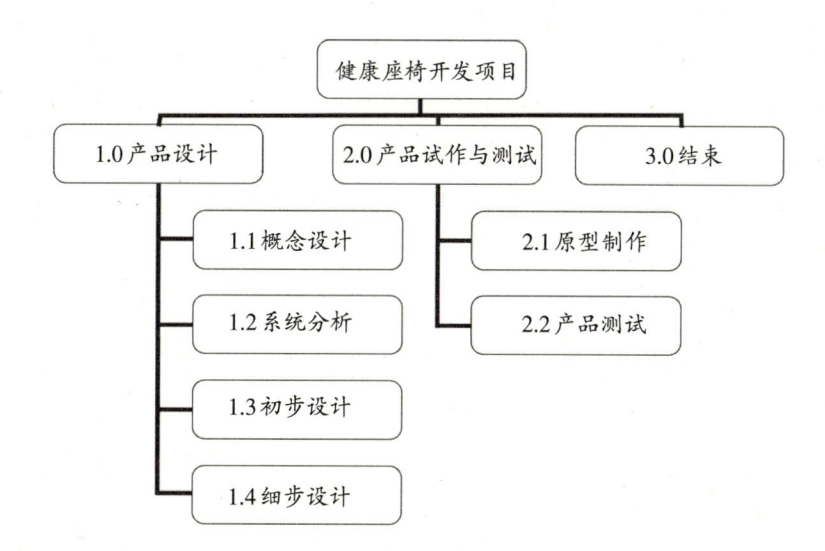

```
健康座椅开发项目
├── 1.0 产品设计
│   ├── 1.1 概念设计
│   ├── 1.2 系统分析
│   ├── 1.3 初步设计
│   └── 1.4 细步设计
├── 2.0 产品试作与测试
│   ├── 2.1 原型制作
│   └── 2.2 产品测试
└── 3.0 结束
```

三、项目组织

本项目组织包括公司四大部门,分别为营销业务、研发技术、生产技术与采购部门,各部门指派一名负责人参与项目核心小组工作,并且成为工作包负责人。

编号	工作项目\责任归属\工作包	项目经理:吴××			
		营销业务 刘××	研发技术 王××	生产技术 蔡××	采购 郭××
1.1	概念设计	S	P		
1.2	系统分析	S	P	S	S
1.3	初步设计	S	P	S	S
1.4	细部设计		P	S	S
2.1	原型制作		S	P	
2.2	产品测试	S	S	P	S
3.0	项目结束	S	P	S	S

四、候选人角色和职责

本人为项目经理,负责统筹本项目之计划与执行工作,召集相关人员,进行各项工作规划、评估、指派及执行成效追踪,对项目成败负有全责。

五、项目独特的部分

本健康座椅研发项目特别针对产品项目文件管理进行周全规划,透过公司现有的管理资讯系统及ISO9000文件管理系统,进行资讯与文件管制,把文件加以分类,控制文件的更新和版本,以确保符合公司的产品文件管理政策及相关规定。透过事前与项目管理资讯系统主管的联系,本项目取得控制该项目管理资讯系统的使用权,于项目启动会议宣告使用注意事项,督促全体项目人员全力配合执行。最后,于项目结束时,特别进行有关项目管理资讯系统使用状况的稽核,成效优良,深受肯定。

六、项目产出结果说明

本项目主要产出有两项,第一项为产品设计图及产品材料表(BOM表),相关资料须经专家审查通过,如下图所示。

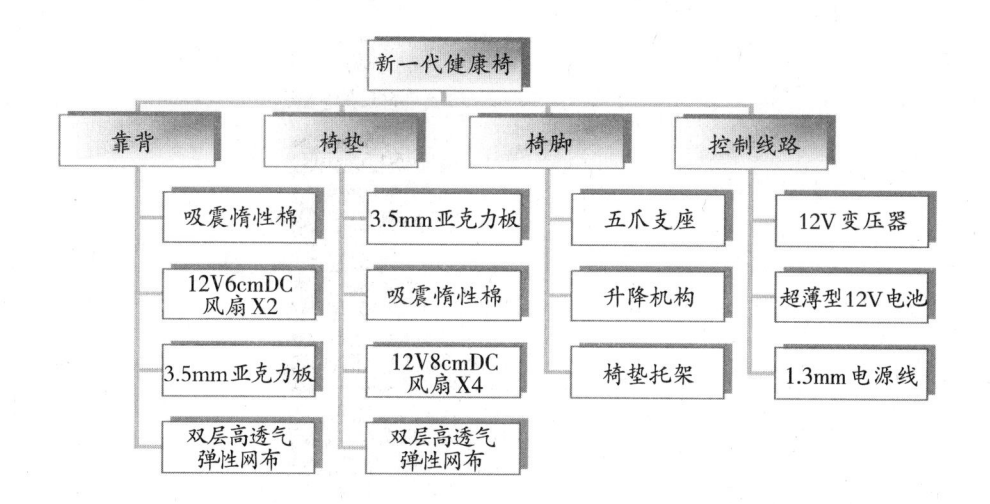

```
                    新一代健康椅
        ┌──────────┬──────────┬──────────┐
       靠背        椅垫        椅脚      控制线路
        │          │          │          │
     吸震惰性棉  3.5mm亚克力板  五爪支座   12V变压器
        │          │          │          │
    12V6cmDC    吸震惰性棉   升降机构   超薄型12V电池
     风扇X2        │          │          │
        │      12V8cmDC    椅垫托架    1.3mm电源线
    3.5mm亚克力板 风扇X4
        │          │
     双层高透气  双层高透气
     弹性网布    弹性网布
```

本项目的第二项产出为产品原型,照片如本文附件八所示。原型制作为全尺寸原型,经测试后,测试报告显示通过全部的测试项目。另外,再由制作原型过程制作一份制造程序书,经制程专家审查通过,产品符合设计规格。

(注:IPMA C Level Report 最少应陈述的职能要素数目:技术 12、行为 5、情境 4)

七、管理上遇到的挑战与处理过程——1.技术能力要素

1.01　利益关系人

本健康座椅研发项目在辨识利害关系人时初期遭遇困难,主要原因为营销业务部的市场区隔不清,产品定位不明。经过密集协调后定案,并且立刻分析他们的利害关系内容和需求条件,决定何种顾客需求条件将由项目完成。并且进一步把相关顾客需求纳入项目计划的目标、范围、可交付成果、品质基准内。

1.02　项目需求和目标

本研发项目在进行项目规划过程中,特别针对项目缘由及项目策略达成协议,并且将过程文件化,特别针对项目假设与限制进行讨论,并将其置于变更管理系统之下,在项目生命周期中的各关键点上再确认。

1.03　品质

本健康座椅研发项目特别进行发展品质管理计划(如附件五),依设计图制作原型,并且进行测试,相关版次与文件管理均是本项目的重点工作。品质管理计划中特别规划品质保证QA和品质控制QC程序,最终版本在取得测试结果及去除缺陷、核准后完成。

1.04　项目组织

本健康座椅研发项目特别进行依据项目工作包及活动需求先辨识出所需人力资

源,确认项目成员的角色、责任,再进一步针对现有人力资源库中寻找符合技能需求之候选人,最后与各部门主管进行人员借用协商会议,以从组织单位中获得人力资源,由于公司高阶主管的支持,因此过程非常顺利。

1.05 团队合作

本健康座椅研发项目团队刚形成时期,由于对健康椅的开发范围不清楚,因此项目初期进度非常缓慢,甚而有些成员会有疏离感,因此本人紧急召开共识会议,并且积极追踪特定成员动态,项目运作总算逐步进入常轨。

八、管理上遇到的挑战与处理过程——2.行为能力要素

2.01 领导

由于本公司高阶主管特别重视本案,本人初期判断在此研发项目中必须要在短时间内集结团队力量,全力以赴,因此特别微调过去的领导作风,积极介入各项工作。

过程中也不断审视领导风格是否获得预期的项目绩效,期间不断观察团队成员的适应情况与反应,进行必要的调整。由于项目绩效良好,因此领导成效备受肯定。

2.02 自我控制

本项目有很大的时间压力,本人及所有成员在此项目中均感受到极大的压力。本人是采用工作分析,借以掌握工作步调,做好时间管理,并且训练自己在情绪有变时能及时察觉,以能自我控制。项目团队部分则是尽量主动关心他们的情况,提供充足的资源及训练,必要时,与成员一起分析调整目标或过程,以减少成员的压力。以上做法均有良好成效。

九、管理上遇到的挑战与处理过程——3.环境能力要素

3.01 财务

本项目财务控管依照本项目所规划的进度,执行财务预算的应用;由于本项目所能运用的财务预算较为吃紧,所以项目团队在执行过程中,有些设备必须向其他单位借用,尽量以能省则省的方式,来满足项目团队的应用需求。项目团队在每两周皆定期开会,来检讨经费使用方面与其他问题,这样的方式在项目执行过程中,可以适时了解财务应用上是否需要调整。

十、从项目中学习到的经验

本人从此项目中至少学到以下经验:

1. 当利害关系人辨识不清时,必须妥善处理,避免项目需求不完整或被误导。

2. 管理风格应对不同情境可以适度调整,但应保持一致,不能损害可靠性。

3. 范围设定要小心研讨,因为关系到项目其他的绩效表现。

4. 项目人力资源须妥善选择,不只重视技能,也要注意与其他成员的配适度。

5. 可交付成果的定义及验收基准必须一再与主要关系人沟通。

6. 自我控制能力很重要,尤其是在时间压力很大的时候。

7. 当时间与品质无法兼顾时,不能擅自做主决定损失任何一边。

8. 妥善规划是确保项目执行顺利的重要前提,尤其要团队成员一起规划。

十一、参考文献

1. 台湾专案管理学会编辑委员会,《IPMA C 国际研发项目管理知识体系》,台湾专案管理学会,2008年7月。

2. 台湾专案管理学会编辑委员会,《IPMA D 项目管理知识体系》,台湾专案管理学会,2008年3月初版第五次印刷。

3. 张书文译,产品设计与开发(Ulrich & Eppinger:Product Design and Development 4/E),高立图书出版社。

附件一:项目活动甘特图

识别码	WBS	任务名称	工期	开始时间	完成时间
1	W-2	产品发展	86工作日	2010/8/2	2010/11/29
2	W-2.1	概念设计	11工作日	2010/8/2	2010/8/16
3	W-2.1.1	协同团队组成	1工作日	2010/8/2	2010/8/2
4	W-2.1.2	工业设计	5工作日	2010/8/3	2010/8/9
5	W-2.1.3	人体工程设计	5工作日	2010/8/3	2010/8/9
6	W-2.1.4	概念设计审查	0工作日	2010/8/9	2010/8/9
7	W-2.1.5	概念测试	5工作日	2010/8/10	2010/8/16
8	W-2.2	系统分析	16工作日	2010/8/17	2010/9/7
9	W-2.2.1	需求分析	5工作日	2010/8/17	2010/8/19
10	W-2.2.2	功能分析	3工作日	2010/8/20	2010/8/24
11	W-2.2.3	综合设计	10工作日	2010/8/25	2010/9/7
12	W-2.2.4	系统分析审查	0工作日	2010/9/7	2010/9/7
13	W-2.3	初步设计	18工作日	2010/9/8	2010/10/1
14	W-2.3.1	产品卓越性设计DFX	15工作日	2010/9/8	2010/9/28
15	W-2.3.2	品质机能展开	3工作日	2010/9/29	2010/10/1
16	W-2.3.3	初步设计审查PDR	0工作日	2010/10/1	2010/10/1
17	W-2.4	细部设计	3工作日	2010/10/4	2010/10/6
18	W-2.4.1	电脑辅助设计	2工作日	2010/10/4	2010/10/5
19	W-2.4.2	FMEA分析	1工作日	2010/10/6	2010/10/6
20	W-2.4.3	细部设计审查	0工作日	2010/10/6	2010/10/6
21	W-2.5	原型制作	10工作日	2010/10/7	2010/10/20
22	W-2.6	产品测试	25工作日	2010/10/21	2010/11/24
23	W-2.6.1	alpln测试	15工作日	2010/10/21	2010/11/10
24	W-2.6.2	beta测试	10工作日	2010/11/11	2010/11/24
25	W-2.8	项目结束	3工作日	2010/11/25	2010/11/29

附件二：项目活动进度基准

工作包 / 活动	工期估计	开始日期	结束日期
1.0 产品设计			
1.1 概念设计			
−1.1.1 协同团队组成	1 工作日	1999/8/2	1999/8/2
−1.1.2 工业设计	5 工作日	1999/8/3	1999/8/9
−1.1.3 人体工程设计	5 工作日	1999/8/3	1999/8/9
−1.1.4 概念设计审查	1 工作日	1999/8/9	1999/8/9
−1.1.5 概念测试	5 工作日	1999/8/10	1999/8/16
1.2 系统分析			
−1.2.1 需求分析	3 工作日	1999/8/17	1999/8/19
−1.2.2 功能分析	3 工作日	1999/8/20	1999/8/24
−1.2.3 综合设计	10 工作日	1999/8/25	1999/9/7
−1.2.4 系统分析审查	1 工作日	1999/9/7	1999/9/7
1.3 初步设计			
−1.3.1 产品卓越性设计 DFX	15 工作日	1999/9/8	1999/9/28
−1.3.2 质量机能展开	3 工作日	1999/9/29	1999/10/1
−1.3.3 初步设计审查 PDR	1 工作日	1999/10/1	1999/10/1
1.4 细部设计			
−1.4.1 计算机辅助设计	2 工作日	1999/10/4	1999/10/5
−1.4.2 FMEA 分析	1 工作日	1999/10/6	1999/10/6
−1.4.3 细部设计审查	1 工作日	1999/10/6	1999/10/6
2.0 原型制作与测试			
2.1 原型制作	10 工作日	1999/10/7	1999/10/20
2.2 产品测试			
−2.2.1 alpha 测试	15 工作日	1999/10/21	1999/11/10
−2.2.2 beta 测试	10 工作日	1999/11/11	1999/11/24
3.0 项目结束	3 工作日	1999/11/25	1999/11/29

附件三：项目工作包成本与现金流量计划

工作包	预算
概念设计	NT$33,380.00
系统分析	NT$111,840.00
初步设计	NT$154,640.00
细部设计	NT$16,640.00
原型制作	NT$259,000.00
产品测试	NT$174,300.00
总成本	NT$749,800.00

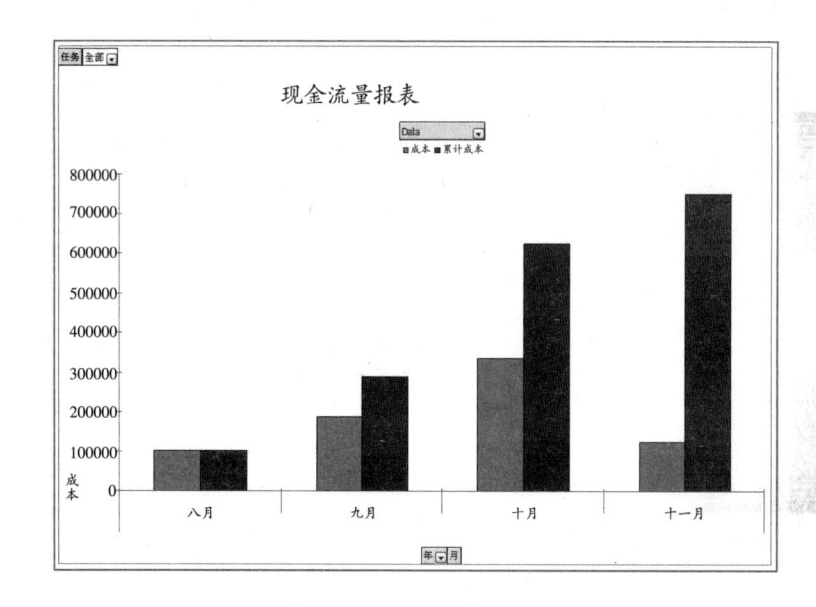

附件四：项目风险定性分析

项次	工作包	风险项目	负责人	冲击	发生	RPN	排序	应对计划
1.2	系统分析	技术规格错误	设计副理	8	5	40	2	聘请专家顾问指导
1.3	初步设计	接口规格错误	设计课长	8	4	32	4	
1.4	细部设计	材料清单错误	设计课长	7	3	21	5	
2.1	原型制作	原型制作失败	制造副理	7	5	35	3	提早制作
2.2	产品测试	技术移转失败	制造组长	9	5	45	1	成立工作小组

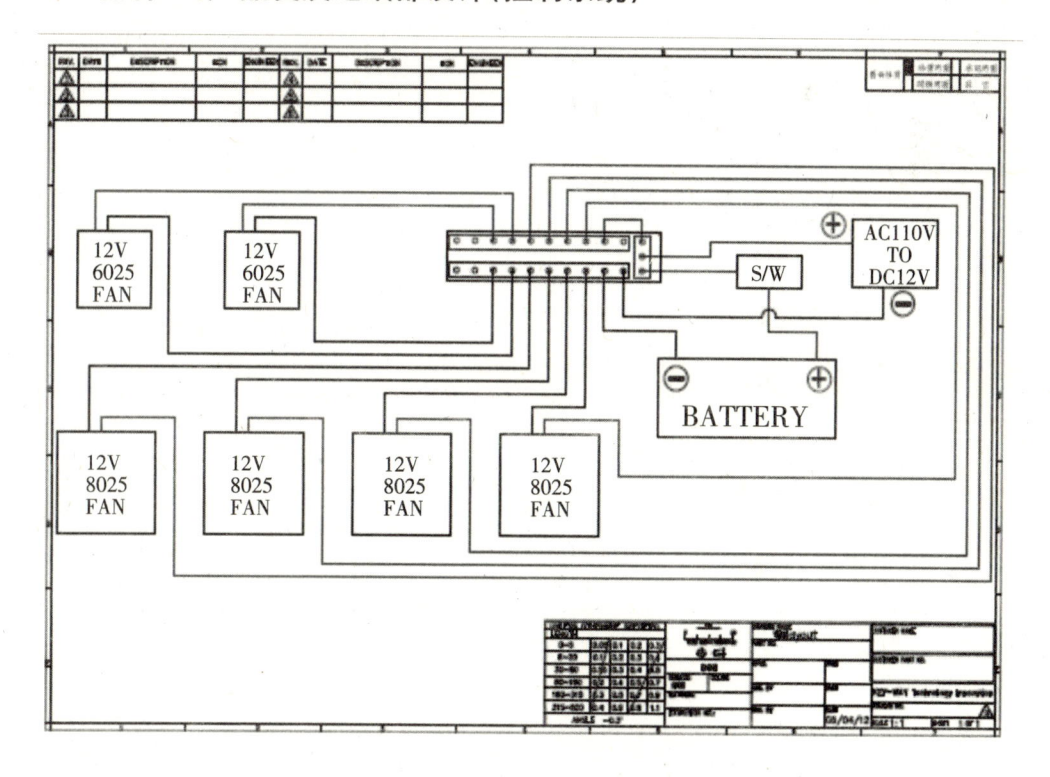

附件七：项目执行阶段用之进度追踪表

识别码	任务名称	实际开始时	实际完成时	完成百分比	实际完成百分比	实际工期
1	产品发展	NA	NA	0%	0%	0工作
2	概念设计	NA	NA	0%	0%	0工作
3	协同团队组成	NA	NA	0%	0%	0工作
4	工业设计	NA	NA	0%	0%	0工作
5	人体工程设计	NA	NA	0%	0%	0工作
6	概念设计审查	NA	NA	0%	0%	0工作
7	概念测试	NA	NA	0%	0%	0工作
8	系统分析	NA	NA	0%	0%	0工作
9	需求分析	NA	NA	0%	0%	0工作
10	功能分析	NA	NA	0%	0%	0工作
11	综合设计	NA	NA	0%	0%	0工作
12	系统分析审查	NA	NA	0%	0%	0工作
13	初步设计	NA	NA	0%	0%	0工作
14	产品卓越性设计DFX	NA	NA	0%	0%	0工作
15	品质机能展开	NA	NA	0%	0%	0工作
16	初步设计审查PDR	NA	NA	0%	0%	0工作
17	细部设计	NA	NA	0%	0%	0工作
18	电脑辅助设计	NA	NA	0%	0%	0工作
19	FMEA分析	NA	NA	0%	0%	0工作
20	细部设计审查	NA	NA	0%	0%	0工作
21	原型制作	NA	NA	0%	0%	0工作
22	产品测试	NA	NA	0%	0%	0工作
23	alpln测试	NA	NA	0%	0%	0工作
24	beta测试	NA	NA	0%	0%	0工作
25	项目结束	NA	NA	0%	0%	0工作

附件八：产品发展之细部设计（控制系统）

项目管理应用于塑胶模具制程之研究

姓名：蔡荣顺

级别：IPMA　Level　C评估师

单位：育英医护管理专科学校　校长

报告大纲

一、项目背景

二、项目计划

三、项目结案

四、结论

一、项目背景

依据金属中心ITIS表示受全球景气衰退影响，与模具关联性极高的终端产品业，如电子、资讯或机械等产品之2009Q1外销订单皆大幅衰退，电子产品外销订单较去年同期衰退26%，资讯产品衰退20.2%，机械衰退49.4%，致使模具2009Q1产值也较去年同期下滑22.5%，仅为85.2亿元新台币。不过随着两岸相关政策题材发酵，如台湾消费券发放、节能家电补贴、2.0升以下汽车货物税补贴三万元；大陆方面的家电、汽车下乡等优惠政策执行，目前已涌进急单效应，厂商存货情况已获得大幅舒缓，部分模具业者已有出现加班的情况。政府为避免东协加三区域体系形成后，台湾地区产业被边缘化的危机，正积极与中国大陆洽谈两岸经济合作架构协议（简称ECFA），而2008年台湾地区模具出口至中国大陆金额为63.7亿元新台币，占出口总值的1/3，是台湾地区模具最大出口区域，因此该政策对模具业可能造成极大冲击影响。在冲击上，由于台湾地区针对冲压模具仍课以10%高关税保护，若对中国大陆立即降为零关税，将严重影响冲压模具业者。

1.1 项目发起

因此项目中之企业欲将塑胶模具制程各阶段工作纳入项目体系内，借由各种管控与追踪技巧，将项目任务逐项如期完成，作为往后制程工作的范本，对整体的公司营运将有莫大助益。项目中之企业为一塑胶模具制程公司，属于小型企业，本身具开发模具之各项配备，员工人数共12人。其业务部门负责接案件，模具由厂内制图部门、CNC部门、线切割部门、放电部门、品管部门共同制作与管控进度。

1.2 项目实施的可行性

可行性分析是新产品开发作业前期最重要的工作内容，主要的工作活动是从市场的需求预测开始，经过产品开发、生产制造到销售预估，经由一系列的比较论证过程，评价产品未来经济效益以及风险评估，最后作出产品开发案是否可行的结论，提供决策者作出最终决策的直接判断依据。可行性分析主要从三个方面进行评估，简要介绍说明如下：

1. 设计能力可行性分析：产品的开发，不在研发出功能最强的新产品，而是在于满足目标市场及核心客户，因此设计能力可行性分析主要是分析现有技术平台、技术能力以及相关专利是否具备先进性和可能性，足够满足设计出符合客户需求规格的产品，而且产品具有可靠的信赖性，最后作出产品设计开发计划是否可行的结论。而该公司是以制程为主，因此从设计能力可行性分析较难推动。

2. 市场营销可行性分析：任何一个新产品开发计划，都必须对市场需求状况十分了解之后才能够决定是否进行，所以在市场营销可行性分析报告中，要详细说明目标市场以及核心客户的需求预测、价格分析，分析市场趋势及竞争对手可能采取策略，拟定未来销售策略，并根据产品成本结构试算计划的赢利性和可行性，作出市场营销是否可行的结论。然而，此次项目仅为制程能力改善之项目。

3. 制程能力可行性分析：任何新产品的开发都是以销售赢利为目标，因此必须要具备量产性。制造部门必须针对新产品所采用的技术平台、技术类别、设计原则、产品规格以及所要求的制程条件进行可行性分析，判定制程能力是否可以达到产品设计的要求，并根据产品设计规格，预估未来量产成功率，作出制程能力是否可行的结论。为缩短制程工期，强化制造流程，此项目为该公司之优先执行政策。

二、项目计划

2.1 项目目标

2.1.1 制定目标的依据和原则

在计划一个新项目时,设定目标是最初且最重要的一个程序,无论短期或是长期目标对于一个管理者而言何时要完成什么,如何翔实编列预算、斟酌运用有限之资源,设定目标可让每个人都了解并且知道这个项目的目的。设定目标时必须包含项目的范围及所有假设功能,一旦有某些假设不正确,则此项目之范围就需要再修改,可以确保项目的概念与计划更有效率地实现。

2.1.2 项目目标

项目目标为模具制程的工期将缩短 1/3 以上。

2.1.3 项目范围

1. 图面检讨与设计

2. 模具加工与制造

3. 模具组立与试模

2.2 项目工作结构及组织

2.2.1 项目管理流程

1. 第一,"起始、计划"阶段:图面检讨与设计项目的主要任务如下:图面检讨、模具设计、模流分析。

2. 第二,"执行、控制"阶段:模具加工与制造项目的主要任务如下:CNC制作、铣床加工、热处理加工、放电加工、线切割加工、研磨加工、抛光加工、咬花处理、元件量测等。

3. 第三,"结案"阶段:模具组立与试模项目的主要任务如下:模具组立、模具试模等。

2.2.2 工作分解结构

项目作业依各课工作性质分别为制图、选购、放电、相关配备制作、合模、工厂试模等部分,各相关课目下再细分工作任务,整个项目共计23项。

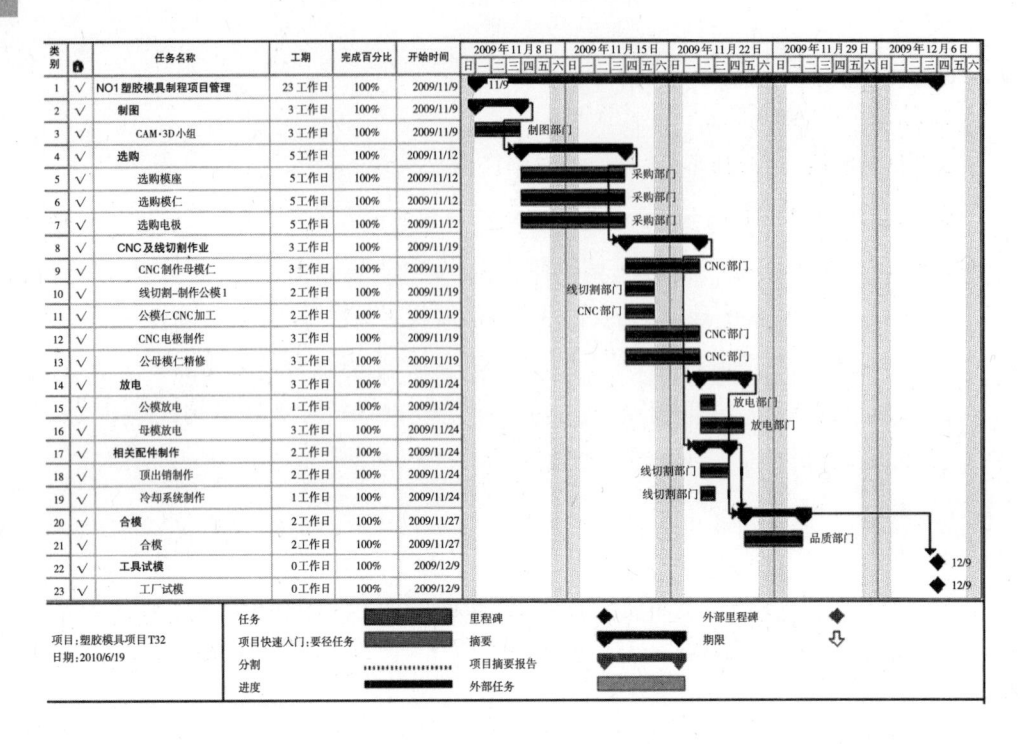

类别		任务名称	工期	完成百分比	开始时间
1	√	NO1 塑胶模具制程项目管理	23 工作日	100%	2009/11/9
2	√	制图	3 工作日	100%	2009/11/9
3	√	CAM·3D 小组	3 工作日	100%	2009/11/9
4	√	选购	5 工作日	100%	2009/11/12
5	√	选购模座	5 工作日	100%	2009/11/12
6	√	选购模仁	5 工作日	100%	2009/11/12
7	√	选购电极	5 工作日	100%	2009/11/12
8	√	CNC 及线切割作业	3 工作日	100%	2009/11/19
9	√	CNC制作母模仁	3 工作日	100%	2009/11/19
10	√	线切割-制作公模1	2 工作日	100%	2009/11/19
11	√	公模仁CNC加工	2 工作日	100%	2009/11/19
12	√	CNC电极制作	3 工作日	100%	2009/11/19
13	√	公母模仁精修	3 工作日	100%	2009/11/19
14	√	放电	3 工作日	100%	2009/11/24
15	√	公模放电	1 工作日	100%	2009/11/24
16	√	母模放电	3 工作日	100%	2009/11/24
17	√	相关配件制作	2 工作日	100%	2009/11/24
18	√	顶出销制作	2 工作日	100%	2009/11/24
19	√	冷却系统制作	1 工作日	100%	2009/11/24
20	√	合模	2 工作日	100%	2009/11/27
21	√	合模	2 工作日	100%	2009/11/27
22	√	工具试模	0 工作日	100%	2009/12/9
23	√	工厂试模	0 工作日	100%	2009/12/9

项目：塑胶模具项目T32
日期：2010/6/19

2.2.3 组织分解结构

关于塑胶模具制程项目的组织,本研究采用矩阵型组织,因为原有的组织功能即可以解决塑胶模具制程项目所要执行的任务,故仅需自各功能部门挑选适合之专业人员以组成项目小组。案例中塑胶模具制程公司属于小型企业,本身具开发模具之各项配备,员工人数共12人。其业务部门负责接案件,模具由厂内制图部门、CNC部门、线切割部门、放电部门、品管部门共同制作与管控进度。其组织图如下：

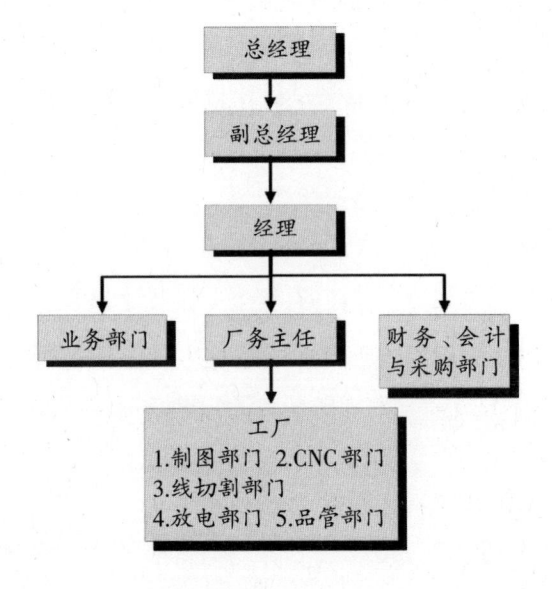

2.2.4 项目组织及职责描述

1. 总经理：负责管理公司营运成效。

2. 副总经理：协助总经理执行公司营运的规划工作。

3. 经理：负责各项项目任务之进行，并承担未来之营运，领导未来负责项目之筹划、协调与推动。

4. 业务部门：负责对外业务接洽与开发、客户经营管理之工作。

5. 厂务主任：整合各项模具制程开发阶段所需技术加工等工作。

6. 财务会计与采购部门：规格之确定、初步之估价、负责产品之验收及账籍之管理及采购计划之审查及采购品项之招标、议价、签约、采购计划之审查与验收。

2.2.5 项目里程碑

项目规划工期为43工作日（所谓工期即为实际工作的天数，是工作期间天数扣除放假日即谓之）。本项目之行事历为每周工作五天（周六、日休息），预计从2009年11月9日开始至2010年1月6日完成。项目里程碑图如下：

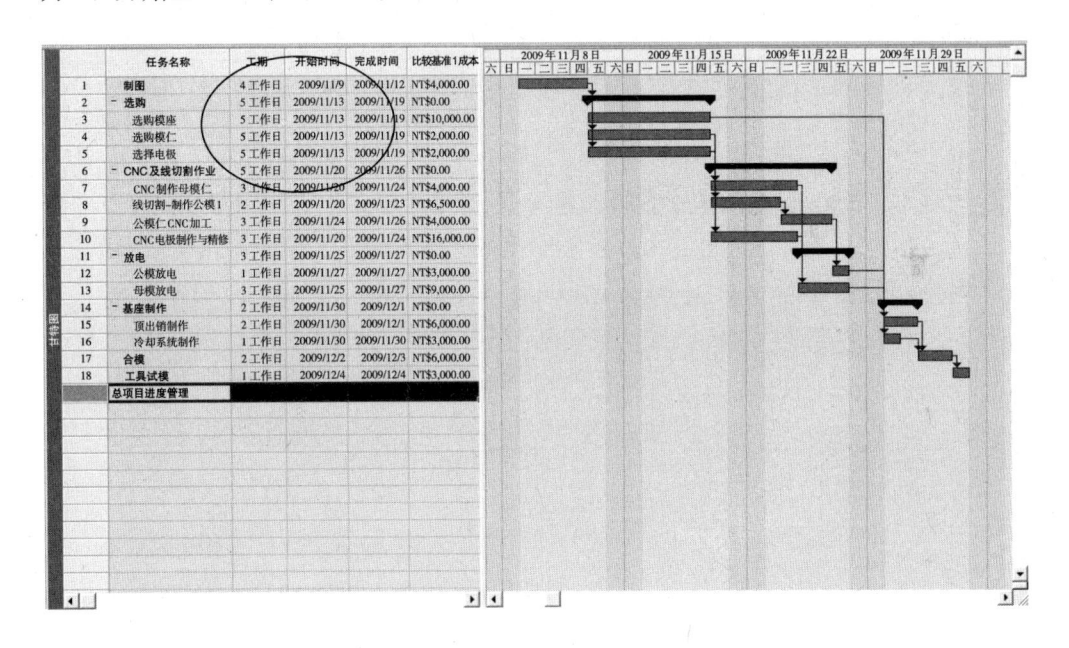

2.3 项目规划

由于塑胶模具研发制程筹建所牵涉的范围甚广且十分的复杂，本研究难以涵括其全部，仅能就影响塑胶模具研发制程项目之成本、时程等关键因素作排程项目管理程序模式与分析，至于其他有关人力资源管理、品质管理、契约管理、采购管理、风险管理及沟通管理等，则未并入本项目管理中。

2.3.1 活动定义

模具制造流程	项目	表述说明
第一阶段 图面研讨与设计	图面研讨	和顾客进行模具研讨,包含产品外观尺寸、结合线位置、配合公差、钢材规格、模穴数、进料点位置、浇点形式、咬花规格、顶出机构及斜销与滑块材质、射出成型机吨数,并告知成型塑料材料,在模具设计时将收缩率一并考虑。最后再告知第一次试模日期及量产或模具移转日期。
	模具设计	将顾客所提供的图文件进行模具结构设计,在标准化零件库的支持下,完成各细部零件图及组立图,并发放加工件图给第三方,以缩短制造时间,其间必须考虑模具各部的强度、模具加工的复杂度、成型机吨数。
	模流分析	利用3D分析软件,Moldex或Molde Flow事先进行模拟模流分析,其包含成型后结合线位置、模具水道冷却平衡、射出压力、成型时间、公模内部成型温度、射出流道平衡及射出成品翘曲变形方向等。
第二阶段 模具加工与制造	CNC粗、细加工	对于大尺寸模座与模仁先进行粗加工,再将预留细加工或放电加工部分做二次加工,以节省刀具磨损和缩短加工时间。
	铣床加工	对于小尺寸的模仁或模座进行粗、细加工,由于铣床机用途广泛,相对于其他加工方式,可以采取外包方式,唯有铣床为制作模具的必备机器设备。
	热处理加工	热处理目的是要增加模具的强度、硬度及耐模性等机械性质,并可消除内部应力。通常在钢材表面上施予渗氮处理或高周波,来增加表面硬化层的厚度。
	放电加工	放电加工(EDM)原理,是利用电能转换成工件热能,使工件急速融熔的一种热性加工方法。目前大部分的放电加工机均使用铜电极,因为具有加工容易,电极材料便宜等优点。
	线切割加工	大部分采取外包分工的方式,利用线材(通常指黄铜线)与工作物之间放电,此时线材就像是线锯一般,然后借着XY轴方向,NC控制程序便可切割出我们所需的轮廓形状,加工精度视线材行走的路径而定,通常为一割一修,如需较精密尺寸,则为一割二修,如齿轮、冲模、方槽或圆孔等,其他比较复杂的形状也可使用这种方法做切割加工。
	研磨加工	属于模具完成品精加工及精密配合件部分,最主要为表面平整与表面精细度。

模具制造流程	项目	表述说明
第二阶段 模具加工与制造	抛光加工	模具加工的过程中为了符合特殊外形需要与精度需求，外观需要光泽与亮度，其表面需要镜面处理，须做特殊抛光加工，或是咬花前的粗抛光。
	咬花处理	大部分采取外包分工的方式，依照顾客要求成品表面粗糙度规格，进行咬花处理。其原理利用化学溶剂蚀刻方式，在金属模具母模表面上进行蚀刻处理，浸泡时间越长，表面粗糙度越大。
	组件量测	利用3D投影方式进行重要零件量测，如斜销、滑块、配合零件等。
第三阶段 模具组立与试模	模具组立	将所有外包加工零件与内部加工零件全部组立完成，进行分模面的修饰、合模确认与后细部修改，达到最佳的合模效果。
	模具试模	将组装完成模具调往塑料射出成型厂，进行T1第一次射出成型，对于射出成品检测外观尺寸、配合公差与成品组立，是否符合原设计要求之精度。

2.3.2 活动排序

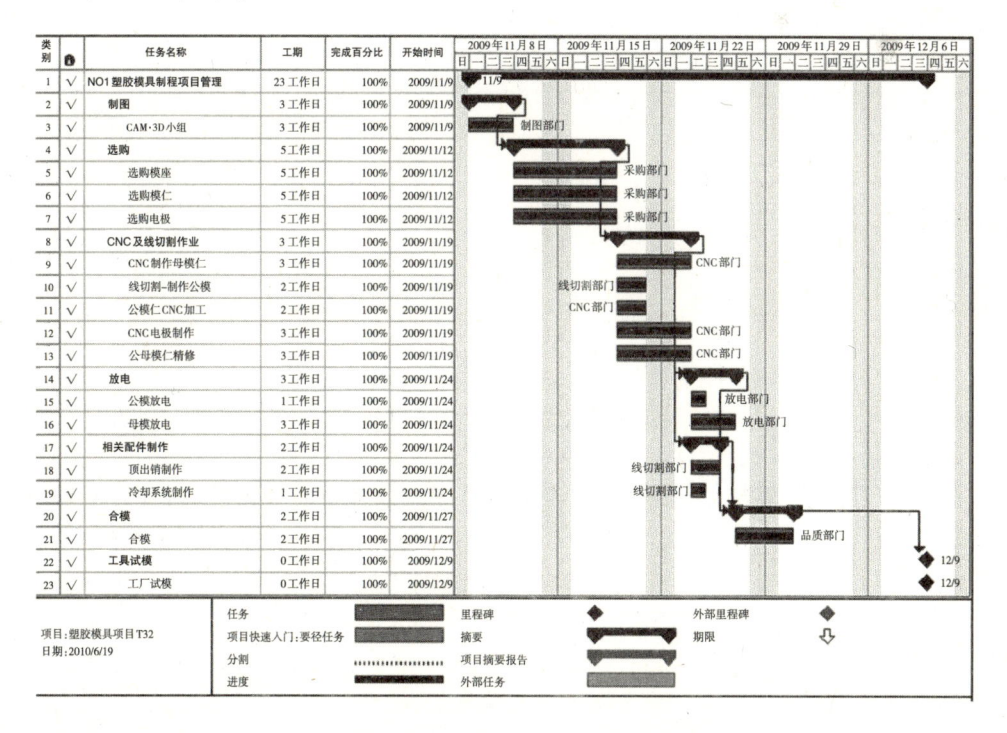

类别		任务名称	工期	完成百分比	开始时间
1	√	NO1塑胶模具制程项目管理	23工作日	100%	2009/11/9
2	√	制图	3工作日	100%	2009/11/9
3	√	CAM·3D小组	3工作日	100%	2009/11/9
4	√	选购	5工作日	100%	2009/11/12
5	√	选购模座	5工作日	100%	2009/11/12
6	√	选购模仁	5工作日	100%	2009/11/12
7	√	选购电极	5工作日	100%	2009/11/12
8	√	CNC及线切割作业	3工作日	100%	2009/11/19
9	√	CNC制作母模仁	3工作日	100%	2009/11/19
10	√	线切割-制作公模	2工作日	100%	2009/11/19
11	√	公模仁CNC加工	2工作日	100%	2009/11/19
12	√	CNC电极制作	3工作日	100%	2009/11/19
13	√	公母模仁精修	3工作日	100%	2009/11/19
14	√	放电	3工作日	100%	2009/11/24
15	√	公模放电	1工作日	100%	2009/11/24
16	√	母模放电	3工作日	100%	2009/11/24
17	√	相关配件制作	2工作日	100%	2009/11/24
18	√	顶出销制作	2工作日	100%	2009/11/24
19	√	冷却系统制作	2工作日	100%	2009/11/24
20	√	合模	2工作日	100%	2009/11/27
21	√	合模	2工作日	100%	2009/11/27
22	√	工具试模	0工作日	100%	2009/12/9
23	√	工厂试模	0工作日	100%	2009/12/9

项目：塑胶模具项目T32
日期：2010/6/19

2.3.3 工时估计

PERT工时估计法及期望时间表

作业编号	作业内容	最乐观时间（天）	最可能时间（天）	最悲观时间（天）	期望值
A	制图	3	3	4	3.16
B	选购模座、模仁、电极	3	4	5	4
C	线切割——制作公模仁	1	2	3	2
D	线切割→CNC加工	2	2	3	2.16
E	NC——制作母模仁	2	2	3	2.16
F	NC——电极制作	2	2	3	2.16
G	NC——公母模仁精修	2	3	4	3
H	冷却系统制作	1	1	1	1
I	顶出销制作	2	2	2	2
J	母模放电	2	3	4	3
K	公模放电	1	1	1	1
L	合模	1	1	2	1.16
M	工厂试模	1	1	1	1
合计		23	27	36	25.74

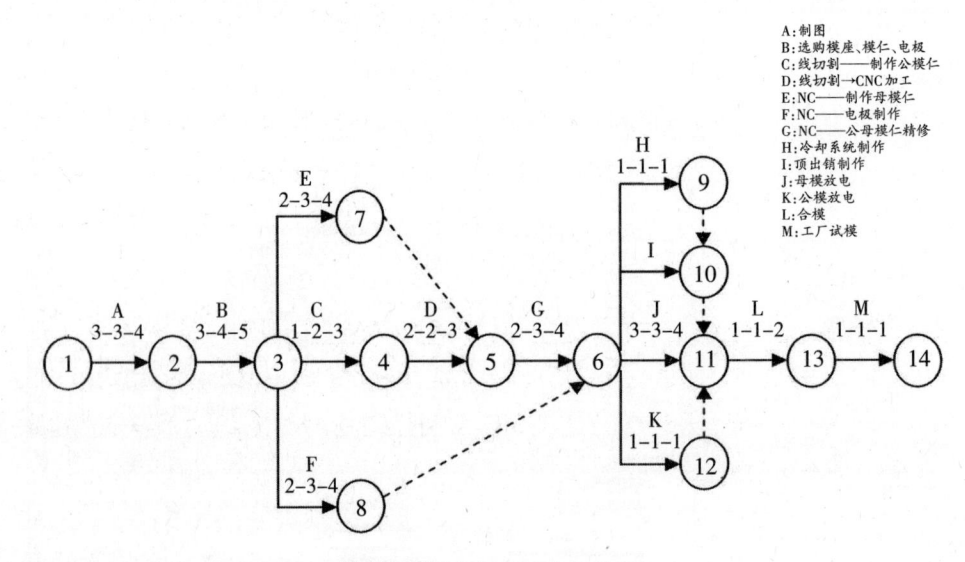

计划评核术(PERT)网络图

2.3.4 资源规划

项目组织强调成员间的关系是具有弹性的,将项目团队成员分配各自作业,即所谓资源分配,所以决定项目各项作业任务及排程表后,即输入项目计划的资源分配并附注内容,此时必须要详细输入各项任务所归纳到的资源,如人力、机材装备等,如此可以有效掌握资源分配状况用来当作调整时程之参考。同时各项作业任务的附注资料,可让我们输入各项作业任务的注解、说明、操作标准等,在项目进行的同时,亦能充分掌握所有及时资讯,资源工作图及资源资讯表如下:

资源工作图

资源资讯表

(电脑截图演示)

2.3.5 成本估计

执行成本管理分析

	任务名称	工期	完成百分比	开始时间	完成时间	成本	实际成本	剩余成本
1	☐ NO1 塑胶模具制程项目管理	43 工作日	0%	2009/11/9	2010/1/6	NT$233,400.00	NT$0.00	NT$233,400.00
2	☐ 制图	3 工作日	0%	2009/11/9	2009/11/11	NT$23,200.00	NT$0.00	NT$23,200.00
3	CAM·3D 小组	3 工作日	0%	2009/11/9	2009/11/11	NT$23,200.00	NT$0.00	NT$23,200.00
4	☐ 选购	5 工作日	0%	2009/11/12	2009/11/18	NT$68,000.00	NT$0.00	NT$68,000.00
5	选购模座	5 工作日	0%	2009/11/12	2009/11/18	NT$32,000.00	NT$0.00	NT$32,000.00
6	选购模仁	5 工作日	0%	2009/11/12	2009/11/18	NT$20,000.00	NT$0.00	NT$20,000.00
7	选择电极	5 工作日	0%	2009/11/12	2009/11/18	NT$16,000.00	NT$0.00	NT$16,000.00
8	☐ CNC 及线切割作业	7 工作日	0%	2009/11/19	2009/11/27	NT$76,200.00	NT$0.00	NT$76,200.00
9	CNC 制作母模仁	3 工作日	0%	2009/11/19	2009/11/23	NT$15,200.00	NT$0.00	NT$15,200.00
10	线切割-制作公模	2 工作日	0%	2009/11/19	2009/11/20	NT$17,800.00	NT$0.00	NT$17,800.00
11	公模仁 CNC 加工	2 工作日	0%	2009/11/23	2009/11/24	NT$12,800.00	NT$0.00	NT$12,800.00
12	CNC 电极制作	3 工作日	0%	2009/11/19	2009/11/23	NT$15,200.00	NT$0.00	NT$15,200.00
13	公母模仁精修	3 工作日	0%	2009/11/23	2009/11/25	NT$15,200.00	NT$0.00	NT$15,200.00
14	☐ 放电	3 工作日	0%	2009/11/30	2009/12/2	NT$24,600.00	NT$0.00	NT$24,600.00
15	公模放电	1 工作日	0%	2009/11/30	2009/11/30	NT$8,400.00	NT$0.00	NT$8,400.00
16	母模放电	3 工作日	0%	2009/11/30	2009/11/30	NT$16,200.00	NT$0.00	NT$16,200.00
17	☐ 相关配件制作	2 工作日	0%	2009/11/30	2009/12/1	NT$25,200.00	NT$0.00	NT$25,200.00
18	顶出销制作	2 工作日	0%	2009/11/30	2009/12/1	NT$16,800.00	NT$0.00	NT$16,800.00
19	冷却系统制作	2 工作日	0%	2009/11/30	2009/12/1	NT$8,400.00	NT$0.00	NT$8,400.00
20	☐ 合模	2 工作日	0%	2009/12/3	2009/12/4	NT$10,800.00	NT$0.00	NT$10,800.00

2.3.6 风险监控

风险监控的过程包括追踪已知风险、确保风险计划之执行以及评估上述活动降低风险的绩效，风险监控记录并执行应变计划相关的风险变动，它是伴随整个塑胶模具开发生命周期持续进行的过程，一个完善的风险监控过程可以提供管理者充分的资讯，协助在风险发生之前作出有效的决策。

进度风险监控表

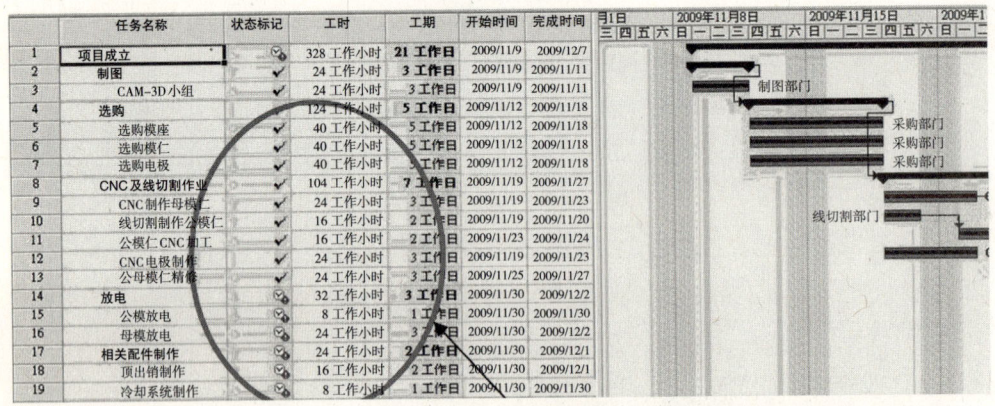

	任务名称	状态标记	工时	工期	开始时间	完成时间
1	项目成立		328 工作小时	21 工作日	2009/11/9	2009/12/7
2	制图	✓	24 工作小时	3 工作日	2009/11/9	2009/11/11
3	CAM·3D 小组	✓	24 工作小时	3 工作日	2009/11/9	2009/11/11
4	选购		124 工作小时	5 工作日	2009/11/12	2009/11/18
5	选购模座	✓	40 工作小时	5 工作日	2009/11/12	2009/11/18
6	选购模仁	✓	40 工作小时	5 工作日	2009/11/12	2009/11/18
7	选购电极	✓	40 工作小时	5 工作日	2009/11/12	2009/11/18
8	CNC 及线切割作业		104 工作小时	7 工作日	2009/11/19	2009/11/27
9	CNC 制作母模仁	✓	24 工作小时	3 工作日	2009/11/19	2009/11/23
10	线切割-制作公模仁	✓	16 工作小时	2 工作日	2009/11/19	2009/11/20
11	公模仁 CNC 加工	✓	16 工作小时	2 工作日	2009/11/23	2009/11/24
12	CNC 电极制作	✓	24 工作小时	3 工作日	2009/11/19	2009/11/23
13	公母模仁精修	✓	24 工作小时	3 工作日	2009/11/23	2009/11/25
14	放电	⊘	32 工作小时	3 工作日	2009/11/30	2009/12/2
15	公模放电	⊘	8 工作小时	1 工作日	2009/11/30	2009/11/30
16	母模放电	⊘	8 工作小时	1 工作日	2009/11/30	2009/11/30
17	相关配件制作	⊘	24 工作小时	2 工作日	2009/11/30	2009/12/1
18	顶出销制作		16 工作小时	2 工作日	2009/11/30	2009/12/1
19	冷却系统制作		8 工作小时	1 工作日	2009/11/30	2009/11/30

任务落后排程产生的风险

三、项目结案

项目验收

新产品开发项目验收指项目结束或项目阶段结束时，产品进入下一阶段任务之前,产品经理会同项目团队、品质管理部门对项目的工作成果进行审查,查核项目计划规定范围内的各项工作或活动是否已经完成,应交付的产品是否令人满意;若通过查核,将产品送交客户承认并进行下一阶段开发工作;若未通过查核,则分析失败原因,提出改善对策及预定完成时间,产品开发阶段停留原阶段,等待进行下一次查核。本项目经过结合项目管理理论,确实有效缩短制程达成项目之预定目标,提供有效的进度管理规划与成本的控制,控制塑胶模具研发工期进度之排程。

四、结论

本项目系以电脑实际模拟塑胶模具厂实务作为实例,针对塑胶模具制造厂执行制作程序的执行过程,结合项目管理理论,探讨如何有效缩短制程达成项目之预定目标,提供有效的进度管理规划与成本的控制,控制塑胶模具研发工期进度之排程,预测完工成本、实际工期与追踪工期,同时利用资源之合理配当,在成本与时效进度的兼顾下,调整资源以缩短工期,进而提升项目之效能。

快速创新技术运用于安全防坠器材研发

姓名：余文德
级别：IPMA Level C评估师
单位："中华大学" 营建管理学系 教授

报告大纲

一、项目摘要

二、项目背景

三、项目计划

四、项目结案

一、项目摘要

1.1 项目背景

依据统计资料显示，营建职业灾害类型以坠落为最多，而相关安全防坠器材（如安全护栏、安全带、安全母索及安全网等设备）为安全产业之研发与生产重要项目。然而台湾地区安全器材产业尚未建立成熟之研发能力，大多以进口或生产代工为主。安全防坠设备以外国之环境需求为设计考量，未必适合环境及本土化之需求，需要发展符合本土需求的安全器材产业。为利用创新研发技术流程，来规划防坠技术之技术定位及创新策略，并尝试发展本土安全设备之技术能力，"劳委会劳工安全卫生研究所"（以下简称"劳研所"）乃委托"中华大学"执行本研究计划案。

1.2 项目及项目管理特点

本项目为劳研所首次尝试导入电脑辅助快速创新研发流程之研究计划案，业主及其他参与人员一开始对于研究团队所提出之专利分析方法、技术创新执行方案与其所可能达成之成果皆抱持存疑态度。此外，业主指定之参与厂商属中小企业，外部专家亦非创新研发领域，对于先进之专利技术分析及电脑辅助创新软件皆未有所闻，导致期初项目目标及交付标的不明确。此外，营建劳安设备具法令局限性，创新技术必须通过相关法规之审查方能取得后续商品化之可行性。

1.3 项目管理成果

本研究透过专利资讯分析方法，进行专利地图与技术发展趋势分析、技术定位与策略分析及技术/功能矩阵分析等分析工作，于要求时程及预算之内完成合约要求之所有交付工作（包括辨识出台湾地区及美国两地之安全防坠器材主要技术供应厂商、潜在竞争对手及其关键核心技术；再进行本土厂商之技术定位与研发策略规划，研拟适合劳研所及厂商之技术发展策略建议；最后，提出一创新防坠技术之构想设计），并通过期末品质与范畴审查工作，令业主满意。

1.4 申请者在项目中的作用

申请者（本项目之项目经理）负责工作包括：(1) 发展项目执行计划；(2) 协调与督导团队成员执行计划工作项目；(3) 与所有利害关系人沟通，以取得其认可与协助；(4) 交付项目成果获得业主认可与验收；(5) 归整项目结论及经验学习。

1.5 经验收获

1. 应用目标与范畴规划有助于厘清研发计划之模糊前缘（Fuzzy front end）；

2. 应用电脑辅助创新技术对于缩短技术研发时程具有明显效益；

3. 良好的沟通管理有助于研发计划成果之验收；

4. Milestone方法较CPM方法更适用于研发项目管理。

二、项目背景

2.1 项目发起

营建业作业场所具有高度开放与高危险之特性，随着建筑工程趋向大型化与高层化之发展，营建劳工发生坠落职业灾害之风险亦逐渐增加。为有效降低劳工职业坠落灾害的发生，"行政院劳工委员会"2010年所提出之年度政策白皮书中，明确宣示将透过劳工安全防护设备技术之创新研发及其推广与应用，以达到改善劳工安全、降低职业灾害之目标。为达到此一目标，实有必要引入科技产业常采用之先进快速创新技术与方法，以建立相关技术之研发能力。因此，劳研所于2010年决定执行"快速

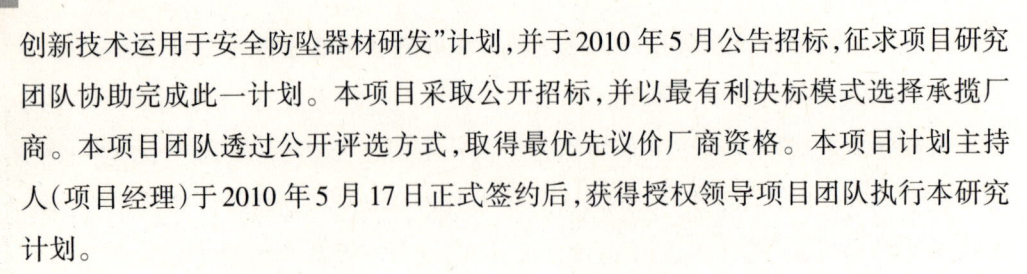

创新技术运用于安全防坠器材研发"计划,并于2010年5月公告招标,征求项目研究团队协助完成此一计划。本项目采取公开招标,并以最有利决标模式选择承揽厂商。本项目团队透过公开评选方式,取得最优先议价厂商资格。本项目计划主持人(项目经理)于2010年5月17日正式签约后,获得授权领导项目团队执行本研究计划。

2.2 项目实施的可行性

项目团队取得招标文件后,即展开评估工作,以分析本计划之可行性,主要分析项目如下:

2.2.1 技术可行性

本项目之主要工作内容在应用专利分析等电脑辅助快速创新方法,以提出安全防坠技术之发展策略及创新设计。此一方法在高科技产业已被应用广泛,技术已十分成熟,研发团队过去曾执行类似项目并透过教育训练熟悉相关软件之操作与使用,因此,分析技术上应属可行。此外,本研究以营建防坠器材为目标产品,符合团队成员之主要学术领域。而相关器材在市面上已经有类似之产品,因此,相关技术应具可行性。

2.2.2 管理可行性

本研究团队成员中,两人具有IPMA C级证照,一人具有IPMA D级证照,并执行过两个以上之团队研究计划,应具备所需之项目管理知识与能力。此外,计划主持人过去十四年间曾主持超过二十个研发计划,具丰富之相关项目执行经验。因此,应具管理可行性。

2.2.3 经济可行性

本项目主要投入资源为人力成本,虽计划预算金额不高,然具有标杆意义,不可见效益(intangible benefits)较高。而研发团队成员皆为学校教师及学生,以兼职形态进行本研发计划工作,所需分摊之单位人力成本较低。此外,所需之电脑辅助创新软件皆为学校既有财产,无须额外添购,可进一步降低计划执行成本,并提升本项目之经济性。

2.2.4 融资可行性

本项目扣除分析软件费用(使用学校既有软件),所需之成本为兼任研究人员薪资,皆以事后报销支付方式,无须事前代垫,因此,无融资需求。

2.2.5 环境可行性

本研究必须要相关器材厂商协助,方能取得产业技术与市场资讯。而业主单位已承诺协助邀请相关业者参与，在项目执行之环境条件具有可行性。

2.2.6 市场可行性

本研究将提出一营建安全防坠器材之创新技术，此一技术必须能满足劳安法规之规定，并改进目前营建劳安之现状。若能在安全性上获得确保，并能降低成本，则应具市场可行性。

2.2.7 安全可行性

本计划之研究工作包括工地现场访谈及实验室之研发工作，其中在现地访谈时应注意安全以确保项目人员之人身安全。而实验室之研发工作多为电脑分析与设计工作，不具安全顾虑。经由上述项目可行性分析后，可确认本计划确实具有可行性，因此项目团队决定提出服务建议书（Proposal）参与竞标，并于2010年5月17日获选为得标厂商。

三、项目计划

3.1 项目目标

3.1.1 制定目标的依据和原则

本项目目标制定依据为招标规范之工作范围以及签约时之合约要求，包括时间、成本、交付标的、期中期末审查时机等。

3.1.2 项目目标

本项目之重要目标包括：

1. 履约期限：自决标日起至7.5个月内止，2010年5月17日~2010年12月26日。

2. 合约金额：新台币49万元整。

3. 阶段性审查时机：

（1）2010年7月15日前——完成专利分析工作，并提出期中报告。

（2）2010年12月31日前——完成所有合约工作，并提出期末报告。

3.1.3 项目范围

依据合约文件，本项目之范围包括以下工作项目：

1. 辨识营建工程最常发生坠落事故之类型——进行灾害分析与文献回顾，并透过产业专家访谈方式了解安全防坠器材之技术分类架构。

2. 完成安全防坠器材专利检索分析与专利地图制作——分析外安全防坠器材主要供应厂商、潜在竞争对手以及相关核心专利技术，并分析台湾地区与美国专利资料库之技术发展现况与趋势。

3. 完成安全防坠器材专利技术定位与策略分析——以劳研所与厂商为主体，进行安全防坠器材技术供应厂商之竞争群组分析;再依据各群组厂商技术竞争优势进行技术定位分析,最后根据技术定位成果研拟适合执行之技术发展策略。

4.完成安全防坠器材专利技术之技术/功效矩阵分析——透过技术/功效矩阵图之技术密集程度,研判安全防坠器材与各企业所投入研发之技术区块,并辨识具有发展潜力之技术蓝海。

5.建立安全防护设备、器材系统化研发流程——针对劳工安全作业特性研拟系统化技术创新流程,并以电梯机坑安全防坠落设备研发为个案,进行系统化技术创新流程之应用示范。

上述工作项目所需交付之标的包括:

1.完成"安全防坠器材之技术分类架构图"。
2.完成台湾地区及美国专利资料库之安全防坠器材专利地图分析报告。
3.提出台湾地区安全防坠器材之相关专利技术定位与最佳研发策略建议。
4.建立台湾地区及美国专利资料库之"安全防坠器材专利技术之技术/功效矩阵"。
5.完成一"电梯机坑安全防坠落设备创新设计"。

3.2 项目工作结构及组织

3.2.1 项目管理流程

本项目之管理流程结合IPMA D级一般项目管理流程,以及IPMA C级研发项目管理流程,同时参考项目管理之五大过程(发起、规划、执行、控制、结束)及产品研发之三大流程(产品概念、产品发展、产品上市)。本计划未完全采用IPMA C级研发项目管理之主要原因,在于项目之主要交付标的并非单纯之创新设备产品,而是结合技术服务工作技术产品创新之研发项目。因此,规划阶段主要以IPMA D级一般项目管理流程五大过程为骨干,再参考 IPMA C级研发项目管理之产品概念及产品研发中所建议之方法。

3.2.2 工作分解结构

依据合约要求,本研发项目于执行阶段之主要研发工作内容包括:(1)辨识营建工程最常发生坠落事故之类型;(2)完成安全防坠器材专利检索分析与专利地图制作;(3)完成安全防坠器材专利技术定位与策略分析;(4)完成安全防坠器材专利技术之技术/功效矩阵分析;(5)建立安全防护设备、器材系统化研发流程。此五大工作项目列为WBS范畴之第一阶,再往下解构成为包括十六项活动之完整计划范畴,如图1所示。除了图1之两阶WBS分工结构外,本项目尚包括其他项目管理之阶段:(1)项目发起——正式签约;(2)项目控制——期中审查;及(3)项目结束——期末审查及报告缴交。

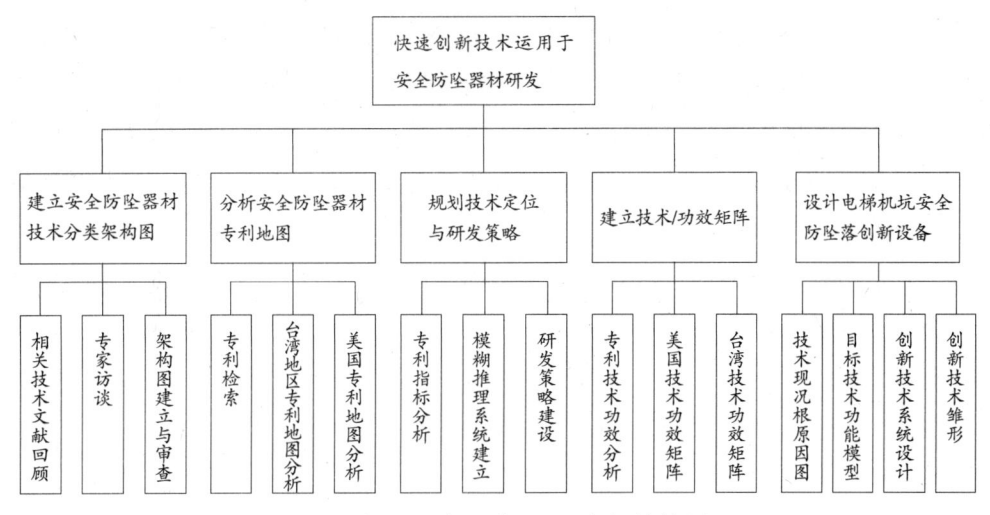

图1 主要研发工作WBS分解结构图

3.2.3 组织分解结构

本计划由"中华大学"组成项目执行核心团队,成员包括计划主持人,并下分专利地图组、技术功效组、策略规划组及创新设计组等。而劳研所代表林祯中博士为本计划之发起人,除督导项目团队之绩效作为沟通窗口外,并组成外部专家作为本计划之咨询及审查委员会。外部专家之组成来源虽不相同,然其执行功能时皆以委员会审查方式进行,因此,可为同一组织成员。本计划之OBS组织分解结构图如图2所示。

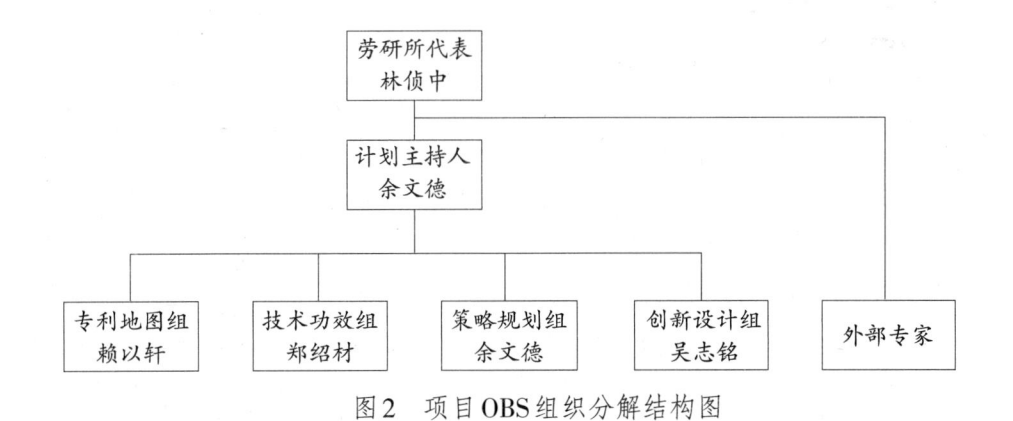

图2 项目OBS组织分解结构图

3.2.4 项目外部组织及职责描述

在外部组织方面,本项目主要外部组织为劳研所邀请之外部专家,其组成包括:(1)劳研所内部专业人员;(2)安全器材生产及代理厂商;(3)知名之营造厂商代表;(4)劳安相关之学者专家等。上述专家组成委员会负责审查项目团队之研究成果及

交付标的,并于研究期间接受咨询或提供营建项目现场作为现场访谈之用。

3.2.5 项目内部组织及职责描述

"中华大学"项目执行团队成员包括:(1)计划主持人——由余文德教授担任,负责项目合约工作项目执行之督导、与团队成员及业主等利害关系人之沟通与协调、向业主及其代表(包括外部专家审查委员)沟通以取得其对研究成果之认可;(2)专利地图组——由赖以轩教授负责,并领导外部专家及若干工读生负责专利检索与判读,以及专利地图制作之工作;(3)技术功效组——由郑绍材教授负责,领导研究助理进行技术功效矩阵分析与建立;(4)策略规划组及创新设计组——由博士生吴志铭负责。各组负责人对WBS工作,如以下图3之责任指派矩阵图所示。

3.2.6 项目责任矩阵

本项目团队参与者与工作分解结构之责任关系包括三种:(1)主办——负责工作之执行、成果品质之保证以及交付标的之完成;(2)协办——提供协助或资讯;(3)审核——根据主办之交付成果,审核其正确性。项目责任指派矩阵RAM图,如图3所示。

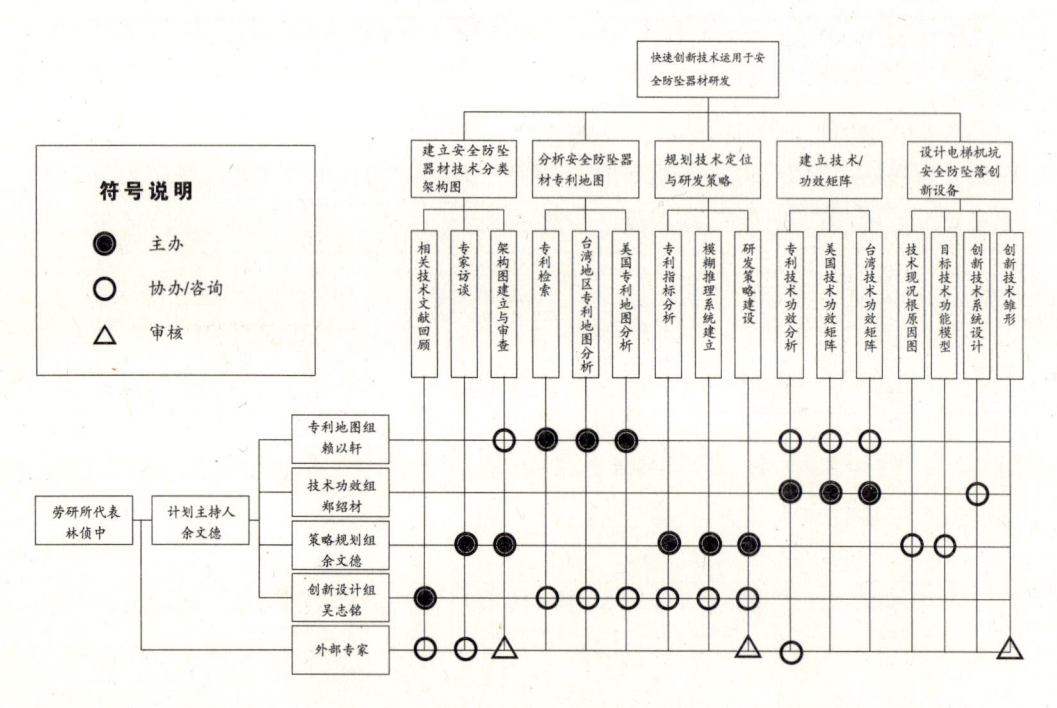

图3 项目责任指派矩阵RAM图

3.2.7 项目里程碑

本项目之重要里程碑有二:(1)于2010年7月15日前完成专利地图及技术分类架构,送项目委员会完成期中进度审查;(2)于2010年7月15日前完成所有合约工作项目,送委员会完成期末成果审查。

3.3 项目规划

本项目依据招标公告及合约文件所定义之项目目标及范畴说明,经WBS分析得图1之详细范畴。项目团队在完成WBS解构后,即进行项目之后续规划,以下分别就重要之时程规划、资源规划、成本规划、风险规划、品质规划及沟通规划等说明如下:

3.3.1 时程规划

本项目之工作项目依据图1之WBS工作项目,再增加"正式签约"、"期中审查"及"期末审查"等三个里程碑项目,以Microsoft Project软件进行时程规划,可得图4之进度时程表,其中粗色项目表示要径作业,包括:建立安全防坠器材技术分类架构、规划技术定位与研发策略及设计电梯机坑安全防坠落创新设计等子项下之工作项目。本项目依据此一规划,可于2010/7/15进行期中报告审查,并于2010/12/19完成期末报告,符合合约之要求。

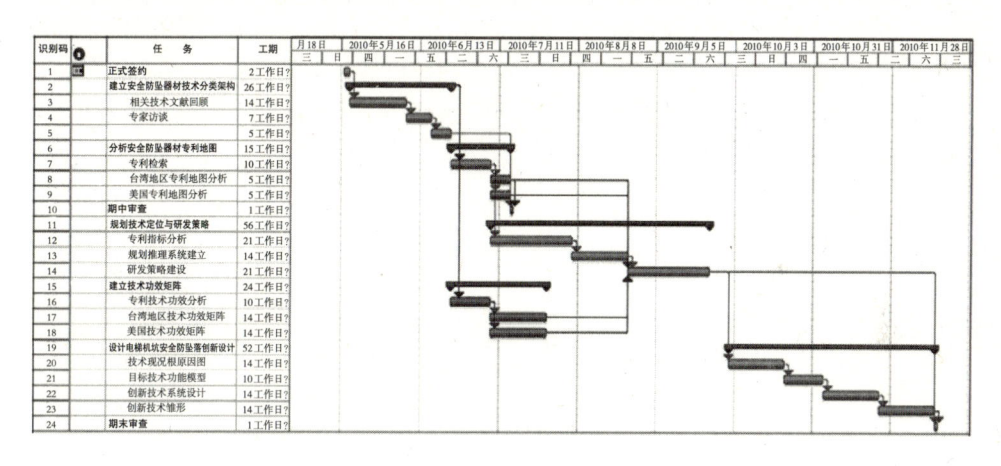

图4 项目进度时程表

3.3.2 资源规划

本项目之人力资源规划如组织分解结构及责任指派矩阵所示,其他资源包括电脑辅助创新软件:(1)Patent Guider专利分析软件;(2)M-Trend专利分析软件;(3)Matlab Fuzzy Set Toolbox;(4)GoldFire Innovator创新设计软件等。上述设备分别支援专利检索(Patent Guider,M-Trend)、专利地图制作(Patent Guider,M-Trend)、模糊推理系统(Matlab Fuzzy SetToolbox)、根原因分析(Goldfire Innovator)、创新技术设计(GoldFire Innovator)等工作项目。因为皆非重要性作业,因此,并无资源冲突之问题。

3.3.3 成本规划

本项目主要成员如图2组织分解结构所示,所有主要成员皆以兼任方式参与,其成本支出依据参与人员每月之人事费用编列。而主要之成本快速累积于项目初期之临时工读金,其发生时机主要集中在专利检索及专利地图分析工作。本项目之合约预算金额依据劳研所之要求格式编列如表1所示。将表1之预算依据图1之WBS工作分解结构进行成本分解,并参照图4之项目时程进度,即可得各分项工作之分月现金流量及累计现金流量,如表2所示。

表1 项目合约预算表(依据劳研所要求格式编列)

项 目	金 额	说 明	备 注
合计	490,000		
人事费	350,000	计划主持人:10,000元/月×6月=60,000元 协同主持人两位:9,000元/月×6月=54,000×2人=108,000 博士研究助理:8,000×6月=48,000元 临时人力:100人×1,000元/天=100,000元 专家顾问费、座谈出席费:2000元/人×17次=34,000元	1.专利分析研究过程中需大量人力与专家协助分析与指导。 2.专利数本计划估计约为1,500笔(详背景分析)。
业务费	96,500	文具、纸张、光碟、档案夹等用品:14,000元 报告印制费:14,000元 专利分析软件使用费:68,500元	
材料费	20,000	1.电脑耗材 　(1)电脑维护与软件升级 　(2)软硬碟储存系统组件、高性能记忆体模组、光碟读取及写入元件、光碟片 　(3)影像输出卡元件 　(4)电子零件耗材 　　　　　　　　　　　　　　10,000元 2.印表机相关耗材及相关应用软体: 　喷墨印表机用墨水匣、机光印表机用碳粉匣等耗材 　　　　　　　　　　　　　　10,000元	
管理费	23,500	"中华大学"行政管理费 　　　　　　　　　　　　　　23,500元	

表2 WBS工作项目分月现金流量及累计现金流量表

WBS工作分项		成本	月份（2010年）							
			五	六	七	八	九	十	十一	十二
项目发起	正式签约	6,000	6,000							
建立安全防坠器材技术分类架构	相关技术文献回顾	14,000	14,000							
	专家访谈	12,000	6,000	6,000						
	架构图建立与审查	10,000			10,000					
分析安全防坠器材专利地图	专利检索	27,500		27,500						
	台湾地区专利地图分析	48,500			48,500					
	美国专利地图分析	60,000			60,000					
期中审查	期中审查	12,000			12,000					
规划技术定位与研发策略	专利指标分析	55,000			55,000					
	模糊推理系统建立	12,000				12,000				
	研发策略建议	12,000				4,000	8,000			
建立技术/功效矩阵	专利技术功效分析	26,000		26,000						
	台湾技术功效矩阵	23,000			23,000					
	美国技术功效矩阵	25,000			25,000					
设计电梯机坑安全坠落创新设备	技术现况根原因图	16,000						16,000		
	目标技术功能模型	27,000						18,000	9,000	
	创新技术系统设计	28,500							28,500	
	创新技术雏形	38,000							2,000	36,000
	期末审查	37,500								37,500
单月现金流量			26,000	59,500	233,500	16,000	8,000	34,000	39,500	73,500
累计成本			26,000	85,500	319,000	335,000	343,000	377,000	416,500	490,000

依据表2之项金流量可绘制本项目计划之计划支出成本曲线,如图5所示,作为本项目之成本基准。由图5可知,本项目之成本支出于期初专利分析时最为快速,因为专利分析需大量阅读专利文件,必须仰赖庞大之攻读人力,再经由主要人力及专家顾问进行审阅,故造成成本之迅速累积。

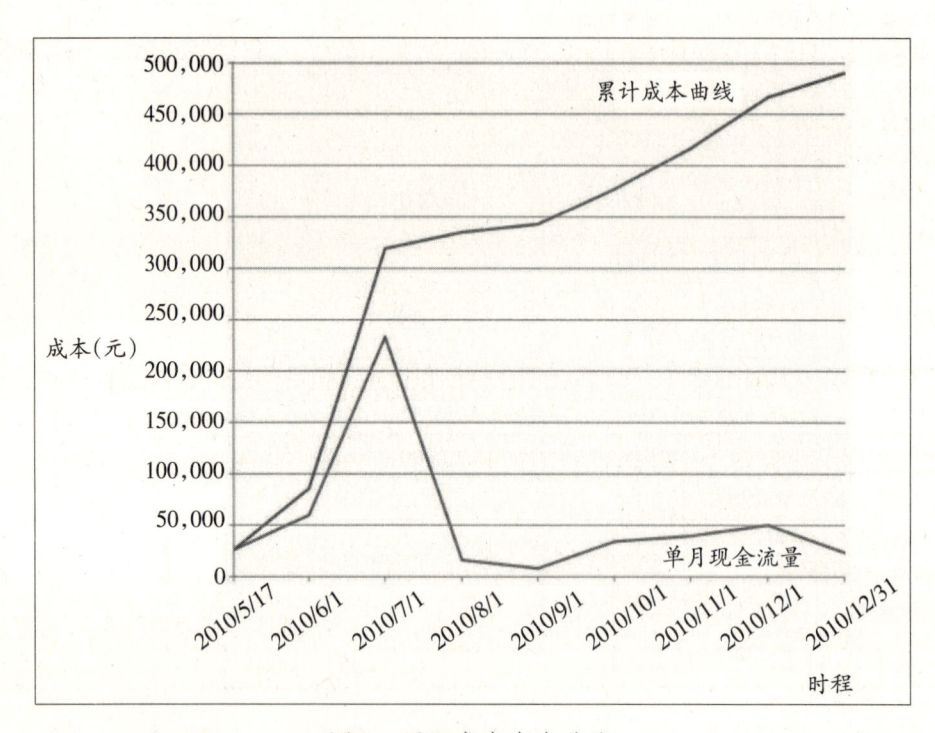

图5 项目成本支出曲线

3.3.4 风险规划

本项目为研发项目,本质上具有较高之不确定性。尤其在技术创新设计子项中,具有较高之风险。此外,专利阅读之品质决定后续分析之成果,然而因为其工作量大而不得不透过临时工读人员外包。因此,亦隐含潜在之风险。辨识风险之最佳方法为以WBS为基础,配合脑力激荡及专家判断方法进行。本项目之风险事件经分析后如表3所示,其中前七名之风险事件以灰底标出,累积风险优先数之重要性比例达80.1%。依据风险管理策略,除专利地图分析及创新雏形制作以"风险移转"方式应对外,其余风险事件建议以"风险抑制"方法降低风险事件之发生概率或冲击程度。

"专利地图制作"工作,建议由专利事务所配合临时人力方式执行;而为降低"创新技术实作"工作项目之风险,建议以购买现成元件方式降低风险。至于风险抑制方法之应用,可以用"查检表"先检查的方式,减少风险事件发生之概率;或以备用方案降低风险事件之冲击。例如,将设计标准表格辅助"专利指标分析"工作,以减少错误之发生;另外,多规划一些专家名单,以免专家无法配合访谈而延误工作之执行等。

表3 项目风险分析表

WBS工作分项	可能风险事件	发生概率	冲击大小	RPN	%(prio.)	因应策略	负责人
专案发起	正式签约	0.1	0.8	0.08	3.1%		余文德
建立安全防坠器材技术分类架构	相关技术文献回顾	0.1	0.8	0.08	3.1%	风险抑制	吴志铭
	专家访谈	0.3	0.4	0.12	4.7%(7)	风险抑制	余文德
	架构图建立与审查	0.1	0.6	0.06	2.3%		余文德
分析安全防坠器材专利地图	专利检索	0.7	0.6	0.42	16.3%(1)	风险抑制	赖以轩
	台湾地区专利地图分析	0.7	0.6	0.42	16.3%(1)	风险移转	赖以轩
	美国专利地图分析	0.5	0.6	0.30	11.6%(2)	风险移转	赖以轩
期中审查	期中审查	0.1	0.6	0.06	2.3%		余文德
规划技术定位与研发策略	专利指标分析	0.3	0.4	0.12	4.7%(7)	风险抑制	吴志铭
	模糊推理系统建立	0.3	0.4	0.12	4.7%(7)	风险抑制	余文德
	研发策略建议	0.3	0.4	0.12	4.7%(7)	风险抑制	余文德
建立技术/功效矩阵	专利技术功效分析	0.1	0.6	0.06	2.3%		郑绍材
	台湾技术功效矩阵	0.3	0.4	0.12	4.7%(7)	风险抑制	郑绍材
	美国技术功效矩阵	0.5	0.4	0.20	7.8%(3)	风险抑制	郑绍材
设计电梯机坑安全防坠落创新设备	技术现况根原因图	0.1	0.2	0.02	0.8%		吴志铭
	目标技术功能模型	0.3	0.2	0.06	2.3%		吴志铭
	创新技术系统设计	0.1	0.6	0.06	2.3%		吴志铭
	创新技术雏形	0.3	0.6	0.18	7.0%(5)	风险移转	吴志铭
项目结束	期末审查	0.1	1.0	0.10	3.9%		余文德

3.3.5 品质规划

本项目为研发项目,业主对于交付标的之品质定义不如一般营建工程或制造项目明确。因此,在项目目标及范畴规划时,项目团队透过多次面对面沟通以确认业主之需求。另外,除期中及期末审查进行品质验收外,在"安全防坠器材技术分类架构图"建立后,亦透过专家确认以确保其品质。然则合约验收条件皆以合约之规定执行,因此,本项目各交付标的品质规划如下:(1)安全防坠器材之技术分类架构图——必须通过委员会审查;(2)台湾地区及美国专利资料库之安全防坠器材专利地图分析报告——必须完成美国及台湾地区两地之特定IPC分类码(经项目委员会核准)之各类专利地图;(3)台湾地区安全防坠器材之相关专利技术定位与最佳研发策略——必须提供明确之策略法则及推理过程;(4)台湾地区及美国专利资料库之"安全防坠器材专利技术/功效矩阵"——必须包含美国及台湾地区两专利资料库之特定功效分类矩阵图,并通过委员会审查;(5)电梯机坑安全防坠落设备创新设计——必须符合劳安法规要求并达到可申请专利之技术创新设计。

3.3.6 沟通规划

本项目之主要利害关系人包括：(1) 业主代表；(2) 项目审查委员会（含外部专家）；(3) 项目核心团队成员；(4) 专家顾问及临时人力。针对不同利害关系人之沟通需求，规划沟通管理计划如表4所示。

表4 沟通规划表

会议	沟通方式	沟通内容	参与人员	沟通频率
项目会议	会议	项目工作协调	项目核心团队成员	每周一次
工作会议	会议	项目进度、绩效	业主、项目核心团队成员	每月一次
审查会议	会议	项目成果审查	业主、委员会、项目核心团队成员	期中、期末报告
临时项目会议	会议/e-mail	工作进度与问题协调	核心团队成员、专家顾问与临时人力	不定期

四、项目结案

4.1 项目验收

本项目之五项交付标的最后通过期中及期末两次审查会议进行项目验收，审查五项交付标的。期中报告于2010年7月15日举行，期末报告则配合业主要求提早于2010年12月9日举行。审查委员于期中报告对研究成果提出九点改进意见，对期末报告提出八点改进意见。研究团队皆于接到意见后一周内完成改善，回复项目审查委员会，并获得通过。

4.2 行政结束

本项目于期末报告通过后开始进行结案程序，主要工作内容包括：(1) 完成结案报告之内容修正；(2) 向业主做期末款之请求，并于"中华大学"进行各项发票、收据之核销及归档；(3) 配合业主进行成果发表及报告出版完稿缴交；(4) 团队庆功与经验学习。

本项目执行后，共可归纳以下之经验学习：(1) 应用目标与范畴规划有助于厘清研发计划之模糊前缘（Fuzzy front end）——项目透过多次的沟通会议，厘清业主需求，减少范围规划错误之风险，亦提升研究成果之接受度；(2) 应用电脑辅助创新技术有助于缩短技术研发时程——本项目善用 Patent Guider、M-Trend 及 Goldfire 等电脑辅助创新软件，协助各项工作之执行，于最短时间内完成可专利之创新技术研发工作，此一经验可以应用到其他类似之研发项目；(3) 良好的沟通管理有助于研发计划成果之验收——本项目执行过程中,业主代表与项目团队间之沟通顺畅良好,团队成员透过定期及非定期之方式进行目标、范畴、进度及品质问题沟通,事先解决可能之潜在问题(例如研发成果之劳安法规审查等),顺利达成项目目标;(4) Milestone 方法较 CPM 方法更适用于研发项目管理——经项目执行,本计划虽进行累积成本曲线(cost baseline)规划,然因研发项目之不确定性高,若以严格之增值管理进行管控,不易真正掌握项目进度。相反地,以 Milestone 为主,配合阶段性关卡程序(stage gateway process)的管控方式,反而更能弹性配合业主要求,完成其所期望之工作成果。

××食品公司健康米营销推广项目

姓名：阮耀弘
级别：IPMA Level C 评估师
单位：龙华科技大学　企管系　副教授

报告大纲

一、项目背景

二、项目计划

三、项目结案

一、项目背景

1.1　项目发起

米食文化和我们有着五千年浓厚的情感，尽管因为生活形态的变迁，国人食米消费量日趋减少，但全球仍有七成的人口以稻米为主食，因其可以提供营养需求、吃不腻、容易栽培、烹煮方便、味道好、价格大众化等条件，而且可以变化成各种不同的加工品，是最适合一般民众的主食品。由于近年来国人对于食米的消费量虽较以往减少，但对食米之要求已由以往"量"的需求转变为要求"质"的提升；而台湾地区加入WTO后，已开放进口米，面对外来竞争，本土米唯有力求提升品质，才能获得消费者之支持与信赖。

根据市场研究调查显示，全台湾地区平均一年的食米销售量达310亿元，但一般包装米比起往年衰退约5%至10%，虽然食米人口减少，但随着健康意识抬头，民众倾向"吃好、吃健康",而不是"吃饱",现代人的饮食随着科技日新月异,有着多样化的选择,社会掀起一股自然饮食及养生概念的风潮,但要如何使消费者吃得健康又安心,便成为业者的一大课题。根据营养学的观点来说,若将谷物混合搭配着食用,会比单吃一种谷物作为主食更加合乎营养,而十谷米所含的成分有助于降血压、降低胆固醇、清除血栓、舒缓神经,食疗效果不亚于药物控制,且蕴藏百种有益人体健康物质,在各界引起一阵旋风,俨然成为新世纪的养生新宠。

本团队受××食品公司委托,希望借由此项目,拟定明确、具体的目标及策略,并且针对产品属性进行市场调查、区隔、选定及定位等一系列完善的规划,进而强力推广××食品公司的天然有机十谷米产品,借由专业且丰富的营销手法增加产品的曝光率,让更多的消费者获得产品资讯及其功用,并希望透过广告、报纸杂志等媒体的渲染力以提高产品市场占有率及销售额。

1.2 项目可行性分析

本项目于发起阶段依据国际项目管理知识体系之项目管理可行性方法及其步骤进行管理、经济及市场可行性分析,以判断项目目标在现实环境与资源限制下是否能顺利完成。

(一)管理可行性

由于本项目采取项目型组织的方式进行,因此在人员的调度皆能有效地控管,且××食品公司的林总经理也大力支持并提供所需要的资源给予本项目,此外,本团队的项目成员皆具备项目管理知识及IPMA项目管理师的认证,在业界亦为许多企业规划及推广相关的营销项目,故本项目管理可行性甚高。

(二)经济可行性

本团队与××食品公司沟通下,××食品公司表示此次营销推广项目预算为350万元,因此,资金来源足够进行本次项目,本团队将在有限的资金下做最完善的规划。此外,若项目进行顺利且推动有成,将会为××食品公司带来营业额的增长,故在经济上具有可行性。

(三)市场可行性

根据市场研究调查显示,全台湾平均一年的食米销售量达310亿元,且近年来随着健康意识抬头,健康米、发芽玄米、蒟蒻米等健康米在卖场中相当畅销,预估将会带动一波健康米系列的成长,故本项目市场可行性甚高。

二、项目计划

2.1 项目目标

2.1.1 制定目标的依据和原则

本项目之项目目标系由本项目团队与××食品公司高阶管理人员共同依据项目关系人之期望与该公司目前之经营与市场状况共同制定。

2.1.2 项目目标

本团队于2009年2月初接获××食品公司的委托,并于2月中旬开始策划并执行"××食品公司健康十穀米营销推广项目"项目,预计在6个月内完成规划并执行、评估完毕。在项目期间随时注意项目进度与风险的应对措施,使得项目能够如期且依照以下目标顺利发展举行:

1. 于2009年7月31日前规划并执行完成此营销项目。
2. 预算为350万元内完成此项目。
3. 项目执行后比上一季成长500万销售额。
4. 项目执行后比上一季提高市场占有率15%。
5. 开发并推出5种以上健康米新吃法。

2.1.3 项目范围

项目范围始至与××食品公司、供应商、经销商及消费者沟通协调至营销推广结束。

需要做

1. 了解××食品公司高层的需求,并由本团队策划营销推广内容。
2. 进行市场研究、区隔、选定及定位。
3. 了解所有关系人的需求。
4. 承办广告厂商招标与选定等事项完成。
5. 控制及监督整个营销推广活动。
6. 执行4月至6月之销售及绩效评估报表。

不需要做

1. 商品研发、生产及包装产品皆由××食品公司研发及生产单位负责。
2. 商品采购及销售皆由××食品公司营业单位负责。
3. 商品运送皆由××食品公司物流单位负责。
4. 问卷调查由××食品公司委托经销商发放。

2.2 项目工作结构及组织

2.2.1 项目管理流程

本项目管理流程依据IPMA C级国际营销项目管理知识体系,将项目分为状况分析、策略制定、价值创新、产品销售及客户服务五大阶段进行。

2.2.2 工作分解结构WBS

本项目之工作分解结构如下图所示:

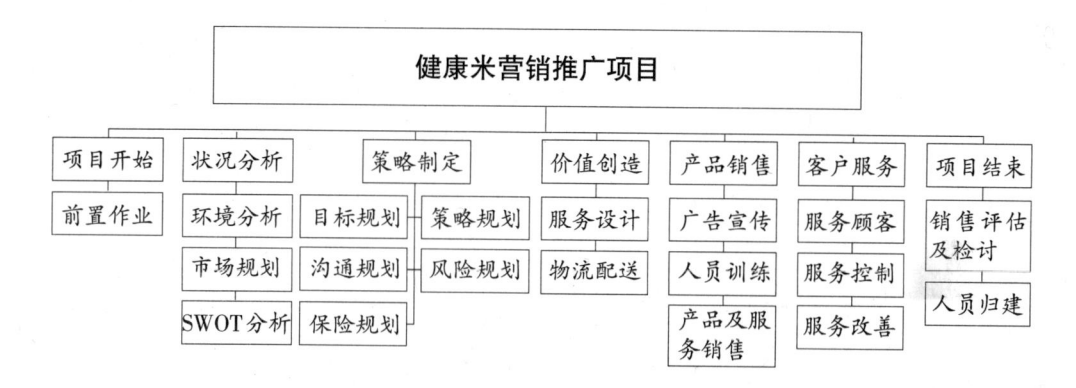

```
                          健康米营销推广项目
                                 │
 ┌───────┬────────┬────────┬────────┬────────┬────────┬────────┐
项目开始  状况分析  策略制定  价值创造  产品销售  客户服务  项目结束
前置作业  环境分析  目标规划  服务设计  广告宣传  服务顾客  销售评估
         市场规划  沟通规划  物流配送  人员训练  服务控制  及检讨
         SWOT分析  风险规划           产品及服  服务改善  人员归建
                   保险规划            务销售
```

2.2.3 组织分解结构

本项目的OBS(组织分解结构)规划表如下所示:

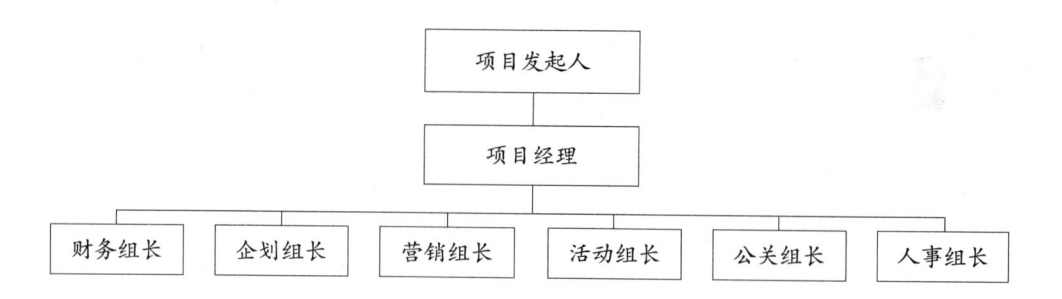

```
                      项目发起人
                          │
                      项目经理
                          │
 ┌────────┬────────┬────────┬────────┬────────┬────────┐
财务组长  企划组长  营销组长  活动组长  公关组长  人事组长
```

2.2.4 项目外部组织及职责描述

本项目外部组织为本校项目团队,职责为协助××食品公司团队执行本项目。

2.2.5 项目内部组织及职责描述

此项目由××食品公司的林总经理委托并授权本公司营销部陈副总担任发起人,并由发起人授权洪经理担任项目经理,经由概念书初步规划后,项目经理将带领各组的组长执行本次项目,各组长需定期与项目经理报告进度。 相关角色与责任如下页表所示:

角色	责任
项目发起人	发起此次"××食品公司健康米营销推广项目",并执行项目监督与支持工作。
项目经理	在发起人授权后,寻找合适的人选担任各个职务的组长与成员,并授权给各个组长可行的权力且督导整个项目的进度;项目经理人对整个项目成败须负完全责任。
财务组长	主要掌管营销推广所有的相关支出,财务长与项目成员一起召开会议,由财务长提供所有财务信息,经过沟通、讨论后由项目经理做最后裁决。
企划组长	主要负责所有的营销推广规划事宜。
营销组长	主要负责辅助××食品公司做营销推广内容并验收广告成效。
活动组长	主要负责辅助及监督举办试吃、达人讲座等活动,使活动流程顺畅等事宜。
公关组长	主要负责与经销商及广告商联系。
人事组长	主要负责工作人员的安排与调度。

2.2.6 责任指派矩阵

以下为本项目之RAM(责任指派矩阵)表:

阶段	工作包	负责人员 活动名称	项目经理	财务组长	企划组长	营销组长	活动组长	公关组长	人事组长
项目开始	前置作业	项目启动	P	S	S	S	S	S	S
		项目编组	P	S	S	S	S	S	S
状况分析	环境分析	食米市场环境分析	S		P				
		波特五力分析	S		P				
	市场规划	购买健康米之消费者问卷调查、市场区隔、选定及定位	S		P	S			
	SWOT分析	公司内部与外部环境分析	S		P				
策略制定	目标规划	制定整体营销目标及策略	S	S	P	S			
	策略规划	制定营销组合策略	S	S	P	S			
	沟通规划	分析关系人	S		S			P	S
		建立关系人沟通方式	S		S			P	S
	风险规划	辨识潜在风险	S		P				
		分析影响程度	S		P				

阶段	工作包	负责人员\活动名称	项目经理	财务组长	企划组长	营销组长	活动组长	公关组长	人事组长
策略制定	风险规划	制定应对措施	S		P				
	保险规划	投保产品责任险	S	P	S				
价值创造	服务设计	设计服务蓝图	S		P			S	
		制定服务项目	S		S	P			
		设置自动服务系统	S		S	P			
	物流配送	设计物流配送服务项目及内容	S		P			S	
产品销售	广告宣传	分析及预期广告功能	S	S	P				
		设计广告宣传手法	S		P	S			
	人员训练	安排人员训练时程及内容	S			S			P
	产品及服务销售	建立产品及服务信息	S		P				
	销售评估	分析市场占有率	S			P	S		
客户服务	服务顾客	建立顾客抱怨与退货之处理作业程序	S		P		S	S	
	服务控制	设计及进行问卷满意度调查	S			P	S		
		制定神秘客排程	S			P	S		
		制定服务水平				P	S	S	
		进行电话访谈	S				S	P	
	服务改善	制定应对服务改善方法	S				S	P	
项目结束	销售评估及检讨	评估广告效益	S			P	S		
		分析市场占有率	S			P	S		
	人员归建	进行人员绩效考核	P	S	S	S	S	S	S

※ 注:P为主要责任,S为支援责任。

2.2.7 项目里程碑

为确实掌握本项目执行状况,项目里程碑制定如下:

3月19日营销计划书撰写完成。

3月22日承办广告厂商招标与选定等事项完成。

3月27日电视广告及平面广告验收完成。

3月31日人员教育训练及完成。

6月30日广告宣传完毕。

7月24日销售、绩效评估及检讨完成。

7月31日项目结束、人员归建及总检讨完成。

2.3 项目规划

2.3.1 活动定义

阶段	工作包	活动名称	内容	工作包产出
项目开始	0.前置作业	0.1 项目启动	项目规划前的准备阶段	项目授权书、责任指派矩阵
		0.2 项目编组		
状况分析	1.环境分析	1.1 食米市场环境分析	分析××食品公司的内、外部市场环境	环境分析报告
		1.2 波特五力分析		
	2.市场规划	2.1 购买健康米之消费者问卷调查	在定义的市场内进行市场区隔、选定及定位	关键市场区隔
		2.2 市场区隔、选定及定位		
	3.SWOT分析	3.1 公司内部与外部环境分析	针对在意养生之壮年及老年人口市场,找出关键市场区隔中所需处理的关键议题	SWOT分析表
策略制定	4.目标规划	4.1 制定整体营销目标及策略	针对原有的产品及市场采用市场渗透策略来制定出营销目标	安索夫矩阵图、项目目标
	5.策略规划	5.1 制定营销组合策略	规划达成关键市场区隔营销目标的营销策略	营销组合
	6.沟通规划	6.1 分析关系人	透过各种沟通方式,实时传递给需要信息的人	关系人分析与沟通模式表
		6.2 建立关系人沟通方式		
	7.风险规划	7.1 辨识潜在风险	辨识、分析和应对营销推广风险的过程	风险辨识分析表、定性与定量分析表、风险应对分析表
		7.2 分析影响程度		
		7.3 制定应对措施		
	8.保险规划	8.1 投保产品责任险	保护所有消费者,如对消费者造成体伤、身故等损失,依法负赔偿责任	产品责任险证明

198

阶段	工作包	活动名称	内容	工作包产出
价值创造	9.服务设计	9.1设计服务蓝图 9.2制定服务项目 9.3设置自动服务系统	根据企业市场定位的服务价值诉求,设计可以取得竞争优势的服务	服务蓝图、服务项目、自动服务系统
	10.物流配送	10.1设计物流配送服务项目及内容	建置妥善的服务,将产品运送或传递给经销商及消费者,以满足其需求。	物流配送系统
产品销售	11.广告宣传	11.1分析及预期广告功能 11.2设计广告宣传手法	借由增加产品的曝光率,让有需求的消费者能够快速得到有效的信息	预期广告功能、广告宣传手法、广告播放时程
	12.人员训练	12.1安排人员训练时程及内容	产品销售之前,对公司成员实施教育训练,以具备说明、解答、推销、解决问题等能力	人员训练时程及内容、人员合格证明
	13.产品及服务销售	13.1建立产品及服务信息	透过各种方式将产品销售到客户手上	产品销售据点
客户服务	14.服务顾客	14.1建立顾客抱怨与退货之处理作业程序	根据设计的服务模式和作业流程,进行对客户所需要的服务要求	客诉流程
	15.服务控制	15.1设计及进行问卷满意度调查 15.2制定神秘客排程 15.3制定服务水平 15.4进行电话访谈	针对服务的现况绩效,进行控制和变更的过程	问卷调查、神秘客排程、服务水平管理、电话访问
	16.服务改善	16.1制定应对服务改善方法	针对现有的服务问题作改善	服务改善表
项目结束	17.销售评估及检讨	17.1评估广告效益 17.2分析市场占有率	获知在某一段时间,企业产品在目标市场的销售情况	销售统计资料分析、广告绩效评估、市场占有率分析
	18.人员归建	18.1进行人员绩效考核	人员回到各工作岗位	绩效考核表

工时估计与活动排序

本项目的活动排序是将所有需要完成的活动,依照彼此之间各种执行上的关联性，以甘特图(Gantt chart)、网络图(Network diagram)等图形呈现方式，排列出项目活动的先后执行顺序。工时估计是依照活动的资源需求和本项目的资源的可用性，估计出所有需要执行的活动工期，并且参考历史资料以及向组织内部的专家咨询，以提高工时估计的精确度。

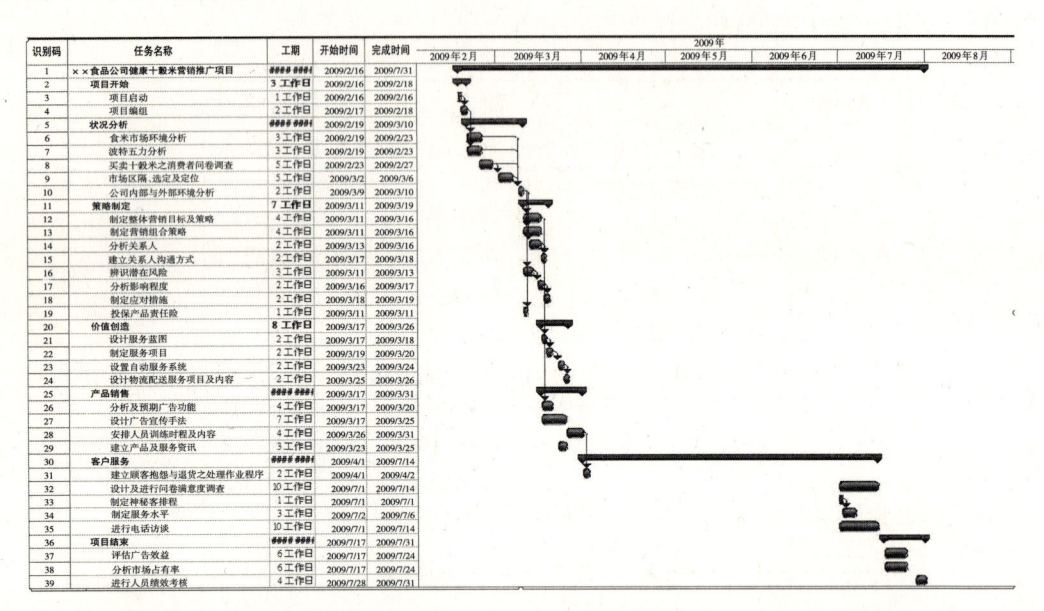

网络图

下图为本项目之网络图，其说明此次项目所有活动的先后顺序。

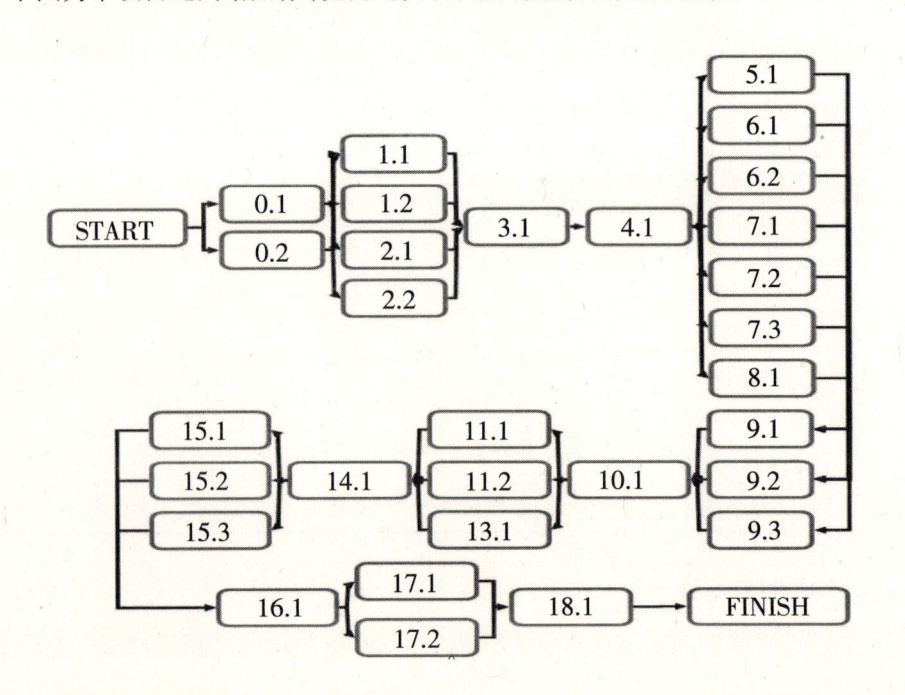

2.3.2 一般资源规划

项目管理最大的困难之一为资源的有限性，因此本团队之一般资源规划的主要目的是要确保项目在执行过程能及时取得所需要的资源，且必须和项目进度计划密切结合，以避免不必要的资源浪费。本项目一般资源规划区分为两大类，其包含广告宣传费及其他费用，如下表所示。

预算类别	名 称	单位
广告宣传费	电视媒体（广告制作）	4家
	报章杂志（设计费）	4家
	网络营销（设计费）	2家
	DM印制（设计费）	30,000张
	商品试吃	20,000包
	活动宣传费（讲师、奖品、文宣等）	1笔
其他费用	产品责任险	1笔
	储备金	1笔
	杂项费用（问卷印制费、会议茶点、文具用品等）	1笔

2.3.3 人力资源规划

本项目之人力资源规划之重点包括人员的内部借调及人员到位后实施各种的必要训练，而本团队认为执行项目活动的是全体项目成员，因此项目所需要的人力资源必须和项目的进度密切结合，负责的项目成员亦必须确保及时提供足够且符合要求的活动执行能力；本项目之人力资源规划是使用类比估计法来推估活动所需要的工时及人力需求，其详细人力资源规划如下表。

阶段	工作包	活动名称	工期（工作）	人力需求
项目开始	0.前置作业	0.1项目启动	1天	1人
		0.2项目编组	2天	1人
状况分析	1.环境分析	1.1食米市场环境分析	3天	2人
		1.2波特五力分析	3天	2人
	2.市场规划	2.1购买健康米之消费者问卷调查	5天	5人
		2.2市场区隔、选定及定位	5天	4人
	3.SWOT分析	3.1公司内部与外部环境分析	2天	2人
策略制定	4.目标规划	4.1制定整体营销目标及策略	4天	2人
	5.策略规划	5.1制定营销组合策略	4天	2人

阶段	工作包	活动名称	工期(工作)	人力需求
策略制定	6.沟通规划	6.1分析关系人	2天	1人
		6.2建立关系人沟通方式	2天	1人
	7.风险规划	7.1辨识潜在风险	3天	4人
		7.2分析影响程度	2天	4人
		7.3制定应对措施	2天	4人
	8.保险规划	8.1投保产品责任险	1天	1人
价值创造	9.服务设计	9.1设计服务蓝图	2天	2人
		9.2制定服务项目	2天	2人
		9.3设置自动服务系统	2天	2人
	10.物流配送	10.1设计物流配送服务项目及内容	2天	2人
产品销售	11.广告宣传	11.1分析及预期广告功能	4天	2人
		11.2设计广告宣传手法	7天	3人
	12.人员训练	12.1安排人员训练时程及内容	4天	1人
	13.产品及服务销售	13.1建立产品及服务信息	3天	2人
客户服务	14.服务顾客	14.1建立顾客抱怨与退货之处理作业程序	2天	2人
	15.服务控制	15.1设计及进行问卷满意度调查	10天	5人
		15.2制定神秘客排程	1天	1人
		15.3制定服务水平	3天	2人
	16.服务改善	16.1制定应对服务改善方法	2天	2人
项目结束	17.销售评估及检讨	17.1评估广告效益	6天	4人
		17.2分析市场占有率	6天	4人
	18.人员归建	18.1进行人员绩效考核	4天	2人

成本估计

本项目经由委托者与项目团队讨论下,共同规划出此次营销活动所需花费的明细表,营销总预算为350万。本团队将在有限的资金下做最完善的规划,让商品获得更多消费者的青睐,以快速提升商品销售量,增加市场占有率,详细预算规划表如下页表所示。

预算类别	名称	单价	单位	预算金额
人事费	项目经理	50,000	1人	50,000
	项目成员	30,000	6人	180,000
	卖场销售人员	7,600（10天计）	5人	38,000
	DM、问卷发放人员	7,600（10天计）	10人	76,000
广告宣传费	电视媒体（广告制作）	20,000（10秒）*30次	4家	2,400,000
	报章杂志（设计费）	15,000	4家	60,000
	网络营销（设计费）	12,000	2家	24,000
	DM印制（设计费）	0.7	30,000张	21,000
	商品试吃	5	20,000包	100,000
	活动宣传费（讲师、奖品、文宣等）	100,000	1笔	100,000
其他费用	产品责任险	20,000	1笔	20,000
	储备金	50,000	1笔	50,000
	杂项费用（问卷印制费、会议茶点、文具用品等）	20,000	1笔	21,000
预算总额				3,140,000

　　本团队依据预算规划表推估每月所需花费的金额，因4月1日至6月30日进行广告宣传，故此阶段所需投入的金额较大，其详细每月预算规划图如下图所示；其成本基准图如下页图所示。

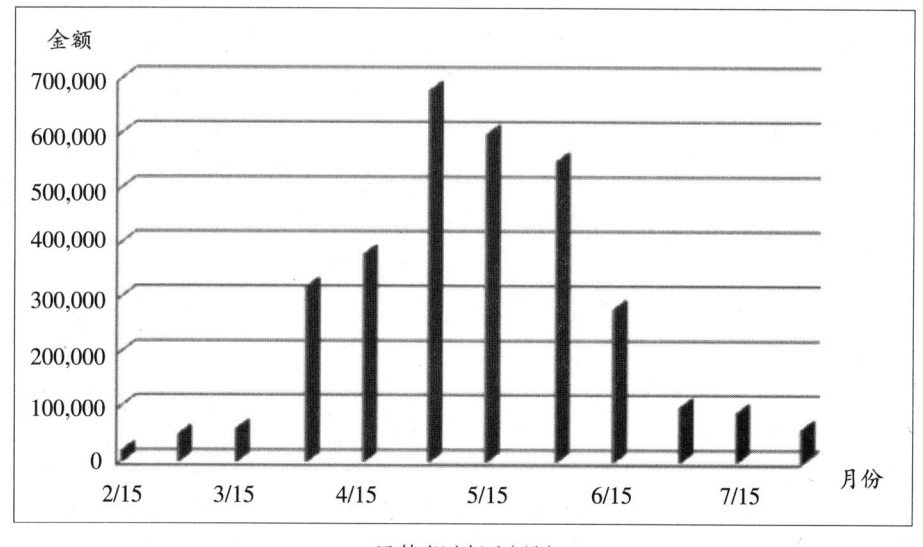

预算规划图（月）

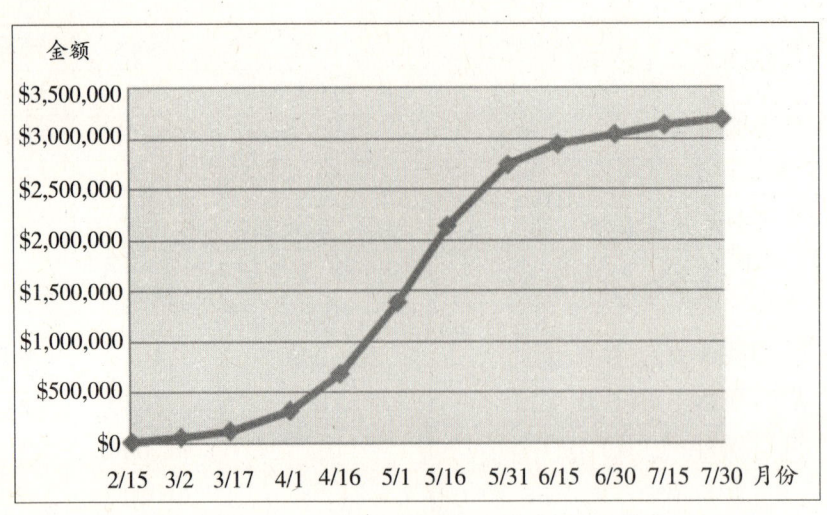

成本基准图

2.3.4 风险规划

本项目之风险规划目的在于辨认、分析及应对活动风险的过程。风险因子的发生对产品营销的影响有正面、负面。正面风险如产品供不应求,为了预防风险的发生,将会与供应商协调及时增加出货量;负面风险如替代品增加,为了预防风险的发生,将会持续不断地实施市场调查分析,或是选择其他的营销策略来应对。

(1) 风险管理策略

经由几位项目成员组成风险应对小组,再由项目经理指派一位小组成员作为风险经理,于风险发生时召开紧急小组会议,讨论在实际的状况发生时如何应对。项目管理之中概率/冲击尺度是以10乘10为计算方式,本团队采用(RPN)数值大于等于30为高度风险,小于30为中、低度风险。

(2) 风险辨识与定性风险分析

本项目之风险规划是由全体项目人员经资料收集及脑力激荡,再经过项目成员讨论与评估后,列出以下的风险清单及应对措施;定性风险分析是由发生概率和冲击大小两者数值相乘,排列出风险的相对重要性。发生概率和冲击大小的数值以一到十分来评估,所有数值是由本项目所有成员依各人的想法来评分,再把所有项目成员的分数加总及平均计算而成,下表为本项目之风险辨识及定性风险分析表。

排序	风险清单	概率	冲击大小	RPN	排序	风险清单	概率	冲击大小	RPN
1	替代品增加	5.5	6.3	34.7	10	沟通不良	2.7	6.9	18.6
2	原物料价格上涨	3.9	7.9	30.8	11	市场区隔错误	2.4	7.3	17.5

排序	风险清单	概率	冲击大小	RPN	排序	风险清单	概率	冲击大小	RPN
3	负面报道	4.5	6.8	30.6	12	项目范围错误	2.6	6.7	17.4
4	竞争者增加	5.0	6.0	30.0	13	整体执行不佳	2.0	8.5	17.0
5	供货商未准时出货	3.8	7.1	27.0	14	产品定位错误	2.0	8.5	17.0
6	销售不佳	4.3	6.1	26.2	15	产品及包装瑕疵	2.7	6.0	16.2
7	供货商供货不及	2.8	8.7	24.4	16	人员服务不佳	2.6	5.9	15.3
8	广告成效不佳	3.2	7.3	23.4	17	目标未达成	2.1	7.0	14.7
9	预算不足	3.0	6.3	18.9	18	广告延迟交件	2.0	7.0	14.0

(3) 定量风险分析及风险应对

本项目根据定性风险分析里的风险优先数(RPN)之数值≥30来进行定量分析，规划风险实际发生时所可能产生的后果，并依定量分析的风险事项来设计风险应对，以降低风险发生时的影响程度。下表为本项目之定量风险分析及风险应对表和RPN数值≥30之风险应对方法。

排序	风险清单	风险冲击	风险应对
1	替代品增加	导致消费者将有更多的选择，预估使销售量减少5%。	1. 增加营销策略。 2. 采取其他促销方案，以提高销售额。
2	原物料价格上涨	预估成本提高5%，导致售价调涨10%，以至于消费者购买意愿降低，销售减少10%。	货比三家，利用合同条款保护。
3	负面报道	消费者忠诚度降低、影响商誉，预估销售减少10%。	寻求司法途径，并加强促销产品，让消费者重新找回对商品的信心。
4	竞争者增加	将会瓜分市场占有率，预估导致销售量减少8%。	将采取研发新商品种类，并加强商品的营销。

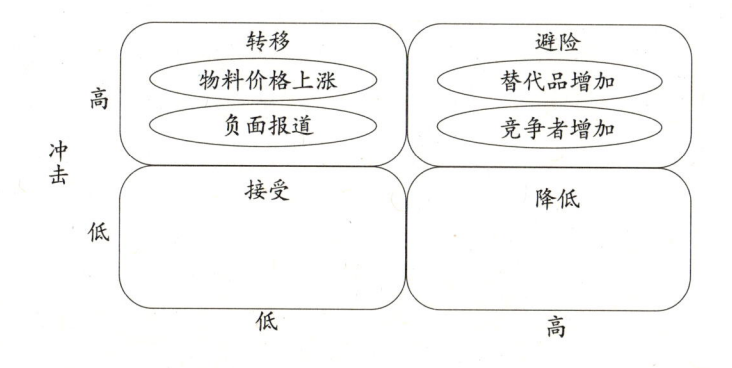

	转移	避险
高	物料价格上涨 负面报道	替代品增加 竞争者增加
冲击	接受	降低
低		
	低　　　　　　　　　高	

2.3.5 采购规划

本项目所需之一般资源皆为标准品,依该公司正常采购流程规定办理。

2.3.6 品质规划

项目品质规划不只限于项目产品的品质,而且包括活动规划的品质、人员工作品质、技术的品质。主要目的是根据客户的需求,并确认项目必须达成品质的目标。本项目之品质规划主要以标杆学习及检核表为主要方法,相关做法如下表所示:

质量规划方法	具体作法
标杆学习	1. ××企业先前已执行过多次营销项目,以往项目之经验教训可作为本次项目之参考。 2. 本校项目团队亦具有营销专业,可提供业界最佳实务为××参考。
检核表	1. 日正公司已通过ISO9000认证,各项作业皆已制定标准作业程序及流程,本项目所执行之工作项目若与该公司原有之作业类似,可修改引用已有之检核表以确保工作之质量。 2. 对于质量关键工作项目,本团队亦将与日正团队共同制定检核表以提高项目质量。

2.3.7 沟通规划

本项目之沟通规划在于规划项目团队与供应商、经销商及消费者之间的沟通,其需要由各种沟通方式、管道及媒介等进行沟通,并在适当的时间即时传递给需要资讯的人,以增加营销程序上的流畅度,详细沟通规划如下表所示。

关系人	沟通模式
项目团队与 ××食品公司之间	1. 确认需求并签订合同,本团队将依据此合约内容执行。 2. 定期开会,报告进度。 3. 以e-mail、电话,在任何问题发生时可联系。
项目团队之间	1. 定期开会,报告进度。 2. 以e-mail、电话,在任何问题发生时可联系。
项目团队与 供货商、经销商之间	1. 定期召开视频会议,报告进度。 2. 以e-mail、电话、传真,在任何问题发生时可联系。 3. 透过信息管理系统来传递信息。
项目团队与消费者之间	1. 透过DM传单、网络发布促销信息。 2. 借由顾客数据,寄送最新优惠信息。 3. 专业的客服人员。 4. 不定时举办营销活动。

2.3.8 形态规划

本项目无须形态规划。

2.3.9 训练规划

本项目之人员训练的目的是在产品销售之前,对所有参与的人员,包括营销人员及技术人员等实施必要的教育训练,以具备说明、解答、推销、解决问题等能力,而人员训练的落实与否是产品销售成败的主要关键之一。

本团队将于产品销售前进行一系列的教育训练,以面授课程并特请知名的营养师开课,为员工说明健康米的成分及各种功用,并在教育训练后实施测验,确认员工是否了解产品的属性与功用。此外,人员训练将定于新产品上市前半个月开始进行,因公司员工人数众多,为了不影响公司营运,每场课程同单位的参与人员不得超过1/3,故将训练课程分为产品销售资讯及服务理念与顾客关系两种课程,共计六个场次;预计训练课程为期三天,每天两场,课程时间为3小时,训练课程结束后三天统一进行笔试测验,若笔试成绩不及格者,将另行安排补考测验。此外,因本产品提供0800免付费专线做线上咨询及售后服务,故本团队针对电话客服人员,除了基本的教育训练外,另有电话礼仪及线上销售的训练课程,使员工更具备专业的知识。本项目预计人员训练时程及内容如下表所示。

日期	第一场 09:00~12:00	第二场 13:00~16:00
3/23	产品销售资讯	服务理念与顾客关系
3/24	产品销售资讯	服务理念与顾客关系
3/25	产品销售资讯	服务理念与顾客关系
3/26	电话礼仪(销售课程)	—
3/30	笔试测验	—
3/31	补考测验	—

三、项目结案

3.1 项目验收

3.1.1 销售评估

本项目之销售评估的目的是希望获知在某一段时间当中,企业产品在目标市场的销售情况。为促使销售额提升及扩大市场占有率,故本团队于2009年3月开始进行产品行销项目,并于2009年4月份开始于做广告宣传及促销,广告推出后,便激起消费者购买的意愿。根据销售数据显示,2009年度第二季销售额较第一季增长

5,028,580元，增长率为77.91%，而市场占有率也从14%增长为32%，其详细销售金额及市场占有率如下图所示。

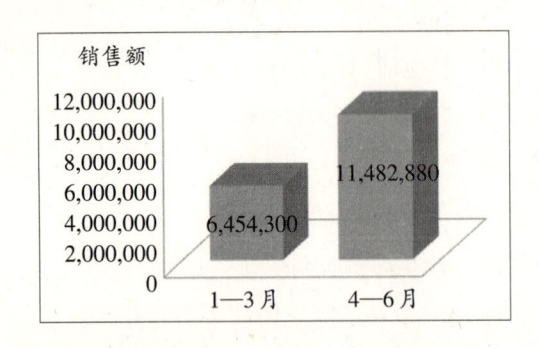

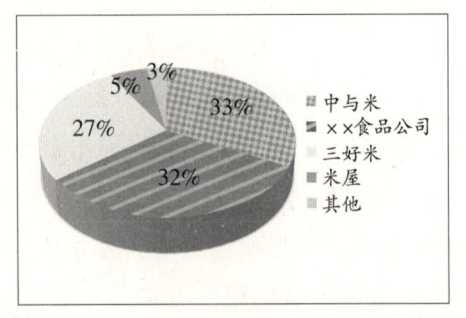

由数据显示，若企业欲提高销售额、增加知名度及扩大市场占有率，亦可将产品做一系列的营销推广，借由广告等营销推广手段让消费者得知产品资讯，进而带动人气，增加产品销售额，因此，本团队建议此营销项目结束后，××食品公司可再继续推广营销活动及广告宣传等，直到销售量稳定增长为止。

3.1.2 项目检讨

本项目使用增值管理来评估绩效之依据；因成本绩效指标（CPI）在项目执行15%时才会趋于稳定，故本团队于4月份开始进行绩效审查。项目执行过程中，项目成员及各部门组长皆应严格地掌控项目进度，使进度皆能在应执行的时间内完成，因此本团队以EV=PV来计算CPI并评估执行绩效是否良好，其增值管理分析表如下表所示。

审查点	PV（计划值）	AC（实际值）	CV（成本偏差）	CPI（成本绩效指标）
4/1	33,000	325,000	5,000	1.015
5/1	1,390,000	1,410,000	−20,000	0.985
6/1	2,780,000	2,815,000	−35,000	0.987
7/1	3,080,000	3,115,000	−35,000	0.988
7/31	3,140,000	3,185,900	−45,900	0.985

以4/1的审查点来看，CPI值大于1且CV = 5000，表示成本低支，但由于是项目刚开始做广告宣传的阶段，因此，此阶段对于成本的掌控尚在合理的范围内；而5/1至7/31之各个审查点，CPI值皆小于1，本团队认为此阶段为广告宣传之重点，在预算方面可能未确实掌控广告及活动宣传费用，造成成本超支45,900元，虽然实际花费金额未超过总预算，但项目团队应更谨慎的推估预算，为委托者省下更多的资金。

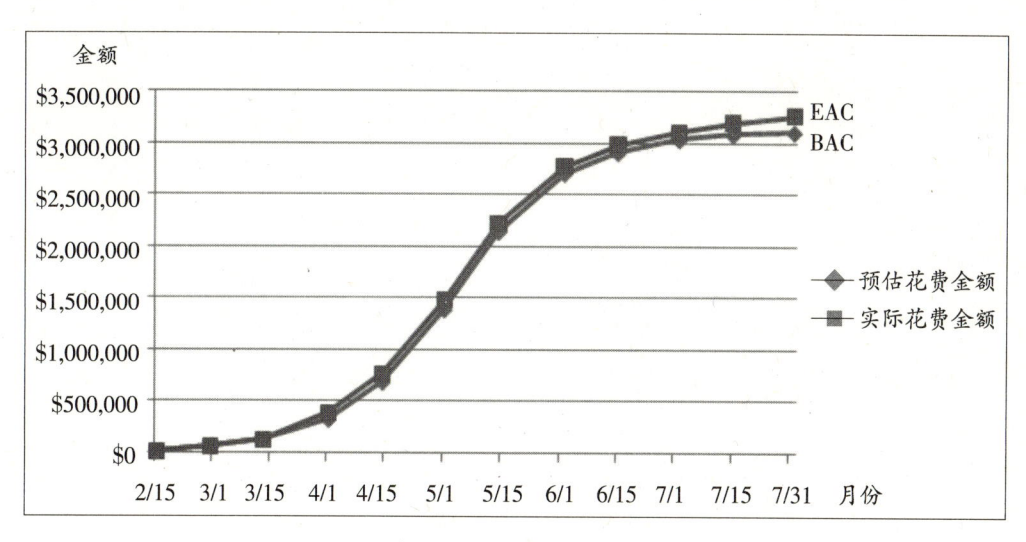

实际与预估花费金额

　　此次营销项目在财务方面总预算为3,500,000元，本团队在规划期间编列的预算大约为3,140,000元，但项目实施这五个月来，因活动宣传费用未谨慎预估，所以实际共花费3,185,900元，费用低估了45,900元，如上图所示；虽然费用并未超过总预算，但本团队还是希望能以最少的资金做最完善的规划，故往后本团队将会针对每个细节严格的管控预算费用，希望预估与实际花费的费用不会落差太大。

台湾高速铁路 BOT 建设计划

姓名：吴福祥

级别：IPMA　Level　C 评估师

单位："中华大学"营建管理学系

报告大纲

一、项目背景

二、项目目标与范围

三、项目发起及管理特点

四、项目规划

五、申请人在项目中的职责与作用

六、项目控制品质与监督

七、项目管理与执行

八、管理上所运用之技术能力要素

九、管理上所运用之行为能力要素

十、管理上所运用之环境能力要素

十一、项目成果与效益

十二、项目经验学习与综合建议

项目简介：包括项目背景、项目及项目管理特点、项目管理成果、申请者在项目中的作用及经验收获。

一、项目背景

台湾西部走廊高速铁路兴建计划是全世界规模最庞大之跨世纪BOT计划,"交通部"自1989年完成可行性研究报告奉核后,即成立高速铁路工程筹备处专责办理高铁综合规划等筹备工作,并于1996年10月公告征求民间参与投资兴建及营运,1998年7月与台湾高铁公司签约执行,计划期程前后历时十七余年,其间历经"立法院"删除预算并要求改以民间参与投资方式办理、预算重编与通过、1998年亚洲金融风暴、921大地震、建材上涨、台风豪雨等环境剧烈之变化,终在2006年12月底"交通部"完成高铁整体系统的履勘并核准通车营运,其项目环境之复杂与执行之困难,在台湾公共工程中,实属前所未见。

二、项目目标与范围

"台湾西部走廊高速铁路计划"路线北起台北南港南迄高雄左营,全长约345公里,沿途设置台北(含南港站及板桥站两座营运辅助站)、桃园(青埔)、新竹(六家)、苗栗(丰富)、台中(乌日)、彰化(田中)、云林(虎尾)、嘉义(太保)、台南(归仁)、高雄(左营)等10座车站;并于汐止、乌日及左营设置3处车辆基地,在高雄燕巢设置总机厂,新竹六家、嘉义太保设置工务、电务维修段。本计划由"交通部高铁局"于1996年10月底公告征求民间参与投资兴建及营运,经资格审查、议题协商、甄审、议约等程序后,"交通部"于1998年7月23日与台湾高铁公司签订高铁"兴建营运合约"(特许期35年)及"站区开发合约"(特许期50年),以及高铁"政府应办事项备忘录"与"合约执行备忘录"等BOT合约文件。合约总经费约新台币5,133亿元,包括必须办理事项经费约1,057亿元,办理用地取得、台北地下化共构段施工以及监督与管理,以及台湾高铁公司投资4,076亿元(含利息),负责办理土建、车站、核心机电、轨道、维修基地及总机厂等工程、机具、设备之设计施工、测试及营运维修等工作。本计划另有两项由政府主办之附属计划,一是高铁车站特定区区段征收土地开发计划,针对桃园、新竹、台中、嘉义及台南五个车站特定区共1,506公顷进行开发,总投资经费约662亿元。二是高铁站区联外运输系统改善计划,包含道路改善(450亿元)及捷运(Mass Rapid Transit, MRT)系统兴建(包含台中捷运绿线513亿元、台铁沙仑支线85亿元、内湾支线83亿元),总投资经费约1,131亿元。

三、项目发起及管理特点

BOT计划中特许公司系以效率为导向并以营利为目的;当局则以安全及公众利益为首要考量,两者目的不尽相同。当局如何以最少的干预,执行最有效的监督管理,成为BOT计划项目管理最重要的课题及关键成功的因素。

　　本计划是由当局主动发起,基于经济及社会发展之需要,提出兴建台湾西部走廊高速铁路之计划。然而由于政府财政困难,本计划经"立法院"决议由原来当局编预算兴建改采民间投资兴建与营运(BOT)模式执行。为使计划可行,当局分别从当局应办事项及协助厂商融资等两方面着手,确立项目之范畴、降低项目风险。除明定当局应办事项以提升项目可行性外,结合站区开发,由当局提供站区附属事业用地约31公顷,给民间公司进行开发50年,以提升财务可行性,且承诺协助融资以降低项目财务风险。

　　在高铁计划中当局主办单位的执行态度是协助而不是介入,尽量减少对特许公司(台湾高铁公司)各项活动的干预,以免造成权责不清或风险的转移。另由于本计划之工程建设费用均由台湾高铁公司自行筹资兴建并自负盈亏,有好的工程品质才能有效的经营,也才能节省营运维修成本,确保营运安全。因而激发台湾高铁公司对高铁系统功能、品质及安全之自我期许,当局在合约及计划执行面上给予台湾高铁公司最大的自主权,使其能发挥民间企业经营的效率并获得合理的利益。因此,在检讨本计划项目管理之成效时,有必要对政府机关之作为及台湾高铁公司之营建管理,分别进行探讨。

四、项目规划

(一)当局方面

1. 规划设计阶段之做法

　　由"交通部运输研究所"会同有关专家于1990年3月完成可行性研究报告,报奉"行政院"核定后,"交通部"于1990年7月成立高速铁路工程筹备处(以下简称高铁处),专责办理高铁兴建的各项筹备事宜,1991年10月完成综合规划报告,其规划成果于1992年6月奉"行政院"核定,立即进行土建工程基本设计,完成机电系统规划、运量预测及财务计划,并在举办投资者说明会后,于1996年10月底公告征求民间投资,正式进入高铁推动兴建阶段,高铁处亦配合于1997年1月底改制为高速铁路工程局(以下简称高铁局)。

2. 效益分析

　　高铁局于办理高铁BOT民间投资案甄审作业前,即已完成高铁工程之规划设计作业,对于各项当局应办事项亦订立完成期限,大幅降低高铁计划之不确定性,使高铁计划之风险得以有效的管控。在与台湾高铁公司签约前,依合约必须交付的工程用地,高铁局均已协调各地方当局提前作业且全部取得,顺利交付台湾高铁公司依规划时程展开施工，节省可观的用地征收经费，并及早与相关单位进行跨越河川及铁、公路许可等之协调，协助台湾高铁公司依规定于施工前提出使用申请并顺利取得各项许可。

（二）特许公司方面

1. 发包策略

台湾高铁公司考量工程风险分摊等因素，各项工程均采用设计与施工合一之统包方式招开国际标。此一策略成功的降低人力需求，且可以招徕国际上知名之营建厂商参与。其决定工程分标与合约规模之因素，主要系考量完工时程、品质要求、发包期程，以及当局必须相对动员之资源等，给予承包商充分发挥其工法创新之潜力，并善加利用承包商投资经验、动员设备及人力调度之最佳经济规模，降低专业服务成本，减少工程面，以及符合合约品质要求之一致性，乃将全线330公里土建工程由最初分割为40个分标修正为12个分标。此一策略不但减少管理工作量，且对承揽厂商产生自动筛选之作用。

2. 设计品质

为确保高铁计划各标之设计品质，联合承揽厂商均须依合约规定自聘独立设计查核工程师（Contractor's Independent Checking Engineer, CICE），办理实质设计审查作业；设计图说文件经其验证通过并签发证明后，提送至台湾高铁公司各标驻地办公室（Resident Engineer, RE）办理初审，查核是否符合合约品质要件及文件完整性之要求。经初审无异议后，各标RE会同台湾高铁公司外聘之独立设计查核工程师（Independent Checking Engineer, ICE）审查无异议后，由台湾高铁公司业主代表（Employer's Representative, ER）核决并回复承揽厂商"无异议声明"，据以办理后续作业。

五、申请人在项目中的职责与作用

申请人在参与本计划项目执行期间（1990.8~2007.1），历任高铁筹备处总工程师、副处长及高铁工程局副局长、局长，全程负责高铁BOT项目的推动执行；并在局长任内协助"交通部"完成高铁的履勘且获核准通车营运（2006.12.25）。

六、项目控制品质与监督

（一）当局方面

高铁局依据"铁路法"等法令及高铁合约规定，针对台湾高铁公司兴建高铁的财务调度及各项工程施工，进行财务查核、品保监督及查验、剩余土石方处理及稽查、环境监督及考核、水保监督及检察、竣工监察及营运准备查验等监督的工作。

(二) 特许公司方面

1. 品质控制

A. 独立监造工程师(Independent Site Engineer, ISE)——系台湾高铁公司外聘之第三者施工查核单位,以确保承包商之施工品质符合规范之要求。其查核项目包括审查承包商施工计划、检查试验计划及工作规范;定期执行工地稽核作业,如发现不符合事项,即开立"未符合记录",由承包商提出改正及预防措施,并立案追踪管制。

B. 驻地工程师(RE)——其监督工作包含稽核承包商之品保作业、执行工地重点检查、监督承包商之"不符合事项报告"管制作业、审查及验证承包商之施工及其他品质纪录,以及办理竣工接收作业。

C. 承包商自主品保——包含建立品保制度及品保/品管组织,以执行品保/品管工作。若于执行审查过程中发现缺失,应开具"不符合事项报告",并持续追踪至完全改善为止。

2. 独立查核、检验及认证专业机构(ICEV)稽核

独立查核、检验及认证(Independent Checking Examination and Validation, ICEV)专业机构系由台湾高铁公司依合约外聘英国劳氏验船协会组成之(Lioyd's Register Project Team, LRPT)负责执行,以确保高铁系统之功能、品质及安全符合合约规范要求。该项工作自高铁各项工程兴建之设计阶段起,至商业运转测试、履勘及通车营运止。LRPT经由现地查访及文件审阅,并依据ICE/ISE提出之报告,以抽样稽核进行验证及认证。此外,LRPT并对各项高铁永久性设施、设备执行评估,以确认均能符合规范要求,并据以认证高铁系统之可靠度、妥善率、维修度及安全性均符合合约规定。

七、项目管理与执行

(一) 当局方面

1. 进度管理——兴建/营运总期程管理、里程碑进度控制

高铁兴建营运之特许期间包含兴建期及营运期合计共35年。如因可归责于台湾高铁公司之事导致完工迟延时,不得延长特许期间,其目的在约束台湾高铁公司,若因自身之因素增加兴建期而延后通车,其营运期及营运收益必将减少,使台湾高铁公司基于自身利益考量,势必自我要求以积极主动有效的作为推动工程建设。当局以此一弹性的合约管理机制,替代一般工程逾期罚款之方式。

高铁局为管控高铁兴建的执行时程,是以台湾高铁公司提出之主计划时程(含重要里程碑)为管控依据。该主计划时程,包括各工程标之开工、界面移交、完工时程、

试运转、营运通车等重要里程碑。该重要里程碑并与台湾高铁公司各承包商之工程标的计价里程碑结合,以确保执行之有效性。由于各重要里程碑之间距离较长,台湾高铁公司有自主的空间与弹性执行其计划时程,如有落后,即自发性的要求承包商赶工,期使各重要里程碑如期达成。此一创新的重要里程碑管控做法,确实达到当局以最少的干预,执行最有效监督管理之目的。

2. 品质管理——形态管理、系统控制

本计划有关品保监督管理之原则为当局与台湾高铁公司之分工应明确而不重复,使得品质之管理能有效的监督,品质之结果得以确保。简言之,各项工程设计及施工中,缺失之发现为台湾高铁公司之职责,高铁局则检核台湾高铁公司对于该等缺失是否为主动发现且翔实记载,并依相关程序完成改善,而非管控其工程执行细节,此为品保系统之形态管理方法。

基于前述之原则,高铁局之品保监督重点为程序面,台湾高铁公司则应对工程的实质技术及品质的最后结果负责,故高铁局对台湾高铁公司办理之品保查验,重点如下:

A. 台湾高铁公司之品保组织、计划、制度及作业程序,是否有效执行。

B. 是否依其所制定之品质保证计划办理设计与施工。

C. 一切有关品质之活动与事件,是否均以各阶文件呈现。

D. 承包商自主品管发现之不符合事项,是否由施工单位办理改善及矫正措施,台湾高铁公司是否有效的追踪与管制至完全改善为止。

E. 缺失发生原因是否肇因于品保系统失效,是否检讨修正相关之品保作业与程序书。

经高铁局历次定期与不定期之查验结果,台湾高铁公司皆依上述之规定办理,对于施工中所发现之缺失,均能主动要求承包商改善,必要时拆除重做。对于重要结构物改善之结果,亦要求承包商验证其符合合约之规定,并纳入尔后营运维修手册。足证此一品保监督管理机制,政府能以最少之人力达到最有效的管理。

3. 当局应办事项管理

在当局一般工程合约中并无政府应办事项与协助事项之规定,但在高铁合约中该等事项占非常重要之角色。例如用地取得在一般工程合约中若有延误时,仅给予承包商工期之展延及部分必要之管理费补偿,但在高铁计划中若有用地取得之延误,将造成整体投资之损失,包括资金利息的负担及投资效益之减损,须对承包商给予相当的补偿。另工程完工后,政府应配合办理之必要设施,如联外道路、相关交通设施。无法完成提供配套服务,将无法达到旅客转运的预期效果,除造成投资者之重大损失外,更将影响计划整体目标之达成。由于该等事项多属于政府公权力之执行,且涉及不同之法令主管机关,或因政治性等不确定因素,站在民间投资者的立场,有必要于合约中叙明,作为当局对投资者之承诺事项,同时若该等承诺事项无法依约依期有效执行,其所造成的损失特许公司得依合约向政府求偿。这将促使当局包括主管、主办、配合机关等单位积极办理该等事项,使计划得以顺利推动。

本计划当避应办事项包括:用地取得、都市计划变更、路权用地两侧禁限建、联外道路之兴建及板桥至南港段地下化工程兴建等。为使政府应办事项能如期完成,避免造成厂商之损失,政府所采取主动积极之作为包含:

A. 高铁局成立工作小组之单一窗口,转送各类证照申请文件,协助特许公司向相关主管机关申请办理。

B. 定期召开项目会议,针对台湾高铁公司执行合约所遭遇的问题协商讨论解决办法。

C. "交通部召开推动小组会议",处理高铁建设涉及其他部会及地方当局须配合办理事项。

D. "行政院召开推动小组会议",处理经"交通部召开推动小组会议"仍无法解决的事项。

(二) 特许公司方面

1. 土建工程之招标

台湾高铁公司土建工程之发包作业,系采 ICE(英国土木工程师学会)国际性合约文件准备及管理方式,将全部发包过程区分为资格预审、发包文件准备、招标、审标、议价与决标等五步骤,分述如下:

A. 资格预审——台湾高铁公司对外公开征求专业承包商,并对符合资格条件者发出"投标意愿"邀请函,计有 28 组"联合承揽"团队回应。经评选小组就各团队的专长、工程经验、管理能力、财务能力等四项标准考量,结果有 22 组团队通过资格预审,每一标案均维持 3~4 组投标团队竞争。

B. 发包文件准备——研订发包文件时,除参考资格预审时"联合承揽"团队所提之意见外,并允许承包商得就设计与施工时程做最佳化之安排,且于履约期间就施工时程与现金流量作合理化之规划。

C. 招标——向所有通过资格预审之联合承揽团队发出"招标说明",清楚规定投标总价之制作、所须提送之投标文件及有效标之要求。

D.审标、议价与决标——土建工程之审标、议价与决标基本原则系采最佳总体价值而非最低价格,并须确保工程之执行达到:可如期完成、符合功能要求、符合品质与安全目标及可接受之价格。

2. 合约与风险管理

本计划各项工程统包案成本之控制,在于业主与承包商合理分担风险,及避免合约执行中不必要之工作变更。台湾高铁公司将承包商具有能力管理之风险,于合约中明确规定由承包商承担,但会随时积极协助承包商减少风险之发生。另对无法由承包商控制之所有风险,则于决标前尽可能全数解决(例如工地取得、主要管线迁移、工地进出道路及河川工作许可等)。对于合约中保险、保证金/担保及合约保证措施等执行方式亦有明确规定。

3. 时程管理

台湾高铁公司于提出主计划时程(含重要里程碑)经高铁局备查后,须定期检讨主计划时程之执行进度,每标亦派遣有经验之时程管控工程师进驻工地,依进度检核计划时程。如有未能符合原定重要里程碑所定时程时,须向高铁局提报落后之事实、理由及对主计划时程进度之影响与补救措施,必要时应提出赶工计划、或调整主计划时程。另台湾高铁公司之承包商,于投标阶段必须提出详细之计划时程,并于决标后将之转为合约计划时程。其计价方式系依各单元之里程碑完成时,以总价方式办理计价。

4. 品质保证

高铁各项工程建设之品质系采用国际通行之ISO9000标准与规定执行品质管控。工程在设计的过程中,除要求承揽厂商要"自聘独立设计查核工程师(Contractor's Independent Checking Engineer, CICE)"进行独立检核外,并须经台湾高铁公司外聘之"独立设计查核工程师(Independent Checking Engineer, ICE)"审查通过,才能施工。在施工时,除要求承揽厂商应依据ISO9000之标准建立自主品保制度外,其施工计划、检查试验计划及工作规范须通过台湾高铁公司"独立监造工程师(Independent Site Engineer, ISE)"的审核及"驻地工程师(Resident Engineer, RE)"的监督。另外台湾高铁公司依合约必须外聘"独立查核、检验与认证(Independent Checking Examination and Validation, ICEV)"专业机构(本计划聘请英国劳氏验船协会组成之Lloyd's Register Project Team, LRPT),针对高铁各项工程设计、施工、整合测试及试运转等进行全程之独立查核、检验与认证工作,以确保高铁系统能满足高铁合约所定之功能、品质及安全之要求。台湾高铁公司为确保承包商品保之落实,所采取之管理重点为:

A. 检核品保作业程序；

B. 监督品质要求之符合度；

C. 重点查验品保执行作业程序与成果；

D. 监督承包商之介面管理及介面相关单位之协调工作；

E. 明确定位 ICE/ISE/ICEV 的角色与功能，以发挥机制效率。

八、管理上所运用之技术能力要素

(一) 成功的项目管理

台湾高速铁路兴建案是世界上第一个以 BOT 方式推动的高速铁路项目，在其签约执行前台湾并未具有兴建与营运高速铁路的经验，也没有生产高速铁路的相关技术，但从 1998 年 7 月签约后开始设计兴建至 2007 年 1 月通车营运，已让世人刮目相看。当局在没有足够经费的情况下，竟可以 BOT 方式引进民间的资金与经营效率，顺利兴建完成，营运至今已 4 年 9 个月，至今年上半年已开始有营运的结余。本计划所引进的项目管理，完全依照国际通行的 ISO9000、9001 品质管理系统以及 ISO10005 承揽厂商须遵行之品质计划指导书，并据以提出品质计划书，终能成功地完成高速铁路的兴建、测试与营运。当局部门则本着合作伙伴的立场，设立单一窗口全力协助解决台湾高铁公司所面临的问题，并守本分的做到最少的干预，执行最有效的监督与管理。

(二) 利益相关者

高铁 BOT 计划之利益相关者，包含 1. 目的事业主管机关中央的"交通部"（含代执行机关高铁局）及负责用地征收与建管监督的地方当局；2. 资金筹措的相关者如"行政院"中长期资金管理单位、高铁发起人募集自有资金的参与者、联合授信的融资机构之银行成员、海外发行可转换公司债之承购人以及高铁兴柜股票的购买者；3. 承揽高铁兴建工程的相关者如十二个土建标、五个轨道标、七个车站建筑标、四座维修基地标、一座总机厂标以及核心电机系统标等之承揽厂商；4. 高铁附属计划的相关者如车站特定区区段征收土地开发计划（含桃园、新竹、台中、嘉义及台南五站）以及站区联外运输系统（含道路改善及轨道兴建改善计划等之参与执行者）；5. 等待高铁通车营运的旅客们；6. "立法院"的立法委员们。

(三) 项目需求和目标

本项目计划之需求，是由当局负责办理高铁沿线 345 公里路线、车站与维修基地的用地取得、车站特定区的区段征收开发、台北都会区南港至板桥地下化隧道的施工，以及当局应办事项的协调办妥与监理管理工作。台湾高铁公司负责投资办理高铁全部的土建、车站、轨道、维修基地、总机厂及核心机电系统等工程的设计、施工与系统整合测试。并共同达成"交通部"的履勘及通车营运。本项目的合约目标是高铁通车后，直达车台北至高雄左营中间停一站要在90分钟内到达，非直达车中间停四站要在2小时内到达。

(四)风险与机会

本计划自1990年7月高铁筹备处成立开始筹备推动，至2007年1月通车营运，申请人有幸全程参与，期间的酸甜苦辣，包含政党轮替、朝野对立恶斗及民代与媒体的冷嘲热讽犹历历在目。其实本BOT计划之契约是"国民党执政"时期签订的，而实际依合约推动执行至通车营运是"民进党执政"时达成的，这期间其合约及备忘录之内容只增修二小条。唯其执行期间，当局及台湾高铁公司所承担的不确定风险，可以说是非常的大。而当计划之极大风险一直存在时，主政者只得勇敢面对挑战，设法见招拆招，创造有利的机会，力求在恐怖平衡状态下逐一的解决问题。最后朝野两党竟然可以共同合作完成此一全世界最大的高速铁路BOT案之建设，成为世界瞩目且足以引以为傲的建设计划。期望未来朝野能继续努力化解对立与歧见，共同为台湾地区未来永续的发展，创造出和谐、圆融、幸福的社会。

(五)品质

(1)当局之作为

高铁局依据"铁路法"等法令及高铁合约规定，针对台湾高铁公司兴建高铁的财务调度及各项工程施工，进行财务查核、品保监督及查验、剩余土石方处理及稽查、环境监督及考核、水保监督及检查、竣工监察及营运准备查验等监督的工作。

(2)台湾高铁公司之作为

聘请计划执行总顾问，负责整体计划执行之管控与追踪，其下设有独立设计查核工程师(ICE)、独立监造工程师(ISE)及驻地工程师(RE)，且要求承揽商必须建立自主品保／品质组织并落实执行，以确保各项工程之品质。在各子系统之整合上，依合约聘请独立查核、检验及认证(ICEV)专业机构进行独立的验证与认证，以确保高铁整体系统之品质。

(六)项目组织

依据"奖参条例"及高铁兴建营运合约规定，台湾高铁公司除为自己筹募资金外，其最主要的工程兴建资金是来自于申请"行政院"中长期资金，核拨给银行进行授信融资。因此其项目组织架构对外系以财务调度为主要考量，即以"交通部"为甲方，台湾高铁公司为乙方、融资机构为丙方构成之三方协议架构申请融资授信。对内除设有计划执行管控的总顾问外，在各项工程设计施工的执行上，则有独立设计查核工程师(ICE)、独立监造工程师(ISE)以及承揽商自聘之独立查核工程师(CICE)。并为确保高铁整体系统之功能、品质与安全能符合合约要求,特聘请英国劳氏验船协会组成之专业机构 LRPT,担任独立查核、检验及认证的工作。另外融资机构为掌握所贷款的融资必须专款专用于高铁的兴建,特别要求台湾高铁公司设立专户,并聘请专业顾问机构随时监督台湾高铁公司各项工程的施工进度与品质,并随时核算其资产价金,以作为拨付融资的参考依据。

(七)团队协作

高铁 BOT 项目的推动执行,其所涉及各项工程技术整合、财务调度、合约管理、品质与时程掌控以及争议之处理,均需要各方工作团队之协调合作,才能竟全功。合约的甲乙双方均本着 BOT 项目合作伙伴的关系,全力协调解决问题,尽量不触动合约的对错。双方签订之高铁兴建营运合约中不但载明双方的声明、承诺与担保事项(第四章),并且在第十五章载明不可抗力与除外情况的范围与处理程序,其中第四章的第4.3.3.5条载明"乙方担保不因甲方依第4.2.2条(甲方承诺事项)及本合约其他各章所为承诺协助事项之执行无法达成,而向甲方提出任何主张或求偿",其意就是要公务人员主动积极的协助民间投资者解决所面临的问题,如尽力了问题还是没解决,乙方不得提出任何主张或求偿。如此公务员才愿奋力从公,无后顾之忧,这就是高速铁路 BOT 项目甲乙双方团队得以密切协调合作,合力完成建设的主要关键之一。

(八)问题解决

高铁 BOT 计划的执行,涉及"中央部会"及地方事务者相当多,必须由高铁局出面协调解决,才能排除台湾高铁公司工程施工所面临的许多问题。因此在高铁局成立单一窗口的工作协调小组,每周定期开会,为台湾高铁公司所面临的问题,立即协调解决,如遇较为复杂的问题则定期召开项目会议解决。如涉跨部会与地方当局之问题无法解决,即由"交通部召开推动小组会议"协调解决。如问题在部的推动小组无法解决者,再提请"行政院推动小组会议"处理。其中解决高铁最多问题的是高铁局的工作协调小组。

(九)项目结构

高铁 BOT 案系依据高铁兴建营运合约35年特许期之生命周期,规划为下列十一个阶段,制定项目结构逐一执行:1. 高铁局概念发展阶段(BOHSR Concept Development),2. 高速铁路需求交付阶段(HSR Requirements Capture),3. 各系统需求分配阶段(Apportionment of HSR Requirements to Systems),4. 各系统细部设计及执行阶段(Detailed Design and Implementation of Systems),5. 制造、施工及安装阶段

(Manufacture, Construction and Installation)、6. 各系统认证阶段(Validation of Systems)、7. 高速铁路整体认证阶段(Validation of Overall HSR)、8. 高速铁路验收阶段(HSR Acceptance)、9. 载客营运阶段(HSR Passenger Operation)、10. 高速铁路移转予政府阶段(Hand-back of HSR to Government)、11. 高铁除役报废阶段(HSR Decommissioning and Disposal)。目前正处在载客营运阶段,今年是通车营运的第五年,已转亏为盈。

(十)范围与可交付物

高铁BOT案兴建营运合约的第三章"工作范围"与第六章"用地范围"及站区开发合约的第一章"总则"之1.1"合约范围及文件",均明订本项目计划甲乙双方的工作范围,包括台北(汐止)至高雄(左营)间之高速铁路之兴建、营运及移转,以及与台铁及捷运车站之共站、共构设施之兴建及移转。

至于交付物部分,在兴建营运合约中,分别规定有用地交付、完工资料交付、回馈金金额与交付时程,以及资产在特许期限内满时/前之移转等。至今已完成交付的有当局交给高铁公司兴建高铁所需的全部用地与地上权以及部分站区开发用地;台湾高铁公司交给交通部其兴建高铁系统所有工程之竣工图及测试报告等。

(十一)资源

高速铁路BOT项目执行的资源,必须依据高铁合约与备忘录以及相关法令规章(如"铁路法"、"奖参条例"及"促参法"等)的规定,分由当局部门及台湾高铁公司设法掌握及运用。政府掌握的是公权力,具以稳定物价与汇率、参加投资并协助融资、排除并化解抗争、征收工程用地与地上物拆迁、协调跨部会及地方当局共同解决问题。台湾高铁公司除大量筹募资金外并组织坚强的执行团队,采用国际通行的管理制度,招募有经验的国际级工程师负责执行,充分掌握高铁核心机电系统技术的资讯,规划具公平竞争力的招标机制,以利取得合乎品质要求且价格合理的设施设备,并要求在技术设备的操作及系统维修技术做到本土化的移转。高速铁路营运至今已近五年,其系统营运与维修均已完全由自己人操作掌控。

(十二)成本与财务

本BOT计划之合约金额包含当局办理项目投资的1057亿元,负责办理用地取得、台北隧道共构段之施工、当局的协助与监理事项;台湾高铁公司投资4076亿元,负责高铁全部土建、车站、轨道、机电核心系统及维修基地等工程与设备之兴建、采购、安装与测试以及所需之财务调度成本,合计总投资金额为5133亿元。在兴建期间台湾高铁公司先后与融资机构签订三次联合授信契约(3233+407+248=3888亿元)及在海外发行可转换公司债(99亿元),并募集自有资金1032亿元及非营业收入43亿元,合计筹措资金约5062亿元,扣除履约保证150亿元,实际可运用资金约为4912亿元,已足敷其概估高铁建设总经费约需4806亿元之使用。其资金动拨与调度,均经高铁局及融资银行的监督管控,必须设立专户及专款专用。

(十三)变更

依据高铁兴建营运合约第19.1条"合约之修改"规定:"如因政策、法令变更致本合约之履行依其效果有失公平或窒碍难行者,或本合约有其他未尽事宜者,双方得协议修订或补充之。"高铁合约及备忘录从1998年7月签约执行至今,变更的并不多,其合约增修协议书共有三次,分别是针对"南科振动"案、"南港营运准备站提升为营运辅助站"案以及台湾高铁公司"扩大发起人"案进行合约之增修。这对高速铁路投资规模之庞大而言,其增修部分可说是有限,这显示原合约内容是合理且周延的。

(十四)沟通

高速铁路BOT计划的执行,不论在合约甲方的"交通部"及乙方的台湾高铁公司,无时无刻都需要沟通,以"交通部"而言,它不但与部属单位("台铁局"、"高公局"、"国工局"等)及"相关部会"如"财政部"、"内政部"、"经建会"、"环保署"及"工程会"等沟通,也必须与"立法院"相关委员会沟通,更需要与地方当局沟通有关用地取得、地上物拆迁及联外道路等业务。台湾高铁公司除须与"财政部"、联合授信之银行团、"交通部"、"经济部"(水利单位及台电公司等)沟通外,更需要与地方当局之建管、环保、交通单位沟通。如遇有民众抗争及疑难问题更要透过合约甲方之代执行机关高速铁路工程局出面协调解决。因此,高铁BOT执行案的顺利完成,可以说是经过无数的沟通协调后才达到成功的。

(十五)启动

高速铁路全长345公里,其兴建工程于2000年3月动工,2005年1月底高速列车开始在台南60公里的试车线上启动测试,2006年7月,台湾高铁公司向"交通部"申请履勘,"交通部"即成立履勘委员会并于2006年11月完成履勘,同时高铁案聘请的独立查核、检验及认证之专业机构英国劳氏验船协会(Lloyd's Register Project Team,LRPT)组成之,对高铁整体系统确认均能符合规范要求,并据以认证高铁系统之可靠度、妥善率、维修度及安全性均符合合约规定,因此"交通部"于2006年12月25日核准高速铁路通车营运。自2007年1月营运至今,每日双向发车已由38班增至159班,每日平均运量已近12万人次。截至2011年9月累计搭乘的旅客已超过14,646万人次,列车准点率达99.5%以上,是世界上唯一以BOT方式推动成功的最大轨道交通建设。

九、管理上所运用之行为能力要素

（一）领导

本计划BOT项目之推动，系依据"奖参条例"之规定公开招标，历经议题协商、甄审、评决、议约后签订高铁"兴建营运合约"及"站区开发合约"，据以推动高铁建设，其在执行过程中的领导统御必然有别于当局一般的工程建设。在当局部门的领导首重对BOT精神的理解及认清公权力的执行是对特许公司的承诺，不得有任何怠忽与借口，如工程所需用地的征收取得，必须坚持到底，不因抗争、反对与关说而有所耽误。又如在高铁局设立的单一窗口之工作协调小组，每周确实为台湾高铁公司解决其所提出的各项问题，该小组事先言明每次会议不做纪录，但要能彻底的解决问题。这在当局部门是一种不一样的领导。

另在台湾高铁公司的领导上，完全是以目标为导向，引进国际通行之营建项目管理制度，要求来自22个国家近600人的外籍资深工程师，共同严格执行各项工程的项目管理，努力做好各项工程的施工、品质、系统整合测试、融资调度安排，并通过"交通部"的履勘至通车营运。

（二）承诺与动机

本计划项目之所有工程既然是由台湾高铁公司投资并负责兴建，其工程施工所涉及当局公权力须配合办妥之事项（如用地取得、管线迁移、台北都会区的地下化隧道施工等），台湾高铁公司均要求应列入政府应办事项备忘录中，并应依高铁施工时程逐一明订完工时程，成为政府的承诺。

民间公司认为高速铁路的兴建，涉及公权力应办事项如未完成，其风险是无限的，且是民间公司无法承担的。因此，台湾高铁公司以其无法承担的风险为动机，要求当局承诺30项公权力应办之议题，明订出执行时程及完工之期限，以利高速铁路各项工程的顺利兴建完成。

（三）自我控制

高铁BOT计划金额庞大，又是当局与民间公司第一次合作的高速轨道运输系统工程，其系统工程介面相当复杂，精确度要求标准高，政府及岛内企业均无制造、兴建与整合的经验与能力，必须引进海外技术人力与经验才能完成。加上当时朝野对立、民代与媒体的吹毛求疵，使计划成为过街老鼠。所幸台湾高铁公司在殷琪董事长领导下，引进国际上有经验的工程技术及项目管理团队，以国际通行的管理标准，严格执行，如合约图说规范及管控表单均采用英文，自我控制非常严谨且有效率。"交通部"（高铁局）则以合作伙伴的立场，全力协助台湾高铁公司排除万难，解决问题，终能完成全部工程的兴建与测试，顺利营运至今。

（四）自信

高速铁路BOT项目在执行上，除了有"奖励民间参与交通建设条例"之项目立法外，并在合约与备忘录中明订甲乙双方的权利义务，如在兴建营运合约内载明双方之工作范围、声明承诺与担保、工程用地交付、兴建与营运规定、回馈金、移转、融资、保险、履约保证、不可抗力与除外情事、缺失及违约责任、合约终止以及联系协调与决议解决等，这使双方建立了互信的基础。台湾高铁公司在执行兴建工作时，引进国际级的专业技术团队及采用先进的快速兴建工法，并严格管控施工品质，加上"交通部"的全力协助融资以及高铁局密集的召开解决问题的工作会议，使甲乙双方互相感受到共同推动高铁的诚意与决心，也建立起双方伙伴关系的自信，这是高铁兴建成功的最主要关键之一。

（五）创造力

台湾高铁公司为了缩短各项工程施工的时程，除采大型分标及统包方式发包外，并容许承揽厂商发挥各自的创意工法，如各土建厂商大部分引进全跨预铸吊装工法，进行高架箱型桥梁的预铸、运送及吊装，除缩短施工时程外，并能确保施工的品质。另在轨道铺轨的工程上，引进四种新轨道型式，包含日本版式轨道（全线）、低振动LVT轨道（台北地下化隧道段）、德国Rheda轨道（车站区正线与道岔段）、埋入式轨道（台北车站月台段），除可大幅节省日后的轨道维护费用外，还能降低噪音与振动。

（六）效率

高铁BOT项目所有各项工程均由台湾高铁公司投资并负责兴建及营运，依兴建营运合约中特许期之规定，系自合约签约日起算，包括特许兴建期及特许营运期，合计三十五年。由于特许期是有上限的，因此台湾高铁公司在财务调度的压力下，自然自我要求尽力缩短兴建期，期能早日营运。因此就召开国际标引进世界上最有经验与效率的统包团队，进行高铁工程的设计与施工。自2000年3月土建工程动工起，至2006年12月25日"交通部"核准通车营运止，前后历时约6年9个月，计完成全长345公里的高铁路线土建工程、轨道工程、核心机电工程、车站与维修基地工程、行车控制中心以及总机厂等工程，其兴建的效率及系统整合测试的精准，可以说是前所未有。

（七）协商

高速铁路BOT项目推动期间，可以说是每时每刻都在为所面临的问题进行协商。在融资方面有"交通部"、"财政部"、"经建会"、银行团及台湾高铁公司间的协商；在用地征收与地上物拆迁方面有"内政部"、"交通部"（高铁局）、地方当局及地主间的协商,在跨越公共工程方面有"交通部"(铁路局、"高公局"、"国工局"、公路总局)、经济部("水利局"、中油公司、台电、瓦斯公司等)及民间企业间的协商,在环保问题上有环保署、各地方环保局、民间学术团体以及抗争的民众、民代等之间的协商。在这些协商中最重要的是融资协助的协商,最有效果的是高铁局与台湾高铁公司在2000年11月至2007年1月间所召开的高铁计划面临问题的协商会议,约召开250次以上,会中确实在解决问题,不做纪录,以免涉及合约责任问题,这正是高铁BOT计划成功的最主要关键之一。

(八)冲突与危机

本BOT项目由于投资与融资金额庞大,各项兴建工程之界面复杂,施工执行期间难免有一些冲突与危机,如当局对台湾高铁公司的投资,虽在"奖参条例"第四条有明订"……,其有当局或公营事业机构投资者,其直接投资间接投资合计不得高于该公司资本总额百分之二十。"但在"立法院"的质询中,争议不休而有所冲突。另当局对台湾高铁公司之融资协助,已明订在高铁兴建营运合约中(第十二章融资),但在当局协助与融资银行团之代表银行洽商协助融资事宜时,银行团成员除表现出当铺银行的心态(有抵押或有保证才贷款)外,"立法院"之委员们也不同意当局出面协助融资,几乎成为高铁BOT项目的危机。

十、管理上所运用之环境能力要素

(一)长期性组织

依据高铁"兴建营运合约"规定之特许期为签约日起算35年,"站区开发合约"之特许期为交付开发用土地时起算50年,因此台湾高铁公司及"交通部"(含代执行机关高铁局)均必须是长期性的组织,方能执行高铁BOT项目长达35—50年的合约。然长期性的组织难免因人员老化离退,而产生人事断层,这就必须在签约的当时就未雨绸缪,制定严谨的传承机制,使人员因岁月的变迁,而可继续传承执行合约相同的工作品质,这是公共工程BOT案长效性合约执行上的挑战。

(二)营运

高速铁路的营运,依据"铁路法"之规定,必须先通过"交通部"履勘的程序,台湾高铁公司于2005年1月底在台南车站举行列车启动测试典礼,至2005年10月底列车在试车线上测试到最高时速315公里,台北车站至板桥段于2006年10月中测试到最高时速120公里,2006年11月高铁计划独立查核、检验及认证专业机构英国劳氏验船协会(LRPT)提送认证的最终报告,认为高铁系统的功能、品质、安全均能符合台湾高铁公司之规范、需求与合约责任。2006年12月"交通部"完成高铁板桥至左营段的履勘，并于12月25日核准通车营运。2007年1月底"交通部"进行台北至板桥段之履勘，2月1日核准通车营运。营运至今已历时4年9个月，每日双向发车已由38班增加至159班，每日平均运量已近12万人次，截至2011年9月累计搭乘的旅客已超过14,646万人次，准点率达99.5％以上，已成为世界上以BOT方式推动最有效率的高速铁路系统。

3.07　系统、产品和技术

高速铁路BOT项目的系统、产品和技术，均是由台湾高铁公司投资采购来自海外，并以来自日本为大宗。台湾高铁公司首先要克服的是培训本土技术人员了解这些系统、产品和技术的功能及原理，在供应商的合约指导下，以最短的时间传承学会如何操作、检测、保养与维修，这包含行车控制中心的操作、驾驶员的训练上手以及紧急事故发生时之应变处理。高铁自2007年1月通车营运（当时是用日籍驾驶）至今已历4年9个月，目前高铁营运的实际操作者，已全部本土化，列车的驾驶已全部是台湾的驾驶员，列车的维修保养及行车控制中心的操作，均是由台湾的技术人员负责。

3.08　人力资源管理

高铁BOT案系由台湾高铁公司投资并掌握及监督各项工程的兴建，在施工期间直接聘请来自22个国家之外籍工程专家约500人，会同台湾地区工程师约900人严格管控兴建进度、工程品质、介面整合及系统测试；参加施工的大小厂商约有1200家，现场工程师超过3000人。在工程施工的高峰期间，有台湾地区劳工约6000人外籍劳工约11000人，辛劳的投入建设，唯在施工期间亦因意外事故而死亡者有38人。台湾高铁公司各项工程之设计施工及移转的各个阶段，均精准掌握人力资源的管理，最后进入营运测试及正式营运阶段，更必须将原有兴建阶段的人力进行资遣及转业等，全部过程均按人力资源计划分阶段圆融的处理，少有纷争及抗争。

3.09　财务

台湾高铁BOT案要能成功其最主要的关键，就是在于财务计划，然在台湾金融市场尚无项目融资经验的环境下，高铁BOT案的财务计划是有其困难度。依"立法院"审议通过的"奖励民间参与交通建设条例"第四条规定，当局或公营事业机构可参与投资，唯其投资总额不得高于资本总额的百分之二十；且在高铁兴建营运合约中，当局明确承诺给予融资协助，终使台湾高铁公司能在兴建期顺利取得3,888亿元的联合授信融资额度，并在营运期完成借新还旧的融资结构调整，取得融资额度3,820亿元。这期间，台湾高铁公司均按时缴息，并已在2011年上半年开始转亏为盈，成为世界上以BOT方式兴建高速铁路成功的唯一案例。

（三）法律

高铁BOT项目合约之签订与执行，所依据的最主要法律是1994年2月颁行之"奖励民间参与交通建设条例"（含其施行细则及子法）、2000年2月公布的"促进民间参与公共建设法"（含其施行细则及子法）以及1978年7月修正公布的"铁路法"（含其子法），其他须参考依循的还包含"大众捷运法"（含其子法）、"水土保持法"（含施行细则）、"土石采取规则"、营建废弃土处理方案、山坡地开发建筑管理办法、高铁建设证照许可申请作业要点、"环境影响评估法"、"噪音管制法"、"电业法"、"消防法"、"电信法"、"劳工安全卫生法"、"土地法"、"平均地权条例"、"区域计划法"、"都市计划法"、"区段征收作业补充规定"、"土地征收条例"、"行政程序法"、"公司法"、"公平交易法"以及地方制度法等。这些法令规章"交通部"高铁局于2000年3月将它们汇整编撰成"高铁建设常用法令汇编"一册，发给全体同仁人手一册，随时参考使用。

十一、项目成果与效益

台湾西部走廊高速铁路的通车营运，已结合铁路、公路及都会区捷运系统，形成高效率之大众运输路网，提供便捷的交通服务，以减缓小汽车的成长与使用，进而解决公路交通的拥塞及都会区的停车问题，并将台湾西部走廊连成一日生活圈（台北—高雄间行车只需九十分钟）。另外，配合沿线高铁新市镇的开发，引进人潮及商机，促使整体发展呈现新风貌，带动区域均衡发展，厚植竞争力。因此，本计划实为台湾进入二十一世纪带动经济成长与提升整体生活品质之重大基础建设。自2007年1月通车营运至今，每日双向发车已由38班增至159班，每日平均运量已近12万人次，截至2011年9月累计搭乘的旅客已超过14,646万人次，准点率达99.5%以上，是一项世界上以BOT方式推动的最大轨道交通建设。

十二、项目经验学习与综合建议

（一）经验学习

1. 当局与民间厂商是伙伴关系，依合约各司其职，化不可能任务成为可能。

2. 土建工程采用计价里程碑法，有效管理计价与进度，展现民间机构经营效率。

3. 民间机构设立坚强的监工团队掌控施工时程，并确保工程品质。

4. 引进国际著名的营建团队，采用各种高效率的先进工法施工，缩短工期并保证品质。

5. 土建工程厂商大部分以箱型梁预铸场为基地，管控材料与加工，使全跨预铸箱型梁的生产、运送、吊装达到最高的效率。

6. 由各项工程统包厂商全权负责处理施工事故，快速解决，赶上进度。

7. 采用国际通行的品保及独立查核、检验与认证机制，确保高铁工程与系统功能、品质与安全达到合约的要求。

8. 各项工程之合约及施工品管文件均采国际通行的英文表达，培育营建事业国际化之人才。

9. 无后续更大的工程来留住承揽高铁各项工程的国际厂商继续效力。

（二）综合建议

1. BOT案政府投资之工程建设经费，并同交由特许公司设计发包施工，本是BOT案的诱因之一，唯其执行上尚无明确的法令规定可供遵循，宜早日明订。

2. 各项工程发包前，常有自称有力人士向厂商关说斡旋，使公平竞争机制遭到质疑，造成未得标厂商的不平，成为营造业的乱象，当局主管机关宜设法遏止。

3. 公共工程BOT案是当局与民间合作双赢的机制，唯在目前朝野、民代、媒体对当局政策及族群和谐没有共识下，是不适合再推动大型公共工程BOT案。

4. 公共工程BOT案之独立查核、检验及认证机构的聘请费用，高铁案是由台湾高铁公司负责，未来可考虑由政府及特许公司各半负担，共同聘请。

5. 公共工程BOT案如要继续推动，当局部门主管监督、审计、会计与政风人员宜先参加BOT案相关法令规章的讲习，以深入了解BOT案的理念与精神以及合约内容的真意，先凝聚共识，共同促成BOT案的顺利执行。

6. 公共工程BOT案相关法令宜再检讨做明确的增修订，如进口机具设备减免关税、接管办法、资产折旧、退场机制、强制收买、地上权移转及展延、项目融资机制及剩余资产价值之二次融资等，以利后续BOT案之推动执行，减少争议。

TPMA 国际项目管理专业资质认证自我评估表

能力要素	知　识											经　验										
	0	1	2	3	4	5	6	7	8	9	10	0	1	2	3	4	5	6	7	8	9	10
1. 技术能力要素																						
1.01 成功的项目管理									×												×	
1.02 利益相关者									×											×		
1.03 项目需求和目标									×											×		
1.04 风险与机会								×												×		
1.05 品质									×											×		

能力要素	知识											经验										
	0	1	2	3	4	5	6	7	8	9	10	0	1	2	3	4	5	6	7	8	9	10
1.06 项目组织										×										×			
1.07 团队协作										×										×			
1.08 问题解决										×												×	
1.09 项目结构									×												×		
1.10 范围与可交付物										×											×		
1.11 时间和项目阶段																							
1.12 资源								×											×				
1.13 成本和财务								×														×	
1.14 采购与合同																							
1.15 变更									×													×	
1.16 控制与报告																							
1.17 信息与文档																							
1.18 沟通								×												×			
1.19 启动								×											×				
1.20 结案																							
技术能力要素平均																							
2. 行为能力要素																							
2.01 领导								×											×				
2.02 承诺与动机								×											×				
2.03 自我控制								×														×	
2.04 自信							×												×				
2.05 缓和																							
2.06 开放																							
2.07 创造力								×													×		
2.08 结果导向																							
2.09 效率								×													×		
2.10 协商							×											×					
2.11 谈判																							
2.12 冲突与危机								×													×		
2.13 可靠性																							
2.14 价值评估																							
2.15 道德规范																							

能力要素	知识 0 1 2 3 4 5 6 7 8 9 10	经验 0 1 2 3 4 5 6 7 8 9 10
行为能力要素平均		
3. 环境能力要素		
3.01 面向项目		
3.02 面向大型项目		
3.03 面向项目组合		
3.04 项目、大型项目、项目组合的实施		
3.05 长期性组织	×	×
3.06 运营	×	×
3.07 系统、产品和技术	×	×
3.08 人力资源管理	×	×
3.09 健康、保障、安全与环境		
3.10 财务	×	×
3.11 法律	×	×
环境能力要素平均		

9—10 Very positive/能力很强　　7—8 Positive/能力强　　5—6 Neutral/一般　　3—4 Negative/差
0—2 Very negative/较差

完成自我评估后，请回答下列问题：

1. 在项目管理方面，你认为自己的优势是什么？

　　由高速铁路 BOT 项目全程参与至通车营运之实战过程的经历，已具有项目经验与组织领导能力，可在学术单位传承给学生，并计划将高铁 BOT 的全部历程撰写专书与大家分享。

2. 在项目管理方面，你认为自己的劣势是什么？怎么样弥补？

　　在项目管理实务上之文书作业尚未熟练，还需多参考其他案例之文书报告，并经常使用，以利熟能生巧。

附件：TPMA国际项目管理专业资质认证自我评估参照标准

分值	知识特征	经验特征
0	无	无
1 2 低(l) 3	(1)申请人知道该要素，并且能表述和解释各要素的核心点。 (2)动词：识别、命名、计算、构建、描述、定义、解释、查询、再生产。 (3)名词：条款、档、事实、指标、标准、规则、方法、过程、关系。	(1)申请人有从一个行业的分支或一个组织的部门的一些项目的一个或几个阶段项目管理中得到的经验。 (2)描述：一些经验，得益于作为助理参加的项目，以及在几个阶段、几个项目，对于项目管理有良好意识。
4 5 中(m) 6	(1)申请人牢固掌握知识，能够识别和应用相关要素的核心点，并能够检查执行的结果。 (2)动词：应用、使用、实施、计算、检验、说明、区分、解决。 (3)名词：环境、应用、原则、指标、规则、方法、结论。	(1)申请人具有一般的经验和记录，这些经验和记录得益于他从事的几个项目的许多重要的项目管理领域，至少在行业的一个主要分支，经历了这些项目的大多数阶段。 (2)描述：具有相当的经验，在项目中作为负责人，在大多数阶段、多种类型的项目、一定的复杂程度，对于项目管理有良好的思考意识。
7 8 高(h) 9	(1)申请人熟知要素特性，能够评价、创造、集成相关的要素，并且能够解释和评价成果。 (2)动词：分析、推导、设计、开发、联合、调解、调查、评价、评估、建议、决策。 (3)名词：环境、条件、假设、观念、主张、案例、模型、选项、问题、结果、程序、判断力。	(1)申请人具有广泛的经验和来自他在多个不同种类项目中负责项目管理任务的良好记录，从事过不同阶段的项目管理。这些经验和记录，经历了这些项目的大多数或所有阶段。 (2)描述：在几个不同的项目或大型项目或项目组合的大多数阶段，负高层责任的项目管理岗位上的执行工作，通晓项目管理。
10	绝对最优	绝对最优

大专院校资讯软件人才培育计划

姓名：徐伟智
级别：IPMA　Level　C评估师
单位：高雄第一科技大学　电通系　副教授

报告大纲

一、计划目标
二、计划架构及执行规划
三、对推动中心之资源运用及活动参与
四、计划推动之组织架构
五、各推动重点主要工作汇总表
六、预定执行进度及进度查核
七、人力配置
八、预期成果及绩效指标

一、计划目标

本计划推动目标为结合跨校师资，整合并开发大专院校相关教学资源，成立"网际服务"跨校资源中心，提供大专院校师生共享之软件创作教学资源及环境，以提升资讯软件教学品质，扩大培育高阶资讯软件创作人才。

二、计划架构及执行规划

（一）跨校资源中心营运目标及策略

1. 经营领域

近年来,因资通讯(ICT)技术与标准的成熟发展,IT服务管理与应用也有大幅的突破,从过去长久以来,技术、管理与应用各自独立发展与运作的局限,大步朝向整合、精简与敏捷式运作的方向迈进,IT技术已逐渐封包成为简单的介面,技术的取得与应用趋于容易,甚至非核心系统业务也渐采以外包方式处理。因此,未来IT人员将转而投入较多时间在于使用者需求的满足,及配合企业营运的发展,提供优质的应用服务,以创造企业IT的营运绩效,及企业竞争优势与核心竞争力。

随着服务导向架构(SOA)相关技术与标准的成熟,使得未来企业软件系统将逐渐采用SOA的架构设计,从而提高软件的重复使用、灵活性与可靠性。并且,企业营运流程为求与企业IT运作的有效配合与一致性,以应对企业协同运作的需求,SOA松散耦合的系统架构,将使得企业流程管理(BPM)更加容易实践,以应对多变的客户需求与组织业务的调整。

面对未来产业逐渐转型以服务为导向的挑战,正严峻考验着企业IT的策略与布局,也宣示着IT人员必须正视下一波网际服务(Web services)新时代的来临,亦即表示企业当重新思考如何运用资讯高科技,并有效结合应用领域知识,以发展出创新的营运模式,提供客户优质而满意的服务。

一般网际服务组成模型有两种抽象理念网际服务和商业流程。每个网际服务当作一组操作模组。每次操作时都能通过一个商业流程来实现。商业流程确定程序(排序)、活动(或者节点),每项活动都能通过执行另一网际服务上的一次操作实现。一个商业流程可以由决定点或者分部做成连接点和回圈(如图1)。

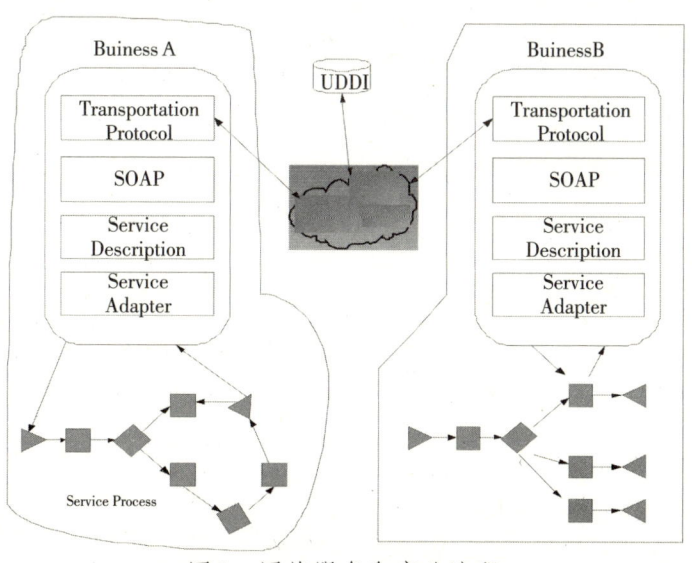

图1 网络服务和商业流程

当网际服务通过结合许多内部的应用被实现时,基本上的商业流程获取综合逻辑每次操作怎样通过在遗产应用上产生功能性被执行。

在全球化经济的竞争环境中,快速回应市场需求、整合上下游合作厂商的商业流程、并可以弹性调整商业规则,是企业生存发展的关键能力。网络已经将企业、客户、供应商、通路各流程环节联结起来,但联结企业内外的资讯系统仍然不是一件容易的事情,其原因来自于每个系统可能采用不同的平台、通信协定、资料定义与安全机制。

伴随企业 IT 系统架构日趋复杂化,企业已无法再像过去般只消运用 EAI 等方法,就能让不同应用程式之间,释出介面、逻辑或资料等资源,提供予其他应用系统共享。

遂起而生的,服务导向架构(SOA,Service Oriented Architecture)是一种新兴的系统架构模型,其主要概念是针对企业需求组合而成的一组软件元件,组合的元素通常包括:软件元件、服务及流程三个部分。企业如果单纯由一个服务元件来进行资料交换,并无法满足其商业行为自动化的所有需求;在一个完整的商业自动化行为中,往往需要一组由多个不同系统提供的"服务元件"来进行服务,而企业流程正是安排、整合,并决定所有服务元件的使用顺序。

全球企业正在重新塑造以服务为本的 IT 架构,以回应变化快速的客户服务需求。真正优质完整的 SOA,是除了技术面之外,在商务面也能提供现成可用的标准化模组,目的就是让异质系统整合变得容易,满足企业动态的流程需求,支援商业模式的创新。研究机构 AMR Research 最新的调查结果也指出,SOA 的最大效益不只是程式码的重复使用(Code Reuse),而且也提升了系统的敏捷度(Agility),指的是在 SOA 架构下,导入新项目的速度将加快,从而协助公司的营运。因此,在商业自动化的目的下,如何进行跨程式语言、跨系统、跨组织,甚至跨企业的流程架构、规划、设计与实作,是 SOA 要思考与规范的重点项目。

什么是 Web services?

- Web services 是应用程式元件
- Web services 使用开放协议进行通信
- Web services 是独立的(self-contained)并可自我描述
- Web services 可通过使用 UDDI 来发现
- Web services 可被其他应用程式使用
- XML 是 Web services 的基础

Web services 平台的元素:

- SOAP（简易物件访问协定）
- UDDI（通用描述、发现及整合）
- WSDL（Web services 描述语言）

Web services 平台是简单的可共同操作的消息收发框架。它仍然缺少许多诸如安全和路由等重要的特性。但是，一旦 SOAP 变得更加高级，这些事项就会得到解决。

Web services 有望使应用程序更加容易通信。

由于所有主要的平台均可通过 Web 浏览器来访问 Web，不同的平台可以借此进行交互。为了让这些平台协同工作，Web 应用程序被开发了出来。

Web 应用程序是运行在 Web 上的简易应用程序。它们围绕 Web 浏览器标准进行构建，几乎可被任何平台之上的任何浏览器来使用。

Web services 把 Web 应用程序提升到了另外一个层面，通过使用 Web services，您的应用程序可向全世界发布功能或消息。

Web services 使用 XML 来编解码资料，并使用 SOAP 借由开放的协定来传输资料。

通过 Web services，您的会计部门的 Win 2000 服务器可与 IT 供应商的 UNIX 服务器进行连接。

Web services 有两种类型的应用

可重复使用的应用程序元件

有一些功能是不同的应用程序常常会用到的。那么为什么要周而复始地开发它们呢？

Web services 可以把应用程序元件作为服务来提供，比如汇率转换、天气预报或者甚至是语言翻译等等。

比较理想的情况是，每种应用程序元件只有一个最优秀的版本，这样任何人都可以在其应用程序中使用它。

连接现有的软件

通过为不同的应用程序提供一种链接其资料的途径，Web services 有助于解决协同工作的问题。

通过使用 Web services，您可以在不同的应用程序与平台之间来交换资料。

2. 经营目标

经营目标如下：

(1)针对网际服务领域，拟定具体之网际服务系统整合学程。

(2)开发两套与网际服务系统整合学程相关课程之教材,并使用推动中心所开发的学习资源平台将课程资源分享给其他学校使用。

(3)在课程中使用自由软件来进行教学,并积极举办自由软件创作活动,提升学生使用自由软件制作专题的能力。

(4)创立跨校创作社群及办理一些活动营造社群力量。

(5)进行产学交流并提供跨校产学推广工作。

3. 经营策略

本计划在经营运作机制上,会运用项目管理手法,依据国际项目管理学会(IPMA)的项目管理知识体系的五个过程(发起、规划、执行、控制、结束)来管理计划,有效的管理资源中心的策略项目,策略项目如下:

(1)网际服务系统整合学程

　　A. 学程规划。

　　B. 教材发展。

　　C. 试教与改善。

　　D. 跨校推广。

(2)自由软件应用于相关课程

　　A. 自由软件辅助教学。

　　B. 使用手册制作。

　　C. 自由软件创作资源收集与推广。

(3)跨校创作社群及活动营造

　　A. 学生自由软件研究社经补助。

　　B. 活动网络论坛经营。

　　C. 跨校软件创作社群。

　　D. 鼓励学生参加比赛。

　　E. 具体产出 Web service 资通讯元件。

(4)产学交流

　　A. 学生实习。

　　B. 咨询会议。

　　C. 产学交流。

　　D. 产学合作。

　　E. 专题题目由产业提供。

(5)推动中心资源运用

  A. 网络平台运用。

  B. 软件工程教学推广机制运用。

  C. 推动中心活动配合。

  D. 参与程式设计网上竞赛、教师教学研习交流、各类竞赛活动。

  E. 完成之教材上载至推动中心所建构之网络资源平台。

  F. 成效评量所需之题库,上传至网络资源平台。

(6)学会资源运用

  A. 台湾专案管理学会。

  B. 高雄市自由软件应用协会。

  C. 中小企业荣誉促进会。

  D. 软件工程协会。

  E. 台南资讯软件协会。

  F. 高雄资讯软件协会。

  G. "中央研究院自由软件铸造厂"。

(7)项目管理融入"软件创作实务专题"或课程期末小专题

(8)善用2006、2007、2008连续3年"教育部"软件教学改进计划之成果

  A. 2006年发展软件工程概论教材。

  B. 2007年发展物件导向软件工程教材并规划开设软件工程学程。

  C. 2008年发展元件式软件发展技术教材并规划与开设研究所软件工程学程。

(9)提供台湾专案管理学会所开发之"云端项目管理软件"供学生使用,并发展软件项目之执行计划书范本

(10)与"实务专题"或"专题制作"课程整合,针对网际服务领域,学生创作的产出、经验与心得分享至推动中心的学习资源

(11)鼓励学生将学生历程建入"E-Portfolio"

(12)课程融入自由软件证照,像TQC之MYSQL

(13)软件工程重要元素引入学生软件创作与课程

（二）计划架构

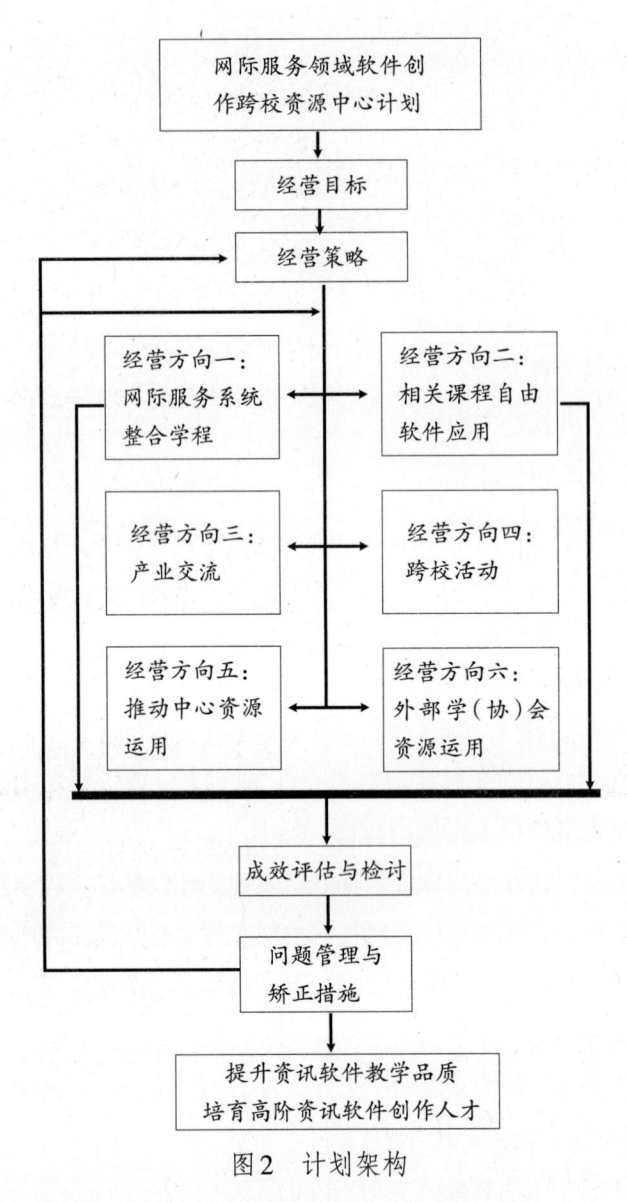

```
        网际服务领域软件创
        作跨校资源中心计划
              │
              ▼
           经营目标
              │
              ▼
           经营策略
              │
      ┌───────┼───────┐
      ▼               ▼
 经营方向一：      经营方向二：
 网际服务系统  ↔  相关课程自由
 整合学程          软件应用

 经营方向三：      经营方向四：
 产业交流      ↔  跨校活动

 经营方向五：      经营方向六：
 推动中心资源  ↔  外部学（协）会
 运用              资源运用
              │
              ▼
        成效评估与检讨
              │
              ▼
        问题管理与
        矫正措施
              │
              ▼
     提升资讯软件教学品质
     培育高阶资讯软件创作人才
```

图2　计划架构

（三）"创作领域课/学程规划、教材发展及跨校推广"执行规划

1. 网络服务系统整合学程规划

（1）规划理念：

由于现今有许多服务都是以网络服务的形式开放给大众使用，人们也渐渐地习惯使用这些服务，如上网购票，上网购物等。又因现在的行动装置系统的连接能力不再单一局限在GSM的通讯协定上，还具备通过无线网络等对外连接的功能，这项扩充

让行动设备也能够像台式电脑一般遨游于网际网络,享受多年来网际网络平台上面所发展的各项应用服务与成果。然而目前众多应用于嵌入式系统上的网络服务技术都采用较为方便的静态方式,即一个网络服务就得为其量身打造出相对的用户端应用程式,如此一来若要同时使用多种不同的网络服务就必须一一为其打造数种不同的程式,而且同一个程式还不允许使用别种不同的网络服务,此种方法欠缺弹性。

一般来说,Web service 具有以下的效益:

- 省时间。
- 只需要会 Web 开发即可运用服务。
- 人员省时间节省人力成本。
- 开发人员不需学习多种程式语言(不需高阶程式设计员)。
- 改造现有 AP 系统使吻合标准可复用。
- 新的商业模式。
- 单一之 Web 介面,降低应用程式开发之困难(降低技术障碍),提升应用开发之效率、PoC 快速、提升整件价值(垂直整合之价值)。
- 开发不限定特定语言,提升产值。
- 开发人员不需担心前端 I/O 及 Driver。
- 软件容易应用及维护简单。
- 部署易于分散吻合云端精神。
- 将服务从资讯技术所在之平台环境抽离,使其不受限于特定的厂商平台。
- 系统通过服务的重新组装,将使应用系统发展的时间快速地缩短,也能随着需求弹性地调整与改变。
- 达到可重复使用。
- 元件模组可以由不同厂商维护开发。

以上是从 Web Service 的使用客户端来看,如果从 Web Service 开发者的观点来看,也就是服务提供者的角度,则 Web Service 是一个高难度的资讯技术领域。

Web Service 是一种 SOA 的架构(Service Oriented Architecture)。SOA 对学生之难度有以下几项:

- SOA 听似容易,实则不容易具象化。
- 如何做好需求分析。
  - 学生欠缺项目开发经验
  - 资讯领域的学生也缺乏领域知识(Domain Knowledge)

- 如何找寻与使用 Open Source 或 Freeware 套件。
  - 需安装测试样各套件
  - 套件需要吻合 SOA
  - 套件沟通需要撰写介接
- 针对套件量身定做(coding)。
  - 需要分析套件所提供之功能,进一步再去萃取所需模组转化成可应用的元件
  - 将模组转化成可应用的元件,必须要了解可应用模组之底层运作,也就是必须理解不同的程式语言
  - 分析人员需懂各种程式语言,需了解各种套件底层
- 软件架构设计。
  - 学生缺宏观之系统观点
  - 通常需跨行程(Inter-Process)编程能力
  - 要能达到不管使用何种语言,元件开发后需提供介面让其他程式来使用
- 如何定义元件功能。
  - 需依共通需求定义
  - 必须符合共通规范
- 定义资源呼叫协定。
  - 必须考量便利性、易用性
  - 必须吻合国际标准
- 学生通常不喜欢写文件,认为多此一举。

SOA 运作架构如下图所示。

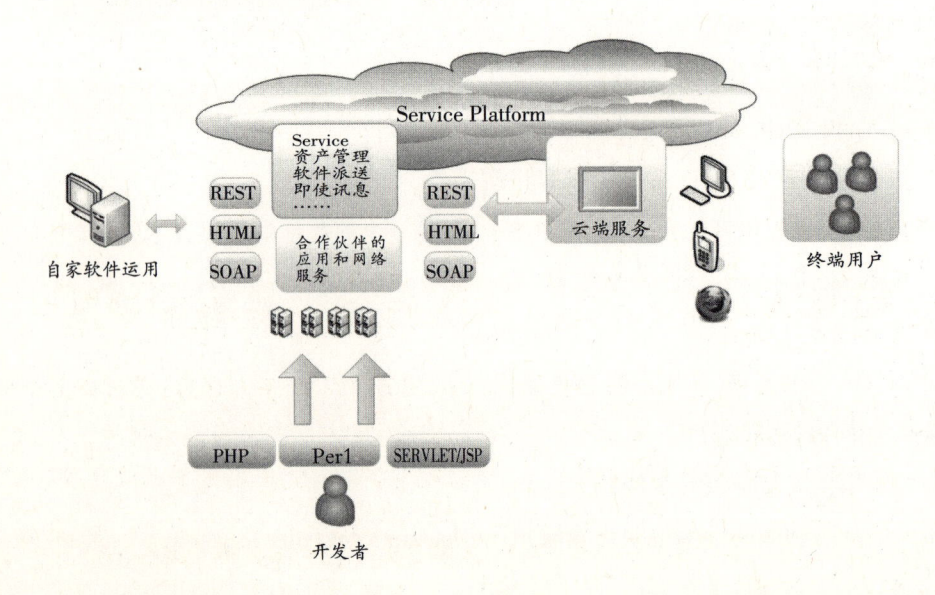

本计划所提出之 Web Service 学习架构如下图所示。

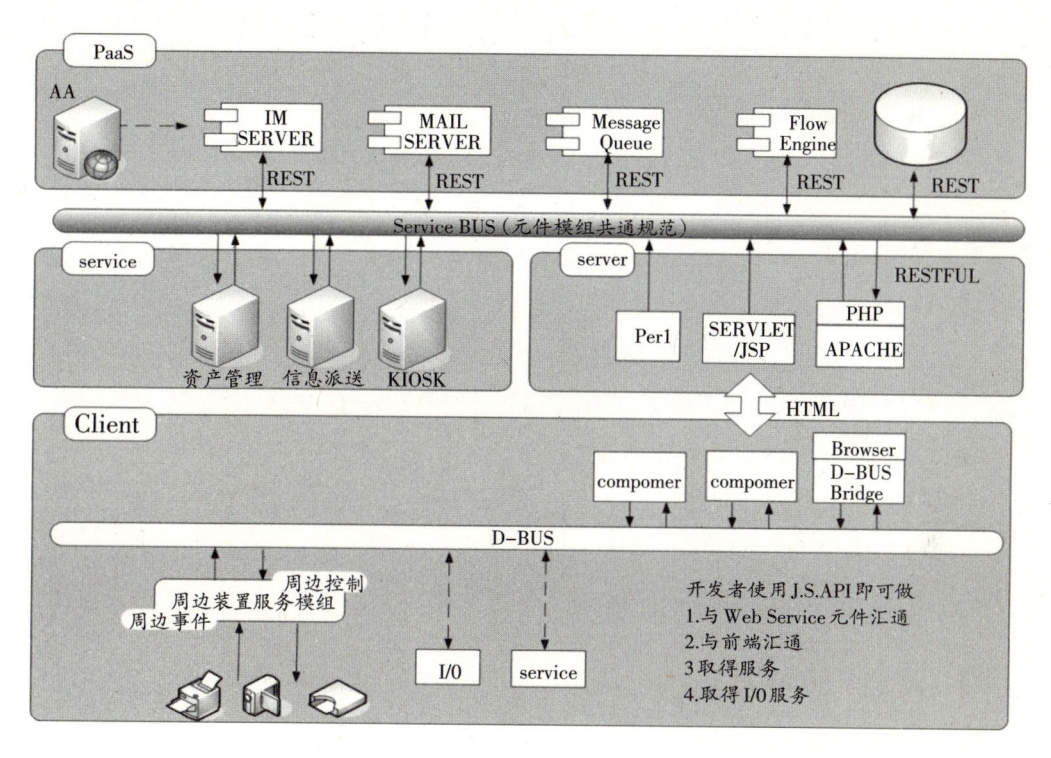

SOA 应用示意图如下。

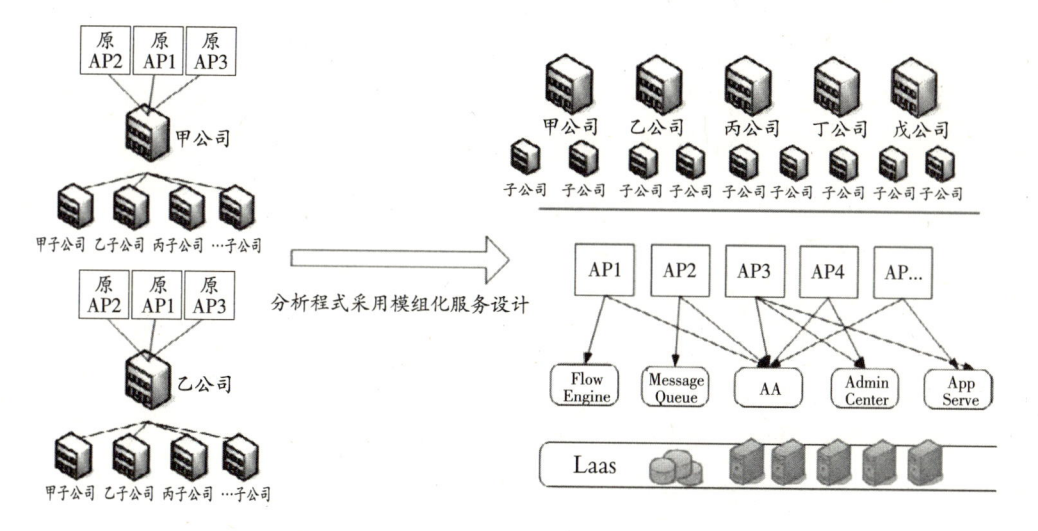

状况：
1. 甲公司及乙公司各自行开发 AP
2. 甲乙公司要扩充子公司就需调整

1. 采用模组化服务设计后：任何公司均可经由分析后自行开发应用程式
2. 可快速增加子公司，不需更新应用程式、权限之管控
3. 不需为了扩充而重新开发应用程式

D-Bus 的优点是作为 Inter Process Communication 的沟通协定。

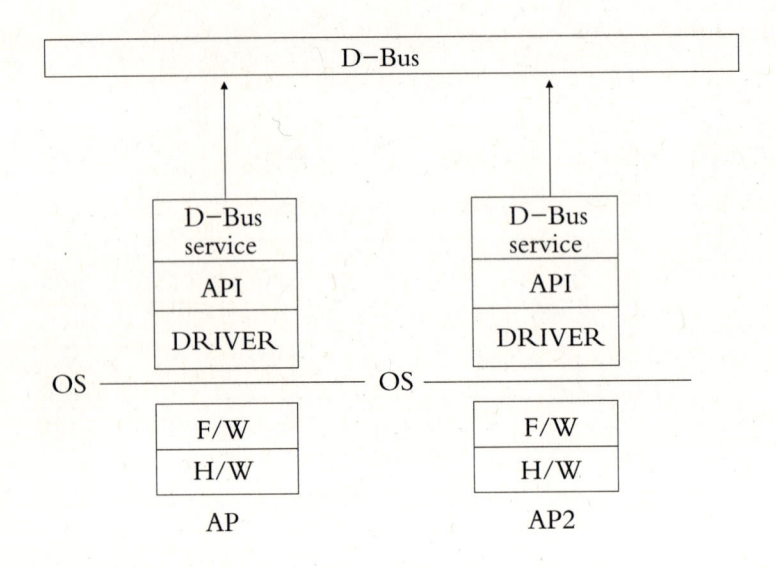

```
                    ┌─────────────────────────────┐
                    │           D-Bus             │
                    └─────────────────────────────┘
                         ↑                ↑
                  ┌─────────────┐   ┌─────────────┐
                  │   D-Bus     │   │   D-Bus     │
                  │   service   │   │   service   │
                  ├─────────────┤   ├─────────────┤
                  │    API      │   │    API      │
                  ├─────────────┤   ├─────────────┤
                  │   DRIVER    │   │   DRIVER    │
                  └─────────────┘   └─────────────┘
            OS ───                ───
                  ┌─────────────┐   ┌─────────────┐
                  │    F/W      │   │    F/W      │
                  ├─────────────┤   ├─────────────┤
                  │    H/W      │   │    H/W      │
                  └─────────────┘   └─────────────┘
                       AP                AP2
```

D-Bus 好处是：

· 统一用 J.S. API。

· D-Bus：设计概念清楚、介面清楚。

· 程式语言无关：Web Service 可贵之处，就是在于程式语言无关。Rest、Json：精简的服务介面存取规格。

· Demo、Sample、单元测试、POC：眼见为凭。软件的具体功能，很难被看见、理解，尤其是元件功能。贴切的小范例程式，效果远胜于生硬的规格文件。

· Turnkey 用途：把零碎的小功能，整合、分类成具有特定用途的高阶应用。

有一项数据可显示 D-Bus 技术效益：

· 需要学习新语言之时间：约 2~3 个月（依个人状况）。

· 开发一支程式未有元件时之时间（约二个月）。

· 已完成元件后之开发时间：3 天。

· 开发需要之 POC 之时间：约 1~3 个月（依客户或应用之状况）。

· 利用快速 POC 可省下多少时间：一次性之开发长效使用。

· 撰写程式行数（复杂度降低）。

· D-Bus 未存在需要开发前端 I/O：约 3 个月。

· D-Bus 存在节省前端 I/O 开发时间：不需要开发 D-Bus 与其他元件的整合方式与应用方式如下页图所示。

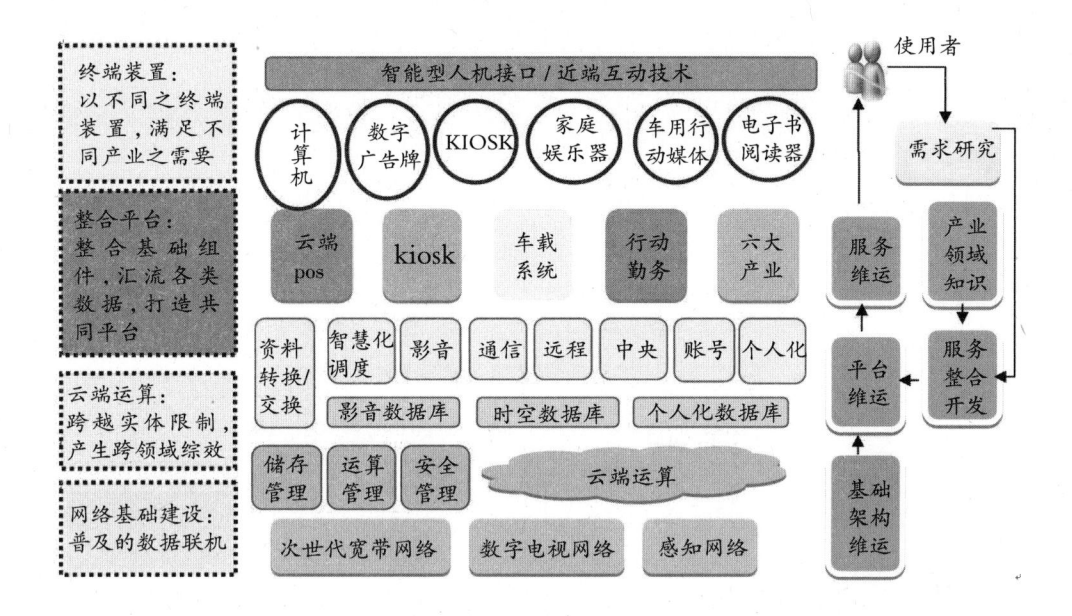

终端装置：
以不同之终端装置，满足不同产业之需要

整合平台：
整合基础组件，汇流各类数据，打造共同平台

云端运算：
跨越实体限制，产生跨领域综效

网络基础建设：
普及的数据联机

智能型人机接口/近端互动技术

计算机　数字广告牌　KIOSK　家庭娱乐器　车用行动媒体　电子书阅读器

云端pos　kiosk　车载系统　行动勤务　六大产业

资料转换/交换　智慧化调度　影音　通信　远程　中央　账号　个人化

影音数据库　时空数据库　个人化数据库

储存管理　运算管理　安全管理　云端运算

次世代宽带网络　数字电视网络　感知网络

使用者 → 需求研究 → 产业领域知识 → 服务整合开发
服务维运 ← 平台维运 ← 基础架构维运

- 各Domain Knowledge采用元件方式呈现，各行各业均可以使用，并加速开发。
- 重视整合，更可采用云端平台无须担心周边的使用。
- 台湾为"硬件王国"，平台方便硬件OPC，未来硬件不再只是硬件，而是服务的基石。
- 未来有机会做整合系统输出，掌握Open Source核心技术。
- 概念验证（Proof of Concept，POC），是借由POC过程，开发团队可以快速评估产品及服务是否能够满足使用者的需求，以及满足的程度。
- 收集SOA的应用例。
- 学习软件工程绘图软件未来是扩充性。
- Server端与client端可开发之元件如下表。

类别		组件

Server端	应用层面	• 软件派送
		  – 自由安装软件
		• 资产管理
		  – 控管软硬件资源
		• IM服务器
		• Mail服务器

Server端	平台层面	• aa认证机制可整合异质系统
		• 多种认证模式
		  – ad server
		  – ldap
		  – database
		• 统一部署方法，建置快速

类别		组件
Server端	系统层面	• 负载平衡 • 异地备援
硬件控制		• 硬件存取功能模块化,统一运用 DBus IPC 标准通信接口 – 提供打印机控制 – 可整合任何硬件

类别		组件
平台层面	应用层面	打印机调用(API)
	平台层面	• OSGi 动态模块管理 – 无须重启系统,自由启用停用模块 • Rich Client Platform(RCP) – 提供快速打造跨平台 application 的 solution – 大量可无限扩充的延伸点外挂 • DBus Bridge – 内嵌浏览器与原生程序的完美整合 – web 与 local resource 自由沟通 – 统一呼叫接口(javascript),降低计算机语言门槛 • 标准 http 信息推送机制实作 • 升级部署机制 • 回报本地状况 – 操作系统层面 • 客制化的 linux 操作系统环境 • 客制化的 pam 认证模块 – 单一签入 • 客制化的桌面系统

Web Service 的一个核心观念就是中介软件元件(Middleware)。中介软件元件唯有通过系统整合,才能显示其益处。而系统整合牵涉甚广,除技术层面之编程(Programming)、软件架构设计之外,软件项目管理、软件品质与服务水准,软件测试都重要的课题,因此拟发展一个学程,教授这方面的技术与方法。

(2)学程目的:

使学生能从系统整合观点完成网际服务软件架构设计,并且具有开发高品质

Web Service 的能力。学生因没有开发大型软件的经验，要体会软件工程的重要，非常不容易，因无切身的感觉。因此，本学程的一个重点是让学生有软件工程的素养。规划的课程内容强调就业职能。

(3) 课程规划：

先修课程：资料库系统(3学分)、软件工程(3学分)、资料结构(3学分)、物件导向程式设计(3学分)

分 类	课程名称及学分
核心基础课程	<u>因特网程序设计(3学分)</u>、<u>组件式软件开发技术(3学分)</u>、软件项目管理(3学分)
实务导向课程	<u>能力成熟度整合模式(3学分)</u>、网际服务应用实习(2学分)、网际服务软件工程(3学分)
进阶专业课程	网际服务水平协议管理(3学分)、网际服务系统软件测试(3学分)

※ 注：画底线的课程是本校已开设的课程

(4) 跨校推广活动及措施：

学程成立时将会制作宣传海报及学程简介资讯，请各校 e-mail 寄送资讯给学生，并认可跨校选修学分，也可安排时间至各校举办资源中心学程说明会。

另外举办网际服务交流研讨会暨座谈会、专题演讲，并使用推动中心建置的学习资源平台，提供各校之交流。

2. 教材发展构想

(1) 发展团队：

公司/职务	姓名
×××科技股份有限公司/总经理	李××
×××电脑科技股份有限公司/总经理	王××
×××资讯科技股份有限公司/顾问	刘××
台湾高雄科技大学资讯与通信/副教授	徐××
台湾高雄科技大学资讯与通信/助理教授	江××
大义科技大学/资工系	何××
台湾北台科技大学资讯工程系/助理教授	刘××

(2)编制教材:4门科目教材介绍如下。

网际服务系统软件测试课程教材
教学目标: 本课程理论与实务并重,课程主要介绍软件测试的原理、分析方法与技术,并让学生了解整个软件测试的流程与工作,熟悉相关测试文件的撰写与测试工具的使用,以提升学生软件设计与开发的质量。
课程大纲: (1)软件测试技术简介 (2)软件测试规划与文件撰写 (3)单元测试与整合测试实务 (4)软件测试方法 (5)系统测试与回归测试实务 (6)图形用户接口测试实务
教师能力指标: (1)已修习软件品保课程与软件工程课程。 (2)曾在公私机构修习软件品保相关课程。
学生能力指标: (1)学习软件测试的理论、技术及工具,让学生具备软件测试领域的专业知识。 (2)学生实际应用软件测试工具并独立完成测试案例的推导,测试程序撰写及测试结果的分析与报告。 (3)学期专题报告为团体作业,要求2~4名学生合作完成,以训练学生沟通、协调、整合等团队合作及上台简报之能力。
学习评量与题库设计构想: 期中考20%、程序实作30%、软件测试规划与文件撰写25%、学期专题报告25%
教学观摩与种子教师培训活动规划: 邀集信息软件领域之教师,进行为期一天之种子教师培训。
试教与推广规划: 于课程教材初稿完成后,皆办理教师观摩活动,实施教学示范、演练、试教等,且对参与人员进行问卷调查,并对成果效益进行分析检讨。另外也邀请软件工程联盟提供咨询服务。

网际服务系统应用实习课程教材
教学目标： 让学生学习如何开发 Web services。Java 为主要语言，Php 为次要。前者以应用程序为重点，后者以 Web Application 为重点。
课程大纲： (1)什么是 Web Services (2)Web Service 的平台元素 (3)Web services 有两种类型的应用 (4)Jetty Web Server (5)Cometd Bayeux , Sprint (6)前之架构图 (7)Query、JSON、Hibernate、ORM
教师能力指标： (1)已修习软件品保课程与软件工程课程。 (2)曾在公私机构修习软件品保相关课程。
学生能力指标： (1)学习软件测试的理论、技术及工具，让学生具备网际服务系统领域的专业知识。 (2)学生实际应用软件工具并独立完成网际服务案例的分析与报告。 (3)期末报告为团体作业，要求2~4名学生合作完成，以训练学生沟通、协调、整合等团队合作及上台简报之能力。
学习评量与题库设计构想： 期中考 35%、期末考 35%、作业 10%、期末报告 20%
教学观摩与种子教师培训活动规划： 邀集信息软件领域之教师，进行为期一天之种子教师培训。
试教与推广规划： 于课程教材初稿完成后，皆办理教师观摩活动，实施教学示范、演练、试教等，且对参与人员进行问卷调查，并对成果效益进行分析检讨。另外也邀请软件工程联盟提供咨询服务。

网际服务水平协议管理
教学目标： 本课程内容包括理论架构、个案探讨及实作练习，透过兼具理论与实务的课程内容，以精心设计的workshop来协助学员，了解如何建立服务水平协议(SLA)，并通过良好的SLA内容及完整SLA架构的建立，来提升IT服务水平、进行期望管理，并与客户建立良好的关系。
课程大纲： (1)IT服务水平协议(SLA) (2)SLA的内容与架构 (3)SLA的相关IT活动 (4)设计与执行IT服务水平协议
教师能力指标： (1)具ITIL基础知识、了解SLA内容与架构。 (2)曾在公私机构修习网际服务相关课程。
学生能力指标： (1)学习SLA的理论、技术及工具，让学生具备IT服务水平协议领域的专业知识。 (2)学生实际应用工具并独立完成测试案例的推导，程序撰写及执行分析与报告。
学习评量与题库设计构想： 期中考35%、期末考35%、作业10%、期末报告20%
教学观摩与种子教师培训活动规划： 邀集信息软件领域之教师，进行为期一天之种子教师培训。
试教与推广规划： 于课程教材初稿完成后，皆办理教师观摩活动，实施教学示范、演练、试教等，且对参与人员进行问卷调查，并对成果效益进行分析检讨。另外也邀请软件工程联盟提供咨询服务。

网际服务软件架构

教学目标：
使学员了解服务导向架构(SOA)的应用情境，并熟悉SOA设计与建置技术，应用SOA进行商业流程整合及管理。

课程大纲：
(1)商业模式变迁与系统整合
(2)SOA的特性
(3)SaaS商业模式与服务接口标准
(4)设计与建置SOA架构
(5)商业流程整合的标准、设计与建置

教师能力指标：
(1)已修习OOAD、软件工程、软件架构、软件开发流程与信息系统规划课程。
(2)曾在国内外公私机构修习网际服务相关课程。

学生能力指标：
(1)学习软件架构的理论、技术及工具，让学生具备网际服务软件架构领域的专业知识。
(2)学生实际程序撰写及测试结果的分析与报告。

学习评量与题库设计构想：
期中考35%、期末考35%、作业10%、期末报告20%

教学观摩与种子教师培训活动规划：
邀集信息软件领域之教师，进行为期一天之种子教师培训。

试教与推广规划：
于课程教材初稿完成后，皆办理教师观摩活动，实施教学示范、演练、试教等，且对参与人员进行问卷调查，并对成果效益进行分析检讨。另外也邀请软件工程联盟提供咨询服务。

(3)既有课程的教学大纲：

网际网络程式设计
教学目标： 本课程之目标在于培养学生未来成为高阶程序设计人员所应有的核心专业技能，进而使其具备开发高质量、高效能以及高可靠性之因特网程序的技术。修习本课程之学生预期将能熟悉因特网运作之原理与架构，并具备因特网程序设计与实作的能力。
课程大纲： (1)TCP/IP 协定简介 (2)CGI 程序简介 (3)PHP 程序设计 (4)SQL 语法介绍 (5)PHP 存取 MySQL (6)Java 网络程序设计
学习评量与题库设计构想： 出席率 10%、期中考 30%、期末考 30%、作业 10%、期末报告 20%

元件式软体发展技术
教学目标： 以 Java 语言为工具，培养学生具有以下的 programming 能力：TCP 层级的 networking、Servlet、J2EE EJB。
课程大纲： 单元一　基本观念 1. HTML 2. Tomcat Web Server 3. 网站应用程序(Web Application)架构介绍 4. JSP 语法 单元二 1. Servlet 2. Java Bean 3. SOA 4. Web Service 5. Web Service 软件架构
学习评量与题库设计构想： 期中考 35%、期末考 35%、作业 10%、期末报告 20%

软件项目管理
教学目标： 本课程主要目标在于建立学生软件项目管理相关知识体系，培养信息人员所应具备之专业能力，使其结合"软件项目管理"之相关技术与应用。
课程大纲： 单元一 1.国际项目管理知识体系 2.国际项目管理知识领域 3.项目管理架构 4.项目管理流程 5.项目管理步骤 6.项目管理方法 单元二 1. Life-Cycle Phases 2. Artifacts of the Process 3. Model-Based Software Architectures 4. Workflows of the Process 5. Checkpoints of the Process 单元三 1. Iterative Process Planning 2. Project Organizations and Responsibilities 3. Process Automation 4. Project Control and Process Instrumentation 5. Tailoring the Process
学习评量与题库设计构想： 作业15%、期中考30%、期末考30%、期末报告15%

能力成熟度整合模式

教学目标：
一个以开发软件为获利来源的公司除了必须掌握核心技术外,如何在软件项目执行过程中减少人力、资源的浪费并掌握时程,也是获利的关键。有鉴于此,目前全世界的软件从业者纷纷导入 CMMI 认证。本课程将介绍能力成熟度整合模式(CMMI, Capability Maturity Model Integration)的概念、特性、程序。期望修过此课的同学将来到软件业界工作时能学以致用。

课程大纲：
(1) 国际项目管理知识体系
(2) 国际研发项目管理知识体系
(3) 软件工程与系统工程之开发流程
(4) CMMI 流程模式
(5) 流程领域(Process Areas)
(6) 软件质量保证

学习评量与题库设计构想：
作业:15%　期中考:30%　期末考:35%　期末报告:25%

网际服务软件工程

教学目标：
本课程之目标旨在引领学生学习网际服务软件工程相关的理论知识,同时也重在培养学生未来成为高阶应用软件开发人员所应有的核心专业素养,进而使其具备开发高质量、高效能以及高可靠性信息软件系统的技术。修习本课程之学生预期将在网际服务软件开发技术、网际探勘技术、网际服务软件项目管理方法以及实务案例研讨等课程内容主轴的引导下,逐步建立规划软件项目、分析软件需求、设计软件架构、建置软件系统、管理软件组态、确保软件质量、增进软件效益等专业能力。

课程大纲：
(1) Characteristics of the Web
(2) Introduction to Web Engineering
(3) Unified Modeling Language(UML)
(4) Load Distributing
(5) Fault Tolerance
(6) Collaborative Computing
(7) Web Mining

学习评量与题库设计构想：
Homework Assignments:20%　　Midterm Examination:15%
Final Examination:15%　　Attendance and Class Participation:10%
Project:40%

（四）"创作领域自由软件教学及创作资源推广"执行规划

1. 创作领域

网际服务（Web services）领域。

2. 执行目的

着重创作领域自由软件教学及创作资源推广的资源收集、整理，并将资源推广给其他学校。

3. 创作资源推广之具体做法

（1）有系统且经过评估小组整理中英文有关 SOA 或 Web Service 之网站的资讯，列表呈现在一公开网站。例如：

A.Developer Portal for Open Source SOA Web Services and Middle ware　http://ws02.org/

B.http://swik.net/webservice+opensource

C. 软件自由协会　http://www.slat.org/

（2）Java IDE 工具挑定 Eclipse3.6，因为它已是 Java 应用程式开发者的首选。由于自由软件社群的无私贡献，目前已有许多套件（Package）。我们将列表呈现这些 Package，方便 Web Service 开发者"一次查足"。

（3）收集 Web Service 应用范例。

（4）整理全国硕博士论文、各大学实务专题技术报告有关 Web Service 之研究。

（5）除了 Server 端之外，客户端之技术，例如：j Query、JSON、Ajax 等也是整理的标的。

4. 自由软件教学之具体做法。

（1）于课程中导入自由软件作为工具。

（2）针对部分自由软件编撰教材。

A.Postgre SQL（资料库）

B.UML 绘制软件（Argo UML、Star UML、Dia 0.2007.1 三者择一）

（五）"跨校软件创作社群及活动营造"执行规划

1. 软件创作社群

网际网络服务（Web services）社群。

2. 成立社群目的

随着资讯领域发展，网际服务将成为目前社会上一项重要发展，本群组关注于目前社会大众所使用的网际网络服务进行开发设计，探讨网际网络服务之技术发展与影响。辅导学生成立社团,例如自由软件研究社,并补助活动举办(例如竞赛、演讲)。

3. 活动营造

对内:

(1) 社群团体气氛:建立共同遵守的规范及和谐顺畅的沟通,定期聚会来创造合宜的凝聚力。

(2) 社群指导教师领导风格:民主平等的领导风格,与社群团队共同成长学习。

(3) 学校与教室的环境:拥有社群专属空间环境,制作各型标语、网络服务资讯等图式、看板,使同学在潜移默化中内化,以提升素质。

对外:

(1) 设立专属虚拟社群,如架设 Blog、相片簿、论坛、心情点滴或成立 Facebook 网络服务社团等,使各校之创作团队及学生都能通过网络随时获取资讯中心的资源。

(2) 举办跨校创作团队交流联谊、主题式研讨会。

(3) 提供网络服务相关软件竞赛资讯,并积极地提供相关资源及协助。

(六)"产业实习或交流跨校性活动"执行规划

1. 产业实习目标

希望落实学习成果兼具有学术严谨性与产业相关性,提供学生接触产业实际运作的机会,学习融入实习产业文化之训练,借此从产业实习中学习网络服务潜在创新研究方向,同时学习成果亦可更贴近产业需求,促进产学合作与交流。已口头征求同意之软件公司有:×××科技公司(台北)、×××公司(台中)、×××科技有限公司(高雄)、×××科技有限公司(高雄)、×××资讯有限公司(高雄)、×××科技有限公司(高雄)、×××国际事业有限公司(高雄)、×××电脑科技有限公司(高雄)、×××企业有限公司(台南)。

2. 执行规划

(1) 征求合作企业:寻求有意愿合作企业,提供产业实习工作机会,并由授课教师和企业主共同完成产业实习内容之架构规划与需求内容。

(2) 产学交流座谈会:不定期邀请产业界人士与师生座谈交流。

(3) 实习企业媒合:安排学生与企业进行面试,完成分发,分发原则依公司面谈状况、学生意愿及指导教授建议。

(4) 业师欢迎会:实习企业于媒合完成后指派企业导师,借由举办业师欢迎会,让学生与业师有第一次见面与讨论的机会。于暑期实习前能开始针对实习课题设立阶段目标、评估实习成效等项目讨论,并进行相关准备工作,如相关课程选修或文件资料汇集与研读等。

（5）暑期实习:学生需依准备阶段所拟定之时程进行实习,缴交相关报告,企业导师与指导教授应于期间针对学生达成阶段性目标或缴交的相关报告提供回馈,交换意见。

（6）实习绩效考核:实习结束后一个月内,依学生实习期间表现提供绩效考核。

（7）实习成果发表:实习结束后一个月内举办成果发表,由学生展现暑期实习成果,并邀请企业主、产业导师及指导教授共同参与评比。

3. 申请"经济部"学界关怀计划,辅导厂商争取研究补助,锁定资讯服务业。

（七）在所属学校落实相关工作之执行规划

1. 几年来本校承接的多项"教育部"的课程改进计划参见下表:

计划名称	计划主持人	协同主持人	计划期程
资通讯安全学程	曾××	徐××	2010.02.01~2011.01.31
资通讯重点领域课程推广计划—数字讯号处理、WIMMAX技术设计与效能分析	陈××		2010.02.01~2011.01.31
资通讯重点领域课程推广计划—正交分频多重进阶技术、数字电视学	徐××		2010.02.01~2011.01.31
"教育部网路通讯人才培育先导型计划"—2010年度课程发展计划:射频与天线模组系列	彭××		2010.04.01~2011.03.31
2009~2010年RFID科技及应用学程计划—RFID资讯应用与安全学程	苏××（资管系所）	萧××	2009.02.01~2011.01.31
前瞻晶片系统设计(SOC)学程计划	夏××	陈×× 陈××	2009.03.01~2010.01.31
资通讯人才培育先导型计划—课程发展计划:射频收发系统实验	彭××		2009.04.01~2010.03.31
资通讯人才培育先导型计划–课程发展计划:智慧型车辆技术	彭××		2009.04.01~2010.03.31

计划名称	计划主持人	协同主持人	计划期程
高科技专利取得与攻防课程推广计划—高科技专利取得与攻防	江××		2009.9.1~2010.8.31
"教育部嵌入式系统设计课程推广计划"—嵌入式系统设计实务	徐××		2009.09.01~2010.08.31
前瞻晶片系统设计(SOC)学程计划—系统晶片设计学程	电子系 夏××	陈××老师	2008.3.1~2009.2.28

学校在行政协助与配合款方面一向积极支持。

2. 软件创作相关学程规划及开授

本校资讯与通讯系已开设"硕士班软件工程学程"、"大学部软件工程学程"。

硕士班软件工程学程

(1)学程理念:为培育软件工程专业人才,使修习学生皆具备完整之软件工程课程训练。

(2)课程规划:课程分三类:核心基础课程、实务导向课程、前瞻专业课程。选读本学程的学生选修下列四门课程之三:能力成熟度整合模式、网际服务软件工程、分散式资讯系统、软件项目管理,而且必须选修下列两门课之一:物件导向系统、资料库系统应用。[如下表]

硕士班软件工程学程课程规划

分类	课程(开课系所)	学分数
核心基础课程	物件导向系统(资管系)	3
	资料库系统应用(资通系)	3
实务导向课程	分散式资讯系统(资管系)	3
	软件项目管理(资通系或资管系)	3
前瞻专业课程	网际服务软件工程(工程科技研究所)	3
	能力成熟度整合模式(工程科技研究所)	3

大学部软件工程学程

(1)学程理念:培育软件工程专业人才,使修习学生皆具备完整之软件工程课程训练。

(2)课程规划:课程分三类:核心基础课程、实务导向课程、前瞻专业课程。选读本学程的学生必修下列课程:软件工程概论、能力成熟度整合模式、网际服务软件工程、计算智慧,而且必须选修下列两门课之一:软件项目管理、元件式软件发展技术。

大学部软件工程学程课程规划

分类	课程（开课系所）	学分数
核心基础课程	软件工程概论（电通系）	3
	面向对象软件工程（电通系）	3
实务导向课程	能力成熟度整合模式（工程科技研究所）	3
	软件项目管理（电通系）	3
	组件式软件开发技术（电通系）	3
前瞻专业课程	网际服务软件工程（工程科技研究所）	3
	计算智慧（工程科技研究所）	3

3. 自由软件资源导入教学及创作

本校资讯与通讯系的电脑教室（F452）为教师教授学生电脑课程的环境，其教室使用之软件已大致建置为自由软件。

自由软件名称	用途
FireFox	浏览器
Eclipse（Java, C++）	开发工具
MySQL or PostgreSQL	数据库
7-Zip	压缩软件
Tomcat; Jetty Web Server	Web Server

2009学年度本校资讯与通讯系开设的课程使用自由软件来教授的科目如下表：

科目	教师	软件
计算器导论	江××	Dev C++
网际网路导论	吴××	Java, JavaScript, Eclipse
资料结构	江××	Dev C++
资料库系统	徐××	My-SQL
视窗程式设计	黄××	Java, Eclipse
物件导向软件工程	江××	Java, Eclipse

借由使用自由软件授课后，进而毕业学生之专题及论文也通过自由软件来开发设计。

自由软件名称	用途
Java	物件导向程式语言
Python	物件导向程式语言
GNU C/C++	程式语言
Eclipse SDK	程式开发工具
Dev C++	程式开发工具
Google earth API	将 Google earth 嵌入到网页中
Android SDK	开发适用于 Android 装置的应用程式
Apache	网页伺服器
MySQL	资料库
Dokuwiki	社群讨论平台
JSP	进阶网页程式开发设计
Fedora, Ubuntu Linux	自由软件之作业系统

针对新规划学程之各个课程，自由软件导入教学及创作之规划如下表：

课程名称	导入之自由软件
网际网络程式设计	Apache、JSP
元件式软件发展技术	Java
软件项目管理	Open Workbench
能力成熟度整合模式	Linux、Java
网际服务应用实习	Java
网际服务水准协议管理	Java
网际服务软件工程	Java
网际服务系统软件测试	Java

4. 资讯软件创作社群推动

积极鼓励学生成立软件创作社团，例如自由软件研究所，并安排专属团队老师指导学生。

5. 产学合作

安排产学交流活动，使学生、教师及产业界能深入交流讨论。培育软件工程高阶人才，开设产业硕士专班。

（八）未来规划

在第一期计划（2010年10月至2011年1月）就将学程发展完成，课程也都完成试教并推动。执行之"质"与"量"若有持续获得补助，力道将增强。

有几项重点工作会在未来持续推动：

1. 继续运用"资讯软件人才培育先导计划推动中心"之教学与学习资源，并配合中心办理活动。

2. 软件工程融入教学机制深化。

3. 产业硕士研发专班（软件工程领域）导入所发展的学程——"网际服务系统整合学程"推广至其他学校。

4. 挑定学程中的至少2门课，制作符合"教育部数字教材与课程认证规范"之远距教学教材与课程。

5. 晴置鼎升公司CMMI Optimal软件，以Web方式开放使用。

6. 以"网际服务"为基础，将人才培育扩充至"行动终端应用"、"智慧感知与辨识"、"云端计算与服务"。

7. 拟定营销与推广策略，积极鼓励同学选读"网际服务系统整合学程"。

8. 产业界随班附读方式取得本学程证书推动方案。

三、对推动中心之资源运用及活动参与

（一）网络平台运用规划

1. 软件学习资源服务平台

本跨校资源中心将开设网络服务系统整合学程及已开设软件工程学程，学程内所教授的课程将使用推动中心之软件学习资源服务平台的功能，提供给老师能将上课教材上传及随时可做修正或更新，并发布课程资讯于网络上，更进一步地通过服务平台的各学习资源下载次数、各学习资源评分分数，及各使用者下载次数等相关数据，以作为资源分析及帮助老师了解学员学习情况。

由于软件要学习的领域很多，在软件学习资源服务平台里借由软件学习资源分享的功能，提供给学生更多自由软件相关学习资源，使学生通过平台可快速搜寻、了解及连接自由软件相关网站，强化学习效能。

2. 网上协同学习平台

推动中心的网上协同学习平台能帮助老师从平台里选习题，请学生直接使用学习平台的网上题库来作答，让学员能够以不同的学习方式进行学习与交流，老师可从控管区查看学生是否在网上缴交作业，并可以通过平台的制作报表功能来检视学生在平台上的活动概况。

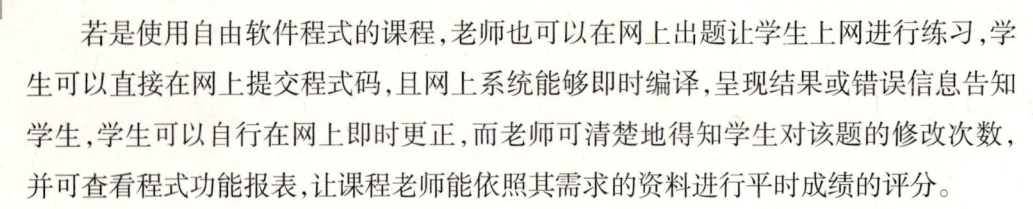

若是使用自由软件程式的课程,老师也可以在网上出题让学生上网进行练习,学生可以直接在网上提交程式码,且网上系统能够即时编译,呈现结果或错误信息告知学生,学生可以自行在网上即时更正,而老师可清楚地得知学生对该题的修改次数,并可查看程式功能报表,让课程老师能依照其需求的资料进行平时成绩的评分。

本计划资源中心主持人徐××老师及协同主持人江××老师会将资料结构及元件式软件发展技术课程先行使用协同学习平台来进行教学,并指导其他老师一同使用推动中心之网络服务平台。

3. 创作社群服务平台

本计划成立网际服务社群,并收集网际服务及自由软件的教学资讯等,存放在创作社群服务平台,于创作社群平台建立一个群组,由群组的功能,集合各校有兴趣的组员,可随时使用群组讨论区,分享个人开发经验或近况,并也能招集组员举办大型研讨会或一起组团参加一些活动竞赛。

另外当学生要制作专题报告或参加一些软件竞赛时,可使用创作社群平台的项目平台功能,学生可自行新增项目与同学共同参与,将待办事项都公开于网上提醒组员及共同记录制作完整的项目报告。

(二) 软件工程教学推广机制运用规划

本计划网际服务领域创办的网际服务系统整合学程的部分课程与软件工程联盟的课程有相同性,于开课前将通过软件工程联盟提供种子学校软件工程咨询服务,并针对课程中所需的软件工程重要元素媒合适当的软件工程教师到校作授课服务。其课程有软件工程概论、物件导向软件工程、能力成熟度整合模式、软件项目管理、元件式软件发展技术、网际服务软件工程、软件架构及软件品质管理。

(三) 运用推动中心各项活动之构想

推动中心将举办各项种子教师研习、软件创作竞赛、软件创作达人活动营、网上程式设计竞赛、跨校创作社群交流活动、产学交流活动、成果发表会的多元活动。计划可以构思如何借以落实跨校性交流及活动目标。

资源中心将配合推动中心活动举办,例如参与主题演讲、展示、承办活动等。

四、计划推动之组织架构

(一) 组织架构

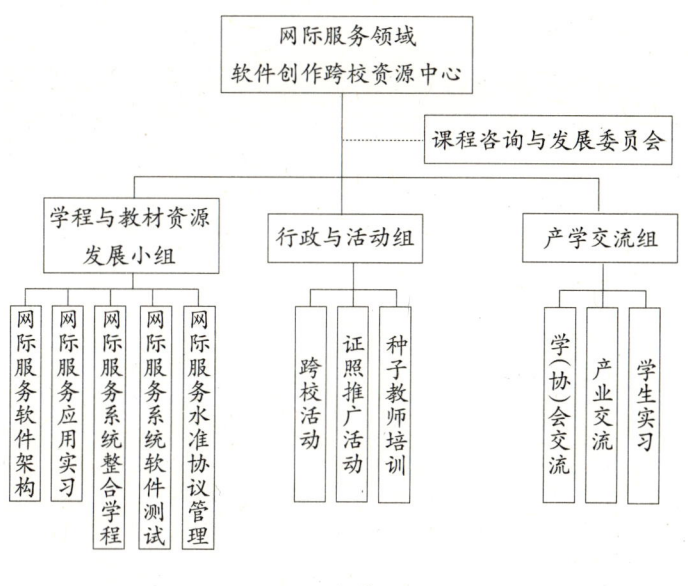

```
                    网际服务领域
                软件创作跨校资源中心
                          ┆
                          ┆┄┄┄┄┄┄ 课程咨询与发展委员会
          ┌───────────────┼───────────────┐
    学程与教材资源        行政与活动组        产学交流组
      发展小组
  ┌────┬────┬────┬────┐     ┌────┬────┐     ┌────┬────┬────┐
  网    网    网    网         跨    证    种       学    产    学
  际    际    际    际         校    照    子       （ 协 ） 业    生
  服    服    服    服         活    推    教       会    交    实
  务    务    务    务         动    广    师       交    流    习
  软    应    系    水                活    培       流
  件    用    统    准                动    训
  架    实    整    协
  构    习    合    议
              学    管
              程    理
                    测
                    试
```

组织架构图

(二) 组织说明

本计划"网际服务领域软件创作跨校资源中心"主持人由台湾高雄科技大学资讯与通讯系徐××主任担任,协同主持人由江××助理教授担任,其组织架构职掌分述如下:

组织单位	工作说明
资源中心办公室	掌管资源中心计划行政事务,由计划主持人、协同主持人及一位专任行政助理组成,负责资源中心教学信息网络交流平台的建置、资源中心计划各分项工作之协调及计划执行进度与经费之管控及核销。
课程咨询与发展委员会	由计划主持人召集,邀请行政部门专家、产业界专家与学术研究界专家共同组成,成员包含产、官、学、研各界。咨询委员会负责指导资源中心计划推动方向,督导资源中心业务推动事宜及评估计划执行成效。咨询委员会采取"以教学带动整合,从发散聚焦成长,把经验变成资产"原则,以促进并提升相关重点领域之整体教学研究环境为目的。

(续表)

组织单位	工作说明
学程与教材资源发展小组	包括各课程教材之发展人员,各教材发展分项由主持人及三位老师所组成,负责重点领域课程教材发展与推广相关事务。每一课程教材发展分项工作团队应由跨校教师及产业界人士组成,共同发展课程教材,每一团队由三至五人组成。本中心之课程教材发展,以全程十八个月分三段实施,前六个月撰写课程初稿,第二段(第七个月至第十二个月)在本校与伙伴学校试教,第三段(第十三个月至第十八个月)则进行教材修正并推广至其他伙伴学校。于试教阶段及推广阶段,同时进行教师观摩活动、上课试教交流及教材修订等工作事项,以确保教材质量。并将完成相关教材,陆续在网络交流平台公布,并上载至教育部门指定之教材数据库,供台湾相关教师教学参考使用,并作后续推广之用。
产学交流组	由计划主持人与产业界、学术单位及社团交流,以促进产学合作的机会及举办产学研讨会。
行政与活动小组	主要推动各类考照、师资培育及跨校相关配套活动。每一年度于课程教材初稿完成后,皆办理教师观摩培训活动,且对参与人员进行问卷调查,并对成果效益进行分析检讨。

（三）功能角色

分工单位名称	姓名/曾教授课程	简历
网际服务跨校资源中心	徐××/软件工程概论、元件式软件发展技术、CMMI、软件项目管理	1. TPMA 研发项目管理研究中心副召集人 2. "经济部商业司协助服务业研究发展辅导计划"—业者创新研发计划电子商务组审查委员 3. "中华电信研究所"副研究员
产学交流组		
网际服务系统整合学程		
学程与教材资源发展小组	江××/物件导向软件工程、网际服务软件工程	1. 彰化师范大学电机工程学系兼任助理教授 2. 大叶大学资讯工程学系专任助理教授 3. 2006、2007、2008 "教育部"软件工程课程改进共同主持人
网际服务应用实习		
网际服务软件测试	待聘	
网际服务品质协议管理	何××/网络程式设计、物件导向程式设计	1. 大义科技大学助理教授兼网络规划组长 2. "教育部"—"资通讯科技人才培育先导型计划"（协同主持人）—无线通讯网络建构与效能模拟(2008) 3. "教育部"—"资通讯科技人才培育先导型计划"（协同主持人）—无线通讯网络(2007)
咨询委员会	李××	1. 名亚通信执行长 2. ××国际 Coventive 创办人暨总经理 3. ××科技董事长
	王××	高雄市自由软件协会理事长
	刘××	台湾北台科技大学资讯工程系副教授
行政与活动组	赵××	1. 台湾高雄科技大学资通系业界教师 2. "高雄地方法院"法务助理 3. 飞信半导体 IT 工程师

五、各推动重点主要工作汇总表

(一) 规划开授之课程(配合中心发展之教材,规划办理之试教课程)

开授课程名称	预定开课时间	开设科系所	学生年级	授课教师(职称)	学分数	预估修课人数	课程特色(可复选)
网际服务系统软件测试	2011年2月	资讯与通讯系	大四/研究所	待聘	3	20	☑自由软件资源导入教学 ☑软件工程重要元素引入 ☑学生程序设计能力提升 ☐其他:请摘要说明
网际服务水准协议管理	2011年2月	资讯与通讯系	大四/研究所	何××(助理教授)	3	20	☑自由软件资源导入教学 ☑软件工程重要元素引入 ☑学生程序设计能力提升 ☐其他:请摘要说明
网际服务应用实习	2011年6月	资讯与通讯系	大四/研究所	徐××(副教授)	3	20	☑自由软件资源导入教学 ☑软件工程重要元素引入 ☑学生程序设计能力提升 ☐其他:请摘要说明

(二) 规划办理活动汇整表

活动性质	活动名称	活动目的	办理时间	参与对象及人数(人)	预估经费(元)
跨校软件创作观摩交流活动	SOA专题制作观摩	广邀SOA相关之专题或论文参加观摩与竞赛	2011/03	50	9,457
	Web Service创新应用构想竞赛	透过特定主题竞赛,激荡Web Service创意构想	2011/08	50	9,457
	ICT于服务创新应用大赛	设想一创新服务项目,并以ICT实现	2012/01	50	9,457

(续表)

活动性质	活动名称	活动目的	办理时间	参与对象及人数	预估经费
跨校产学交流	资通讯软件服务产学合作暨创业座谈会	提供专题学分产学合作、技术人才包套服务合作方案 座谈会将深入说明产学合作技术、领域与办法	2011/2	50	9,457
	技专校院教师赴公民营企业实务研习活动——SOA架构XDNA	让教师至企业参加SOA研习活动	2011/7	50	9,457
	ICT软件产业与学界技术暨人才交流展	期望透过学界技术与人才资源发掘ICT创新研发技术与创意人才,为产业界所用,增进ICT产业创造力与竞争力	2012/12	50	9,457
	SOA论文研讨会	聚集SOA相关技术论文及人才交流	2011/04	50	9,457
	SOA应用发展		2011/11	50	9,457
教材推广、教学研讨及师资培育	教学推广——网际服务系统软件测试课程		2011/03	20	9,457
	教学推广——网际服务质量协议管理		2011/08	20	9,457
	教学推广——网际服务应用实习		2012/01	20	9,457
	教学观摩研讨——网际服务系统软件测试课程		2011/03	20	9,457

（续表）

活动性质	活动名称	活动目的	办理时间	参与对象及人数	预估经费
教材推广、教学研讨及师资培育	教学观摩研讨——网际服务质量协议管理		2011/08	20	9,457
	教学观摩研讨——网际服务应用实习		2012/01	20	9,457
	师资培育——网际服务系统软件测试课程		2011/03	20	9,457
	师资培育——网际服务质量协议管理		2011/08	20	9,457
	师资培育——网际服务应用实习		2012/01	20	9,457
成果发表及推广	网际服务系统整合学程成果发表会		2011/03	50	9,457
	网际服务社群平台推广		2011/08	50	9,457
	网际服务自由软件应用推广		2012/01	50	9,457

（三）参与推动中心活动之工作构想汇整表

推动中心办理之配套/活动名称
在线协同学习平台服务
软件创作社群平台服务
软件学习资源平台服务
软件工程教学专业咨询服务
种子师资培训专业活动
程序设计在线竞赛
大专院校开放软件创作竞赛及软件创作达人活动营
各类推广及交流活动（如产学交流活动、三大服务平台推广活动等）
各校计划推动交流会及成果发表会

六、预定执行进度及进度查核

（一）预定执行进度（甘特图）

时间 进度 工作项目	2010年 10	11	12	2011年 1	2	3	4	5	6	7	8	9	10	11	12	2012年
A.学程与教材发展																
1.网际服务系统软件测试																
2.网际服务系统应用实习																
3.网际服务水准协议管理																
4.网际服务软件架构																
5.网际服务系统整合学程																
B.校际活动																
1.跨校软件创作交流活动																
2.跨校学术交流																
3.教材推广																
4.教材研讨																
5.师资培育																
6.成果发表																
7.证照推广																
C.产学交流																
1.跨校产学交流活动																
2.学生实习																
D.参与推动中心之活动																
1.平台服务																
2.软件工程教学咨询服务																
3.种子师资培训																
4.竞赛活动																
5.推动交流会及成果发表会																

（二）重要工作进度查核点及查核项目

编号	工作项目	预定完成事项	预定完成时间	查核点概述
A	学程与教材发展			

(续表)

编号	工作项目	预定完成事项	预定完成时间	查核点概述
1	网际服务系统软件测试	开发课程教材	2011/12	1.课程教材发展 2.使用推动中心服务平台资源
2	网际服务系统应用实习	开发课程教材	2011/12	1.课程教材发展 2.使用推动中心服务平台资源
3	网际服务水准协议管理	开发课程教材	2011/12	1.课程教材发展 2.使用推动中心服务平台资源
4	网际服务软件架构	开发课程教材	2011/12	1.课程教材发展 2.使用推动中心服务平台资源
5	网际服务系统整合学程	成立学程、学程推广	2011/12	1.成立一个网际服务系统整合学程 2.举办学程说明会 3.20位学生修习网际服务系统整合学程
B	校际活动			
1	跨校软件创作交流活动	举办跨校交流活动	2011/12	举办3场跨校软件创作观摩交流活动
2	跨校学术交流	举办跨校学术活动	2011/12	举办2场跨校学术交流活动
3	教材推广	开发之教材推广	2011/12	举办3场跨校软件创作观摩交流活动
4	教材研讨	开发之教材研讨	2011/12	举办3场发展之教材研讨活动
5	师资培育	学程之课程师资培育	2011/12	举办3场发展之教材研讨活动
6	成果发表	学程成果展现	2011/12	举办3场成果发表或推广活动
7	证照推广	指导学生考取自由软件证照	2011/12	辅导20名学生考取自由软件证照(LPIC-1或SCJP)

(续表)

编号	工作项目	预定完成事项	预定完成时间	查核点概述
C	产学交流			
1	跨校产学交流活动	举办跨校活动	2011/12	举办3场跨校产学交流活动
2	学生实习	暑假安排学生产业界实习机会	2011/12	安排10位学生暑假期间产业界实习
D	参与推动中心之活动			
1	平台服务	配合推动中心平台服务之推广	2011/12	使用推动中心3个平台服务
2	软件工程教学咨询服务	软件工程联盟之老师教学指导	2011/12	邀请指导老师至校指导授课4门
3	种子师资培训	安排老师参与培训	2011/12	1.参与推动中心的种子师资培训 2.安排老师参加培训活动
4	竞赛活动	鼓励学生报名竞赛活动	2011/12	1.成立1~3个学生团队参加竞赛 2.鼓励及协助、指导参赛学生
5	推动交流会及成果发表会	配合参加活动	2011/12	参与中心举办的交流会及成果发表会

七、人力配置

项目职称	姓名	主要学经历	负责工作项目编号
主持人	徐××	1.TPMA研发项目管理研究中心副召集人 2."经济部"商业司协助服务业研究发展辅导计划——业者创新研发计划电子商务组审查委员 3."中华电信研究所"副研究员	B2,C1,C2,D2
协同主持人	江××	1.彰化师范大学电机工程学系兼任助理教授 2.大叶大学资讯工程学系专任助理教授	A2,A5,B1,D3

项目职称	姓名	主要学经历	负责工作项目编号
参与教师	何××	1.大义科技大学助理教授兼网络规划组长 2."教育部"—"资通讯科技人才培育先导型计划"(协同主持人)—无线通讯网络建构与效能仿真(97) 3."教育部"—"资通讯科技人才培育先导型计划"(协同主持人)—无线通讯网络(96)	A3,B5
参与教师	待聘		A1,B3
参与教师	待聘		A4,B4
研究助理	赵××	1.高雄科技大学业界教师 2.飞信半导体IT工程师	B1,B2,B6,B7
工读生	待聘		D1,D4,D5

八、预期成果及绩效指标

（一）质化成果说明

1. 培育具软件工程素养之网际服务高阶资讯软件人才,使顺利与软件产业之人才需求接轨。

2. 跨校软件创作资源分享及经验交流,激发学生学习兴趣。

3. 促进产学交流,参与的教师了解软件产业需求,了解个别老师之专长,为产学合作奠定基础。

（二）量化绩效指标表

重点工作项目	具体绩效指标达成度
课/学程规划及教材发展	发展教材数:3 教材使用校数及课程数:3校 3课次 教材总修课人次:60人次 教师研习课程:3场次 参与教师:3人次 其他:请自行列举
跨校自由软件资源推广	创作领域自由软件资源推荐数量:3 前述资源被采用课程数及修课人次:3课次 150人次 创作领域自由软件资源贡献数量:3 其他:请自行列举

重点工作项目	具体绩效指标达成度
跨校软件创作社群及活动营造	参与跨校软件创作社群学生团队：3队　150人次 跨校软件创作相关活动：3场　150人次 跨校学生参与软件竞赛团队数及获奖数：团队获奖 其他：请自行列举
产业实习或交流跨校活动	跨校产学交流座谈：2场　100人次 推动各校学生产业实习：100人次 其他：请自行列举
参与推动中心活动、竞赛等	参与推动中心相关推广研习、座谈：180人次　9场次 参与"教育部"开发软件竞赛学生人数：9人次 参与在线协同学习程序设计竞赛学生人数：9人次 提供在线协同学习平台程序设计题库数量：20题 其他：请自行列举

数字教材研发项目管理人才培育活动项目

姓名：高义展
级别：IPMA　Level　C评估师
单位：高雄市立空中大学　通识教育中心　博士

报告大纲

一、项目计划缘起概述

二、项目可行性评估

三、项目发起

四、活动规划

五、活动部署

六、活动执行

七、活动控制

八、活动成果

九、活动结束—评估报告

十、活动项目指标之评估

一、项目计划缘起概述

本学程项目系整合本校六大学系数字教材研发项目管理之相关课程，希望能培育学生项目管理的能力，融入各项专业方法与技术的训练，以及产、官、学等资源的协助与配合，透过远距教学与课堂面授，国际项目管理师认证，产业界与政府部门的"参观"、"见习"、"试作"等学习方式，协助学生习得研发数字教材的专业能力，培育学生数字教材软件开发的就业力与创业力,以提高学生的就业与创业的竞争力为目标。

本校邻近高雄软件科技园区、楠梓加工出口区、前镇加工出口区以及高雄临海工业园区等工业地带,以上工业园区目前的产业发展形态系以数字软件代工为主轴。本校学生年龄层分布广泛,包括22岁至30岁的职涯开创、31岁至45岁的职涯起飞、46岁至60岁的职涯发展顶峰、61岁以上的职涯退休或事业第二春等阶段的学生。然而全球经济环境变动异常,导致产业外移与失业率不断增高的窘境,在以数字电脑资讯产品领导全球的产业发展特色下,本校提出"数字教材研发项目管理学程"的设置,可让修读学生取得"国际项目管理师证照",培育成其研发数字教材软件的知能,让各年龄阶层的学生提高就业机会、创业能力,以及职涯发展过程中能有效地化危机为转机,创造成功的新契机,以解决目前失业率居高不下的问题。

二、项目可行性评估

本校为实施远距教学之成人正规教育机构,全面实施数字化课程的研发与制作系本校的发展愿景之一,同时本校亦与台湾专案管理学会签订策略联盟合约,共同推动项目管理教育以培育项目管理人才,亦为本校未来校务发展的重要方向,因此实施"数字教材研发项目管理学程",培育数字教材研发之项目管理人才,与本校目前与未来发展方向一致。

另本项目依据经济可行性、技术可行性、管理可行性、环境可行性、政治可行性、融资可行性、市场可行性、安全可行性、社会可行性、处理可行性等分析后,对本项目回动的进行均具可行性的条件,因此本项目适合执行与推动。所谓"机会是给准备好的人",在当前高雄地区产业转型与再起飞的情况下,本学程系将当前最重要的"项目管理"知能,以及"数字教材软件研发"的技术与方法,给予了本校学生学习内涵的新视野,协助学生做好就业、创业与职涯规划的最佳准备,掌握时代趋势脉动的新机会,以达成学习与职涯发展的终极目标。

三、项目发起

(一)活动名称:数字教材研发项目管理人才培育活动项目

(二)活动执行主持人:高义展

(三)活动执行期程:2008年1月1日至2008年12月31日

(四)活动项目总经费:3,658,040元

1. "教育部"核定项目经费:1,829,020元。

2. 学校项目配合经费:1,829,020元。

(五) 品质要求：

1. 培育 IPMA D 级项目管理师 100 名。

2. 培育制作数字教材之研发项目管理人才 100 名。

(六) 活动目标

1. 指导学生通过 IPMA D 级项目管理师认证。

2. 指导学生参加第三届项目管理实作竞赛。

3. 培育学生研发与项目管理应用技能。

4. 育成学生应用研发项目管理知识与方法制作适性化数字教材技能。

5. 养成学生应用数字研发项目管理技能有效就业、创业、转业、进业，达成职涯永续发展目标。

(七) 活动策略

1. 开设项目管理师认证学分课程，强化学生项目管理知识体系理解与考照技能。

2. 建构项目管理数字学习知识管理平台，辅导学生提升考照与数字教材实作技能。

3. 开设项目管理考照辅导班与指导学生成立"项目管理研习社团"，增进学生项目管理学习成效与考照实力。

4. 结合产学各界资源，规划设计参观、见习与实习课程，提升学生数字教材媒体研发项目管理知能。

5. 指导学生制作数字教材，并举办产学联合数字教材成果发表会。

(八) 活动预期成效

1. 2008 年度预计参与本项目活动课程学生至少达 300 人次以上。

2. 2008 年度指导至少 100 名学生通过 IPMA D 级项目管理师认证。

3. 2008 年度指导学生参加第三届项目管理实作竞赛获得优胜。

4. 2008 年度指导学生举办一场对外产业界发表数字教材研发成果发表会。

5. 2008 年度提高本学程修课学生的就业、创业、转业、进业比率达 50% 以上。

(九) 关键成功因素

本活动项目的关键成功因素如下：机动性产学互动机制、长期性教师专业知识强化机制、教师至公民营企业产学整合应用进修、设置计划参与教师奖评议机制、建立学生业界实习评量机制、建立学生学习辅导机制、学生能踊跃参与课程、学能积极投入多元能力之育成活动等。

四、活动规划

（一）师资面

1. 强化师资专业

（1）安排教师参加IPMA D级项目管理种子讲座培训课程，强化项目管理教学知能。

（2）聘请项目管理产学各界专家，到校举办项目管理教学与行政应用技能工作坊，增进教师教学设计与行政运作之项目管理应用技能。

（3）举办项目管理专业学会机构、数字教材设计研发产学各界机构教师参访活动，增进制作数字教材教学技能。

2. 教师教学支援机制

（1）建构项目管理数字学习知识管理平台，提供教师教学数字教材资料相关资源。

（2）提供教师教学教材、教学光碟、辅导手册、项目管理师认证考照模拟题库，增进教师教学资源运用与活动设计技能。

（3）成立"项目管理研习社"学生社团，组成教学助理学生团队，协助教师进行学生课后网络线上与实体面授学习辅导。

3. 教师奖励及淘汰机制

（1）教师通过IPMA D级项目管理种子讲座培训，可获得本计划预算经费补助。

（2）透过本校教学过程评量指标评鉴，了解教师教学利弊得失，提供改善教学参考建议。

（3）透过本校数字学习知识管理平台教学讨论内容，了解教师对学生提问之回应。

（4）将指导学生考取项目管理证照人数以及参加项目管理实作竞赛成绩作为教师奖补助的参考依据。

（二）课程面

1. 课程与学程及教学设计

本课程规划系跨越本校六大学系以及通识教育课程，并结合产业界台湾专案管理学会之国际项目管理师认证课程系统，借助其丰富的项目管理课程之教学资源，包括师资、教材、应用软件、产学研讨会、种子讲座培训、台湾地区82所策略联盟大学与200家产业界之媒合等资源，让本学程能够建构教师专业成长、学生养成就业与创业实力的整合性课程与教学系统。

2. 课程及教学评估检讨机制

(1)配合全校性的规定与做法,落实"教学及课程评鉴制度",进行教学评鉴问卷调查或课程意见调查,以了解修课学生对课程设计及教学方式的意见,并以此作为开设课程、教学内容与教学方式的调整参考。

(2)数字教材研发项目管理实作,以及实习课程数字教材制作成果在发表会、他校或实务界的研讨会中,归整与会的"产、官、学"界对实习课程成果之建议,并邀请"产、官、学"界针对专业课程绩效进行检讨,以作为教学、课程规划调整之参考。

(三)学生面

1. 基本能力指标及学习成效考核

(1)依据数字教材研发与项目管理领域之就业所需人力之资格条件及所需具备能力之要求,据以建立参与学程项目学生之"专业知识与技术能力"指标。

(2)将国际项目管理学会订出的28项项目管理主要知识领域、18项项目管理人格特质以及14项项目管理额外知识领域,作为本学程评价学生学习成效的参考指标,同时也以通过国际项目管理师认证,作为学生达成项目管理指标的依据。

2. 学生学习及生涯辅导机制

(1)鼓励与辅导学生配合职涯规划,参加相关领域之证照考试、技能检定及考试,并依其等级提供相当之奖励,例如奖状、奖学金等。

(2)通过认证之学生,将其资料登录于国际项目管理学会(IPMA)网站上,不仅本校可了解学生的国际项目管理师认证信息,更能超链结至全世界国际项目管理学会54个会员的网站,通过认证学生的信息均能出现在各会员的项目管理网站上,借此可让学生的就业市场扩大至全世界。

(3)学习历程档案与学生职涯规划、学习发展与能力证明相结合,并予以数字化,保留于学校网络电子资料库之中,作为毕业生求职或深造时展示能力的证据。

(4)建立"双轨导师制",邀请企业主、主管或校友担任学生的"职涯导师"或"职涯咨询顾问"。让毕业校友担任在校生的"职涯导师",协助科系规划与实施就业力相关课程与学程。

3. 学生选课之弹性及多元化能力之培养

(1)举办选修生与选系生之选课说明会,使新进学生了解课程内容及选择方式,必要时可由教师或教学助理提供询问。

(2)依据就业市场需求,设计多元化之专业课程,以及积极与他校或产业机构建立跨校开设课程之合作机制,鼓励学生跨领域与机构修习项目管理课程。

（四）整体教学改进面

1. 本校目前已规划"一专多能"、"独专创能"、"学位+证照"、"学分+学程"、"学业+就业"等课程规划取向，联结各大学系课程逐步建构本校与产业界之合作关系。

2. 本校参与"临海工业区更新活化与改造计划"，建构本校为"临海工业区健康休闲、会议、图书资讯服务与教育训练中心"，将有效媒合本校优秀学生进入产业界，提升学生就业率与创业率。

（五）活动组织图

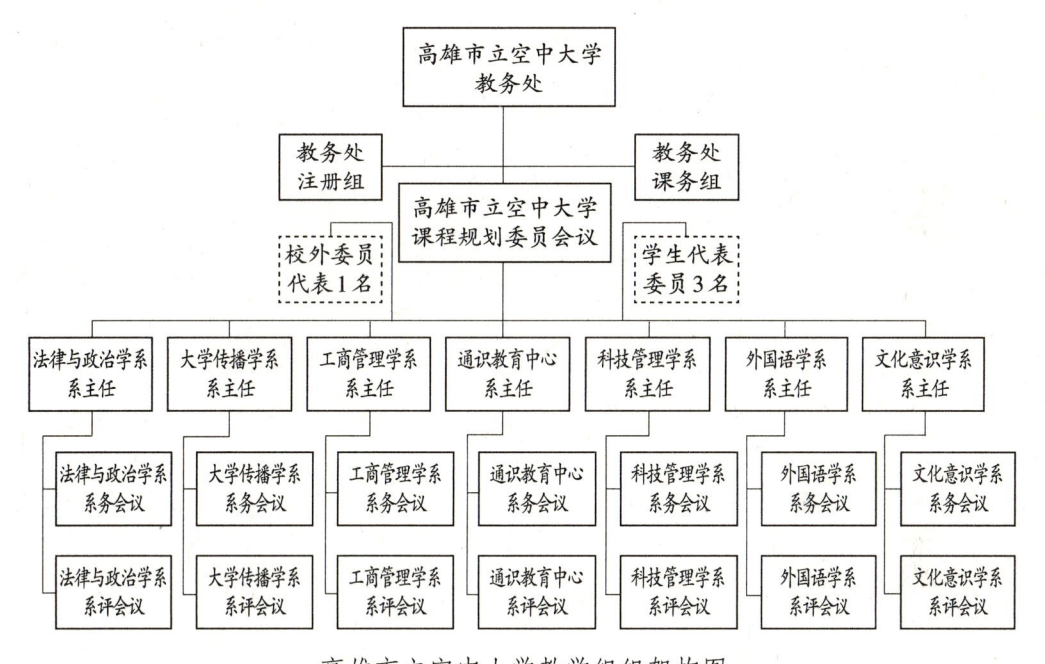

高雄市立空中大学教学组织架构图

（六）工作分解结构（Work Breakdown Structure, WBS）

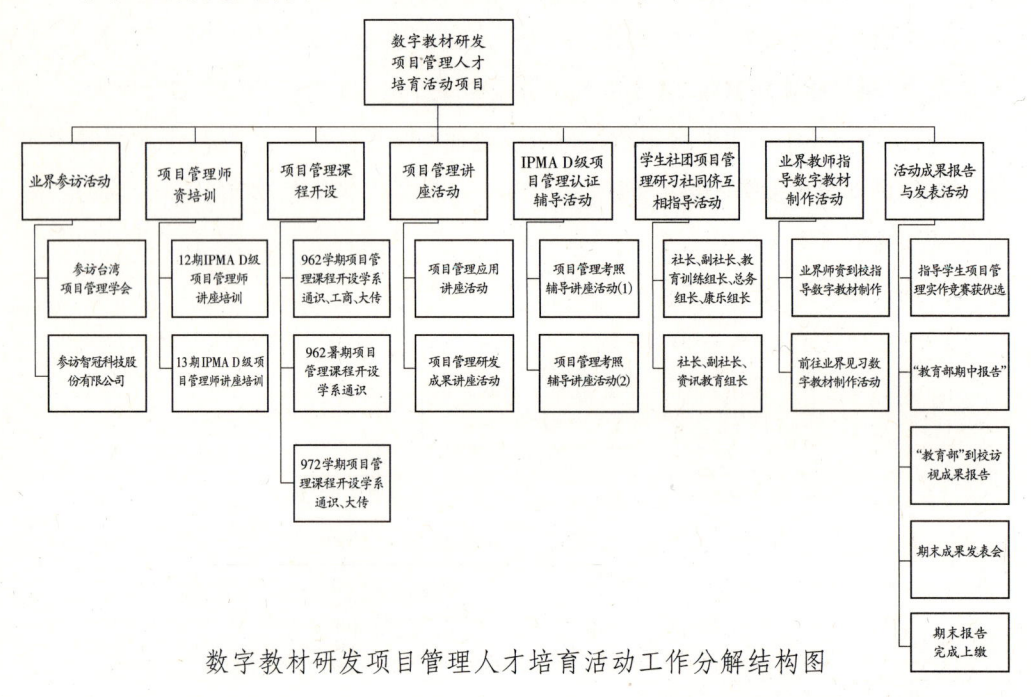

数字教材研发项目管理人才培育活动工作分解结构图如下：

- 数字教材研发项目管理人才培育活动项目
  - 业界参访活动
    - 参访台湾项目管理学会
    - 参访智冠科技股份有限公司
  - 项目管理师资培训
    - 12期IPMA D级项目管理师讲座培训
    - 13期IPMA D级项目管理师讲座培训
  - 项目管理课程开设
    - 962学期项目管理课程开设学系通识、工商、大传
    - 962暑期项目管理课程开设学系通识
    - 972学期项目管理课程开设学系通识、大传
  - 项目管理讲座活动
    - 项目管理应用讲座活动
    - 项目管理研发成果讲座活动
  - IPMA D级项目管理认证辅导活动
    - 项目管理考照辅导讲座活动(1)
    - 项目管理考照辅导讲座活动(2)
  - 学生社团项目管理研习社同侪互相指导活动
    - 社长、副社长、教育训练组长、总务组长、康乐组长
    - 社长、副社长、资讯教育组长
  - 业界教师指导数字教材制作活动
    - 业界师资到校指导数字教材制作
    - 前往业界见习数字教材制作活动
  - 活动成果报告与发表活动
    - 指导学生项目管理实作竞赛获优选
    - "教育部期中报告"
    - "教育部"到校访视成果报告
    - 期末成果发表会
    - 期末报告完成上缴

数字教材研发项目管理人才培育活动工作分解结构图

（七）组织分解结构（Organization Breakdown Structure, OBS）

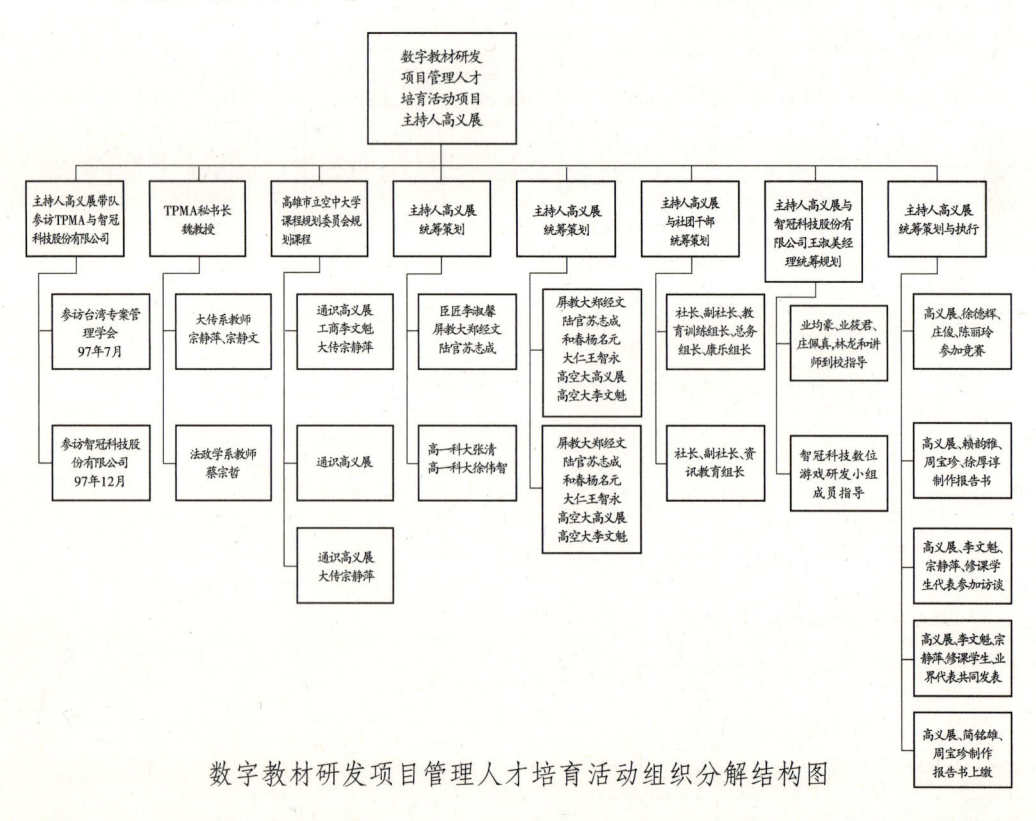

- 数字教材研发项目管理人才培育活动项目主持人高义展
  - 主持人高义展带队参访TPMA与智冠科技股份有限公司
    - 参访台湾专案管理学会 97年7月
    - 参访智冠科技股份有限公司 97年12月
  - TPMA秘书长魏教授
    - 大传系教师宗静萍、宗静文
    - 法政学系教师蔡宗哲
  - 高雄市立空中大学课程规划委员会规划课程
    - 通识高义展、工商李文魁、大传宗静萍
    - 通识高义展
    - 通识高义展、大传宗静萍
  - 主持人高义展统筹策划
    - 臣匠李淑馨、屏教大郑经文、陆官苏志成
    - 高一科大张清、高一科大徐伟智
  - 主持人高义展统筹策划
    - 屏教大郑经文、陆官苏志成和春杨名元、大仁王智永、高空大高义展、高空大李文魁
    - 屏教大郑经文、陆官苏志成、大仁王智永、高空大高义展、高空大李文魁
  - 主持人高义展与社团干部统筹策划
    - 社长、副社长、教育训练组长、总务组长、康乐组长
    - 社长、副社长、资讯教育组长
  - 主持人高义展与智冠科技股份有限公司王淑美经理统筹规划
    - 业均豪、业筱君、庄佩真、林龙和讲师到校指导
    - 智冠科技数位游戏研发小组成员指导
  - 主持人高义展统筹策划与执行
    - 高义展、徐德辉、庄俊、陈丽玲参加竞赛
    - 高义展、赖韵维、周宝珍、徐厚译制作报告书
    - 高义展、李文魁、宗静萍、修课学生代表参加访谈
    - 高义展、李文魁、宗静萍、修课学生、业界代表共同发表
    - 高义展、简铭雄、周宝珍制作报告书上缴

数字教材研发项目管理人才培育活动组织分解结构图

（八）活动排程

1. 师资培训

（1）IPMA D级讲座12期培训：2008年1月至2月。

（2）IPMA D级讲座13期培训：2008年4月至6月。

2. 项目管理相关课程教育训练实施

2008年2月至6月、7月至9月、9月至12月。

3. 项目管理考照辅导实施训练

2008年7月至8月、11月至12月。

4. 学生社团辅导活动

2008年7月至12月。

5. 项目管理专题讲座

2008年5月至7月、11月至12月。

6. 器材设备购置

硬件设备：2008年6月至8月；软件设备：2008年8月至11月。

7. 数字教学辅导系统建置

2008年8月至9月。

8. 业界参访

2008年7月、12月。

9. 数字教材制作与指导

2008年10月至12月。

10. 数字教材成果发表会

（1）筹备期间：2008年10月至12月。

（2）发表会举办：2008年12月29日。

11. 活动成果报告

（1）"教育部"期中报告：2008年9月16日。

（2）"教育部"访视报告：2008年11月7日。

（3）"教育部"成果报告：2008年12月31日。

五、活动部署

（一）整合数字教材研发项目管理人才活动平台

（二）建构教育训练流程

（三）教育训练课程运作设计

（四）教育训练查核流程

（五）教育训练成果评估等级

（六）教育训练师资相关职能的配合状况

（七）教育训练师资的遴选流程与规范

（八）教育训练单位的行政管理矩阵表

（九）教育训练场地、教材、学员、教学法的选择

（十）提供学习成果移转工作环境的建议或协助讨论区

（十一）教育训练器材设备的建置

（十二）策略联盟引进资源

六、活动执行

（一）IPMA D级项目管理师种子讲座教学。

（二）业界教师指导数字教材制作。

（三）参访台湾专案管理学会与智冠科技股份有限公司，强化项目管理知能与数字教材研发经验。

（四）学生社团项目管理研习社同侪互相指导活动。

（五）指导学生参加项目管理实作竞赛。

七、活动控制

（一）活动执行过程的监控

（二）活动异常矫正处理

（三）学员学习反应评估

（四）教学满意度调查

（五）学生学习表现评估

（六）课后表现评估

课后意见调查表之数据结果统计

	非常满意(人)	满意(人)	尚可(人)	不满意(人)	非常不满意(人)
课程内容设计	8	23	3	1	0
课程架构完整性	8	22	5	0	0
课程应用职场的实用性	6	21	8	0	0
课程学习应用	7	21	7	0	0

(续表)

	非常满意(人)	满意(人)	尚可(人)	不满意(人)	非常不满意(人)
授课教师表达能力	17	16	2	0	0
授课教师专业能力	14	21	0	0	0
训练场地、空调、座位设施	2	16	14	3	0
听课的学习有助工作应用	7	19	9	0	0

八、活动成果

活动执行具体指标达成情形及实施前后差异分析：

（一）业界师资授课人数比例达50%，达成率100%。

（二）教师至公民营企业进修研习时数与人数6人×36小时，达成率200%。

（三）机动性产学互动机制（如论坛、研讨会）：项目管理实作竞赛研讨会×1场，达成率100%。

（四）长期性教师专业知识强化机制（如workshop、专业图资设备投资）：国际项目管理师种子讲座培训×1场，达成率100%。

（五）教师至公民营企业进修研习补助：参加台湾专案管理学会项目管理种子讲座培训2人，各补助2000元，达成率100%。

（六）设置计划参与教师奖评议机制：已于2008年10月、11月、12月分梯次，学校给予公假提供计划参与教师至中国香港、澳门、日本、韩国与意大利等国考察项目管理与数字教材产业应用与发展人力市场。

（七）所有计划课（学）程应安排至少全学分之1/4在业界实习或专题实作课程：已有3名学生参加台湾专案管理学会举办之第三届项目管理实作竞赛获优选，研发产品亦申请到专利权。

（八）至业界实习之累计应至少达160小时，并与业者订定产学合作计划：本案已与台湾专案管理学会签订策略联盟合作协议，以及与财团法人电脑技能基金会、数字科技暨教育协会、台大数字科技教育股份有限公司签订建教合作协定。

（九）实习课程或专题实作课程成果向业界公开受评之机制（每年至少1次）：已有3名学生参加台湾专案管理学会举办之第三届项目管理实作竞赛获优选，研发产品亦申请到专利权；并于活动结束前举办"数字教材产学联合发表会"。

（十）核心课程及实习实作课程应以"即时就业"为规划目标，且至少1/3由业界师资开（合）设：2007学年度第2学期已有3名外聘兼任教师开设本学程相关课程，约占总课程之28%，而本校开课之专任教师均有5年以上丰富之业界实作经验。

（十一）应设置计划课程委员会，成员来自业界（至少1/3）：本校已设置课程规划委员会，委员当中有35%为业界兼任教师、外聘委员以及企业主（含本校在职学生代表）。

（十二）目标产业人才需求分析报告应年年更新，且经该课程委员会通过：本校已于2007学年度第2学期之课程规划委员会、教务会议、行政会议、校务会议，将项目管理证照课程列为学校重点发展特色。

（十三）所有计划课（学）程，应罗列各核心（就业）课程（合计核心课程不得少于毕（结）业学分1/4）：本校所有课程将于97学年度规划"一专多能"课程取向，以就业证照学程形态整合成学分课程，学生毕业时除取得学士学位证书之外，已能取得相关领域之两张就业或创业证照。

（十四）核心课程及实习实作课程应列为目标学生毕（结）业条件：目前参加国际项目管理师认证考试通过认证比率达修课人数的80%以上。另有3名学生参加6月10日项目管理实作竞赛获得优选，其研发产品亦获得专利权及证号。本校项目管理课程列为重点发展特色课程，工商管理学系于972学期将项目管理列为专业必修课程。

（十五）建立学生业界实习评量表，个别学生之评量表应经认核后发给"实习证明"：本案前段课程（2008学年度第2学期）以辅导学生通过国际项目管理师认证考试为目标，目前已有80%以上修课学生通过认证；后段课程（2009学年度第1学期）以辅导学生制作数字教材研发能力为目标，已于2008年12月29日举办数字教材实作成果发表会，邀请业界共同参与指导，创造学生就业、创业、职涯发展的进阶机会。

（十六）办理学生核心课程相关之产业讲座：已从2008学年度至2009学年度举办5场项目管理知识体系与软件应用讲座、2次参观台湾专案管理学会、1次项目管理实作竞赛、1次研发项目管理研讨会、15场考照辅导课程讲座活动。

（十七）成立学生实习实作课程之学习小组，并由导师或教学助理带领（tutor制度）：本案已由计划主持人指导学生参加项目管理实作竞赛获优选成绩，同时已架设项目管理辅导考照网络学习平台，并组成"项目管理研习社"，以学生社团干部指导学生考照技巧与方法、模拟试题练习与解答等。

（十八）应依课程特色，鼓励学生参与相关证照考试：本计划目前已有80%以上修课学生通过IPMA D级国际项目管理师认证。

（十九）建立课程修习学生3年预估人数与目标产业就业率：本校以在职进修学生居多数，然而参与课程之学生其学习目的包括欲自行创业、职涯进阶、事业转跑道、拓展事业领域、提升工作绩效者占修课人数80%以上。是以本校配合学生的学习目的，辅导学生工作绩效之提升、自行创业、成功转业、拓展事业领域、职涯进阶为课程规划目的，目前学生就业率及在职率达90%以上。

（二十）产学合作计划,学生业界实习场所之聘用（实习后聘用）比例:本校学生在职者居多,因此透过"行动学习"、"边学边用"方式,强化研发与项目管理知能在其工作上的有效应用,乃本案之主要目的。此外本案亦规划自行创业与转业,透过运用"劳委会职训局"TTQS认证系统、数字科技暨教育协会、台大数字科技教育股份有限公司、"高雄市政府劳工局"、财团法人电脑技能基金会、台湾专案管理学会、台湾知识库、高雄软件科技园区等资源,有效协助学生寻找事业第二春或拓展事业领域,使目前聘用在职率达90%以上。

（二十一）学校辅导学生之就业媒合率:本校在职人士居多,为转业者或较为年轻学生需就业者提供就业资讯,以及透过学生之间的相互协助,由担任企业主之学生提供就业机会给予转业或需就业之学生,其媒合率达50%。

（二十二）相关产学联结机制（课程、实习、教师受训及业界师资引进等）应逐渐扩展为全校性机制,应订定3年发展计划时程表:本校目前已规划"一专多能"、"独专创能"、"学位+证照"、"学分+学程"、"学业+就业"等课程规划取向,联结各大学系课程逐步建构本校与产业界之合作关系。本校预计于2009年完成本校与临海工业区更新与改造计划,本校师生课程与教学、实习、业界师资引进、劳工教育课程的规划,将由本校主导规划,建构本校为"临海工业区健康休闲、会议、图书资讯服务与教育训练中心",将有效媒合本校优先学生进入产业界,提升学生就业率与创业率。

（二十三）应设立校级委员会,监督上述发展计划之落实:目前本校已设置校级课程规划委员会督导课程开设之品质控管,之后将设置校级教学与课程绩效评价委员会以及学生学习绩效评价考核委员会,针对本学程实施进行评估。另本校亦透过质量统合的方式,建立适性化的学生能力指标及学习成效之考核、学生学习及生涯辅导机制、毕业生就业辅导及追踪机制数字系统,希望能有效强化学生的学习绩效与发挥协助学生就业、转业、创业、拓业等功能。

九、活动结束——评估报告

（一）活动成效

1.修读项目管理相关课程学生人数已达300人次,学生反应热烈,报名参加国际项目管理师认证者已有100人,通过认证者约80人。

2. 建构项目管理数字学习知识管理平台,包含项目管理数字教学课程、项目管理实作软件应用系统、模拟考试辅导系统、数字教材制作软硬件设备等。

3. 成立项目管理研习社团,参加人数已达100余人,透过教师与担任教学助理之学生共同合作,辅导提升学习与参加考照认证实力。

4. 本校将项目管理课程列为重点发展特色,并由各学系统一规划项目管理相关领域应用课程。

5. 指导学生参加由台湾专案管理学会主办之项目管理实作竞赛,获得优选,同时竞赛作品亦取得"经济部"专利证号。

6. 本校已有4名专任教师(本校共20名专任教师)以及2名兼任教师取得IPMA D级项目管理师讲座资格,1名学生通过IPMA D级项目管理师认证。

7. 学生已具备应用项目管理软件、数字教材制作器材与软件研发制作数字教材,并举办产学合作成果发表会,促进产学媒合。

8. 经费执行率达99.32%,充分将经费运用于本活动之规划、部署、执行、控制与结案。

(二)活动遭遇困难

1. 由于修课学生考照信心不足,完成课程参加考照人数者仅1/3,如何加强学生考照自信心,有效鼓励学生参加国际项目管理师认证,是当前本计划执行过程中所遭遇之困难问题。

2. 此外,由于修读本计划学程之学生以在职学生为主,因此无法全面安排业界实习与见习活动。

(三)待改进事项

1. 本校因为学生在职人数居多,目前学生亦忙于准备国际项目管理师之项目管理知识体系认证考试,造成安排业界参访或见习机会较少,是以本计划邀请业界专家前来学校,与学生约定指导时间与安排地点,指导学生实作数字教材的研发与制作,以强化学生的实作知能,以完成数字教材制作成果。

2. 为促进学生彼此的经验交流,并增进产业界与参与本计划的师生有充分互动的机会,本计划在2008年12月29日举办"数字教材研发项目管理实作成果发表会",邀请高雄地区智冠科技股份有限公司、徐氏科技公司、数字科技暨教育协会、台大数字科技教育股份有限公司、紫皇意识潜能开发股份有限公司、王紫广告行销有限公司等产业界,共同参与本次成果发表会,借以强化学生实作知能,促进技术与经验交流,媒合学生与业界共同开发数字新产品,提升创业、转业与进业的机会。

十、活动项目指标之评估

（一）发起项目工作之前组织高层进行项目可行性分析→完成。

（二）从事项目工作前取得高层主管的项目授权书→完成。

（三）当取得执行项目授权书后向上层主管说明项目执行的初步业务范围→完成。

（四）当取得执行项目授权书后着手撰拟执行项目的计划书→完成。

（五）撰拟完成项目计划书后上呈高层主管获得批准后执行项目→完成。

（六）对项目业务监控整个执行过程以促进绩效目标的达成→完成。

（七）发现无法用既有资源完成项目时会依据组织流程提出变更项目的申请→完成。

（八）项目工作结束后依据组织流程进行正式结案并制作成项目档案资料存查→完成。

（九）配合项目工作的需要重新调整组织编制或增置项目任务工作组织→完成。

（十）配合项目工作的需要重新调整或增置组织项目管理资讯系统→完成。

（十一）配合项目工作的需要重新调整或建构组织项目管理标准流程系统→完成。

（十二）配合项目工作的需要依据组织现有资源设置项目管理知识库→完成。

图书在版编目（CIP）数据

国际项目管理专业资质认证及C级面试案例精选 / 台湾专案管理学会编著. — 北京：商务印书馆，2012
ISBN 978 – 7 – 100 – 09363 – 7

Ⅰ. ①国… Ⅱ. ①台… Ⅲ. ①项目管理 — 资格认证 — 自学参考资料 Ⅳ. ①F224.5

中国版本图书馆 CIP 数据核字（2012）第198133号

所有权利保留。
未经许可，不得以任何方式使用。

国际项目管理专业资质认证及C级面试案例精选
台湾专案管理学会　编著

商　务　印　书　馆　出　版
（北京王府井大街36号　邮政编码 100710）
商　务　印　书　馆　发　行
山西人民印刷有限责任公司印刷
ISBN　978 – 7 – 100 – 09363 – 7

2012年10月第1版　　　　开本 787×1092　1/16
2012年10月第1次印刷　　印张 18½

定价：39.00元